素养为核 学力为钵 课程为途

上海音乐学院附属黄浦比乐中学
"以素养为核心的学力协调发展学校课程群"
建设经纬

罗立新 主编

文汇出版社

图书在版编目（CIP）数据

素养为核 学力为钵 课程为途：上海音乐学院附属黄浦比乐中学"以素养为核心的学力协调发展学校课程群"建设经纬 / 罗立新主编. —上海：文汇出版社，2023.9
ISBN 978-7-5496-4104-8

Ⅰ.①素… Ⅱ.①罗… Ⅲ.①课程建设-教学研究-中学 Ⅳ.①G632.3

中国国家版本馆CIP数据核字（2023）第163308号

素养为核 学力为钵 课程为途
——上海音乐学院附属黄浦比乐中学"以素养为核心的学力协调发展学校课程群"建设经纬

主　　编 / 罗立新
责任编辑 / 张　涛
封面装帧 / 梁业礼

出 版 人 / 周伯军
出版发行 / 文汇出版社
　　　　　上海市威海路755号　（邮政编码：200041）

经　　销 / 全国新华书店
排　　版 / 南京展望文化发展有限公司
印刷装订 / 上海新文印刷厂有限公司

版　　次 / 2023年9月第1版
印　　次 / 2023年9月第1次印刷
开　　本 / 787×1092　1/16
字　　数 / 277千字
印　　张 / 16.5

ISBN 978-7-5496-4104-8
定　　价 / 65.00元

· 版权所有　侵权必究 ·

编 委 会

主　编

罗立新

副主编

朱培辛

编　委

王　笱　　冯燕飞　　孙永奕　　钟　斌
王佳臻　　周　琳　　蔡灵琳　　张　燕

献给为学校课程建设而智慧思、善于行的跋涉者

前言 Foreword

课程，历来为教育界和社会所关注。一所学校的课程，是学校立德树人的风向标，也是对外展示办学特色的窗口，更是产生社会声誉的磁场。

课程建设，是学校的永恒主题，也是教育改革教学变革的关键领域，一直牵动人心。

对此，上海音乐学院附属黄浦比乐中学（以下简称"比乐中学"）有着清醒的认识和高度的自觉。学校致力于通过课程建设实现学校教育的最大化、育人方式的最优化，这成为大家的共识和共为。

比乐中学，是一所公办完全中学，由黄炎培等著名爱国人士和教育家创建于1946年，校名"比乐"一词，取自爱国教育家马相伯先生所题名的"比乐堂"。2018年，学校与李惠利中学合并。2022年，学校与上海音乐学院携手联合，改名为"上海音乐学院附属黄浦比乐中学"。

长期以来，学校坚持遵循"比优乐学、自主发展"的办学理念，以"自觉主动、乐群向上"为育人目标，以发展为主题，以创新为动力，深入课程改革，构建特色学校课程，丰富学生的学习经历，努力创建"学生有特长、质量有保障、社会有声誉"的品牌学校。

多年来，课程建设为学校所牵挂、牵引。作为上海市中小学（幼儿园）一期、二期课改研究基地，学校着力探究"以素养为核心的学力协调发展学校课程群"建设，并列入上海市教育科研项目，予以根本性、统一性、结构性的全面建构，成为办好人民满意的教育和家门口的好学校、办成学生和家长喜欢的好学校的突破口，成为提升教师肩负教育使命和育人本领的生长点，成为提升学生成长力和发展力的动力源。

"以素养为核心的学力协调发展学校课程群"建设，瞄准当下的办学热点，以贯彻新课标新课程为准绳，以完善学校课程体系建设为旨归，以完成学校承担的市级课题研究、探索和实践为脉络，通过聚焦学科核心素养，优化构建学力协调发展学校课程群的过程，独到地阐释了学校课程体系的顶层设计、内涵诠释、要素构成、结构框架和设计思路；完整地展现了学校立足新课程，奉行"比优乐学、自主发展"的办学理念所取得的重要成果；科学地构建了以素养为核心的学力协调发展学校课程群，并从课程的学习内容、学习结构和能力培育等方面进行有机统整，为学生设计并提供了多元、完整和可选择的课程，满足了学生全面发展的需求，有效促进了育人目标的实现,同时提升了教师的课程领导力和执行力。

学校着力构建的"以素养为核心的学力协调发展学校课程群"，从目标、内容、要求和方式等方面，强调国家课程与校本课程的有机联系，让"比优乐学"的理念得以在学校课程框架中体现。每个"课程群"合理考虑学习深度广度，彼此相互协调，以此促进学生的学科核心素养的培养和基础性、发展性和创造性学力的整体协调提升，努力更新学生的发展方式，实现学校的育人目标。

围绕"以素养为核心的学力协调发展学校课程群"建设，学校提出的一系列主张和方略及其实践，为丰富上海基础教育课程建设提供了具有借鉴性和推广性的范例,创新性、操作性和实效性俱佳。

目录 Contents

前言 …………………………………………………………………… 1

A 命题

第一部分　背景与缘由

"以素养为核心的学力协调发展学校课程群"建设的来龙去脉 …… 3

第一节　学校历史追溯与现状分析……………………………… 3
　　一、"比""乐"的经典 ………………………………………… 3
　　二、"比""乐"的演绎 ………………………………………… 4
　　三、"比乐"的现状分析 ……………………………………… 4
第二节　学校课程现状与专题调研……………………………… 6
　　一、了解师生需求 …………………………………………… 6
　　二、调研分析总结 …………………………………………… 10
第三节　课程建设重点与突破要点……………………………… 11
　　一、问题导向出题 …………………………………………… 11
　　二、确立课题攻难点 ………………………………………… 12
第四节　课程建设思想与顶层设计……………………………… 13
　　一、学校课程建设的思想来源 ……………………………… 13
　　二、学校课程体系的基本特征 ……………………………… 14

第二部分　思路与意义

"以素养为核心的学力协调发展学校课程群"建设的定位方略 ……16

第一节　学校课程建设的关键要素……………………………16
一、构建课程顶层设计,促进学校内涵发展 ……………………16
二、构建素养培育导向,增进学生全面发展 ……………………17
三、提供多元选择课程,助推学生个性发展 ……………………17
四、创新课程实施方式,提升课程功能实现效度 ………………18

第二节　学校课程建设的顶层设计………………………………18
一、注重教育哲学引领,明确学校课程建设走向 ………………18
二、运用顶层设计要素,厘清课程系统内在逻辑 ………………19

第三节　学校课程体系的结构要素………………………………20
一、学校课程体系的整体性 ………………………………………20
二、学校课程体系的逻辑结构 ……………………………………22

第四节　学校课程体系的设计要旨………………………………23
一、开展课程现状调研,切实了解师生实际需求 ………………23
二、系统剖析课程结构,深刻解读落实课程方案 ………………23
三、把握课程发展方向,形成学校课程体系结构 ………………25
四、全面统整学校课程,优化课程育人功能载体 ………………26
五、关注课程实施难点,早做预案实现课程目标 ………………29

第五节　学校课程体系的建设策略………………………………30
一、基于校情学情分析,厘清课程体系构建基础 ………………30
二、确立学校教育哲学,引领课程体系构建方向 ………………30
三、明晰课程体系目标,把握课程体系构建定位 ………………31
四、优化学校课程结构,形成课程结构校本特色 ………………32
五、整合学校课程内容,形成课程多面多层营养 ………………32
六、把握课程实施重点,实现课程育人奋斗目标 ………………33

第六节　学校课程体系建设的意义价值…………………………34
一、学校课程体系建设,面对育人目标突出建树 ………………34
二、学校课程体系建设,面对教育资源突出优化 ………………35
三、学校课程体系建设,面对传承创新突出平衡 ………………35

B 解题

第三部分　界定与研判
"以素养为核心的学力协调发展学校课程群"建设的内涵彰显 ……39

第一节　课题研究的主旨思考…………………………………………39
　一、回应育人方式改变的客观命题……………………………39
　二、回应课程体系完善的破解议题……………………………40
第二节　课题研究的结构审视…………………………………………40
　一、素养为核的主要方向………………………………………40
　二、素养导向的课程建设………………………………………41
　三、学力为钵的重要指向………………………………………41
　四、"课程群"的含义……………………………………………45

第四部分　设计与规划
"以素养为核心的学力协调发展学校课程群"建设的架构布局 ……49

第一节　学力协调发展"课程群"的定位与目标………………………49
　一、"课程群"的类型……………………………………………49
　二、学力协调发展"课程群"的定位……………………………51
　三、学力协调发展"课程群"的目标……………………………52
第二节　学力协调发展"课程群"的设计思路与模型结构……………53
　一、"课程群"的设计思路………………………………………53
　二、"课程群"的协调发展………………………………………55
　三、"课程群"的结构模型………………………………………56
第三节　学力协调发展"课程群"的内涵特征…………………………57
　一、以学科素养为核心的课程统整性…………………………58
　二、以学力协调发展的课程生长性……………………………58
　三、学力协调发展与学科核心素养的内涵的关联与统一……59

C 破题

第五部分　规格与路径

"以素养为核心的学力协调发展学校课程群"建设的行进路线 …… 63

第一节　学力协调发展"课程群"开发指南与内容形态 …… 63
　　一、"课程群"开发纲要的确立 …… 63
　　二、"课程群"课程的内容形态 …… 65
第二节　学力协调发展"课程群"的开发 …… 66
第三节　高中语文学科"课程群"的开发方法 …… 67
　　一、围绕学习目标，深入解析学科的核心素养 …… 67
　　二、设计学习板块，聚焦学科学习的核心内容 …… 67
　　三、精设学习课程，把握课程适切性和协调性 …… 68
　　四、统筹课程类别，形成学力协调的学习结构 …… 68

第六部分　实施与范例

"以素养为核心的学力协调发展学校课程群"建设的重点实施 …… 71

第一节　国家课程的实施策略 …… 71
　　一、关注课程实施的"育人路"，把准目标性实施的方向 …… 71
　　二、关注课程实施的"过程链"，树立系统性管理的意识 …… 73
　　三、关注课程实施的"重难点"，确立环节性攻坚的意识 …… 73
第二节　国家课程校本化项目 …… 73
　　一、国家课程校本化实施的规划思路 …… 73
　　二、国家课程"四化"研究项目的基本内涵 …… 74
第三节　国家课程校本化实施与管理 …… 81
　　一、"课标实施校本化"项目研究 …… 81
　　二、"课堂教学实效化"项目研究——探索自主探究的学习方式 …… 96
　　三、"学习训练个性化"项目研究——学科训练系统的开发 …… 113
　　四、"学习评价人本化"项目研究——探索学生学业自主分析方式 …… 118
第四节　校本课程的实施与范例 …… 121
　　一、校本课程管理遵循基本原则 …… 122

二、校本课程开发实行统一程序 ………………………………… 122
三、校本课程实施遵循规范流程 ………………………………… 123
四、校本课程设置采用多样组合 ………………………………… 123
五、学校"课程群"范例 …………………………………………… 125

D 亮题

第七部分　成效与成果

"以素养为核心的学力协调发展学校课程群"建设的继往开来 …… 231
第一节　国家课程校本化实施，夯实学生学力基础 ……………… 231
一、课标实施校本化，提高学生学习效益 ……………………… 231
二、课堂教学实效化，促进学生学力发展 ……………………… 233
三、学习训练个性化，促进学生学业成长 ……………………… 234
四、学习评价人本化，助推学生个性成长 ……………………… 235
第二节　校本课程个性化实施，助推学生学力均衡发展 ………… 236
一、学科选修课程，调动学生学习积极性 ……………………… 236
二、学域选修课程，激发学生学习的动力 ……………………… 237
三、跨学域选修课程，助力学生学力均衡发展 ………………… 239
第三节　学校团队专业能力显著提升 ……………………………… 240
一、课程领导团队的规划与引领能力得到提升 ………………… 241
二、课程领导团队的协调与实施能力得到提高 ………………… 241
三、课程领导团队的探索与创新能力得到加强 ………………… 241
四、教研组团队与教师个体的专业能力有较大的提高 ………… 241
第四节　学校课程建设水平得到大幅提升 ………………………… 243
一、解决了学校课程与办学特色关系不够紧密的问题 ………… 243
二、改变了原学校课程结构缺乏有机统整状况 ………………… 244
三、原创特色课程群使学校课程内涵得到发展 ………………… 244

后　　记 …………………………………………………………………… 249

A 命题

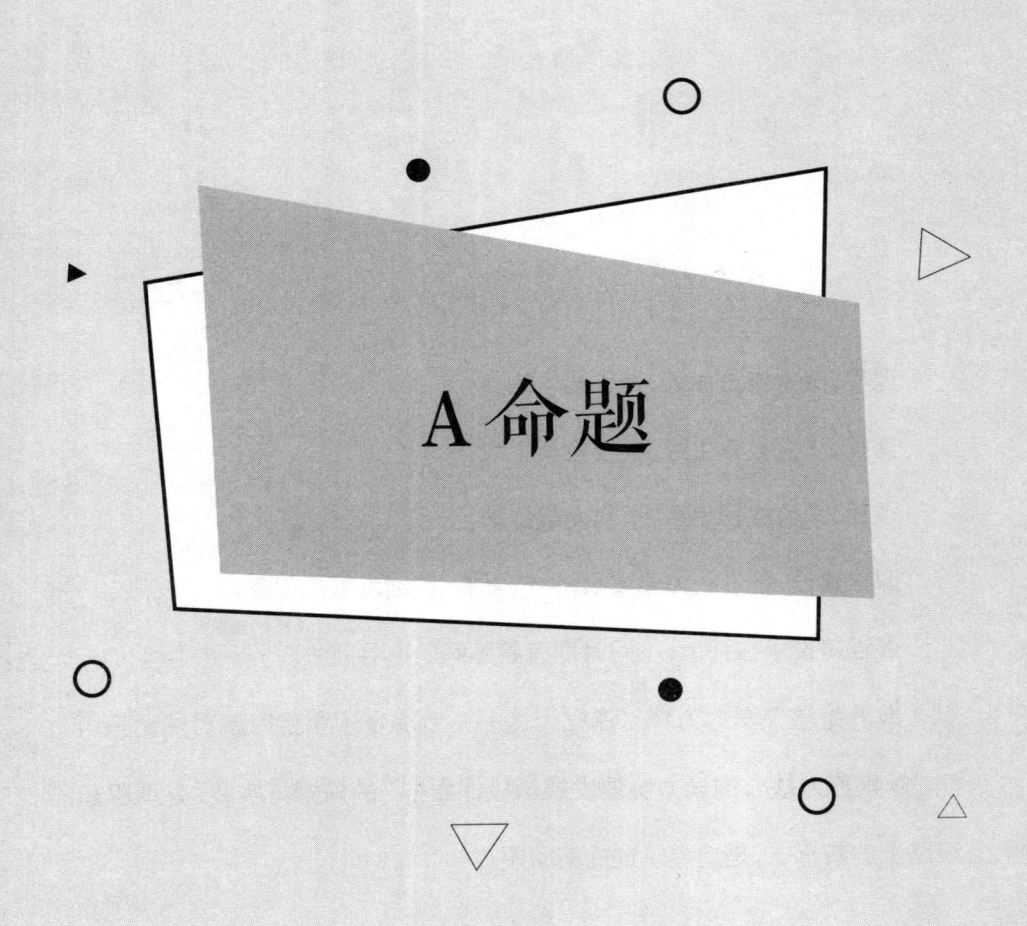

课程，国家意志体现，育人要求确认；

课程，学校教育主线，学校教学主域；

课程，学生成长根系，学生发展命脉。

课程建设，是学校内涵发展、特色发展、持续发展的引擎。

课程建设永在路上，不同时期有着不同的追寻轨迹。

素养为核　学力为钵　课程为途——上海音乐学院附属黄浦比乐中学"以素养为核心的学力协调发展学校课程群"的探索与实践，是课程建设路上的新标志，是追寻轨迹的新印痕。

第一部分　背景与缘由

"以素养为核心的学力协调发展学校课程群"建设的来龙去脉

课程建设的力度,往往取决于学校的历史、传统和优势,也由学校的发展潜力、现状改变、师生需求而拉动。

提出"以素养为核心的学力协调发展学校课程群"建设,是在对学校进行诊断、搭脉和求证的基础上进行的。

第一节　学校历史追溯与现状分析

比乐中学由民主人士、著名的社会活动家和教育家黄炎培先生、孙起孟先生等于1946年创建,校名取自爱国教育家、复旦大学首任校长马相伯先生于1930年为中华职教社礼堂所作题名——"比乐堂"。

一、"比""乐"的经典

1. "比""乐"的出处

"比乐"一词,源自《易经·杂卦》。"比"字,是"易经"六十四卦中的一个卦名。《易经·比卦第八》指出:"比"卦象征亲密无间、相亲相辅、团结互助,预示着吉祥。《易经·杂卦》原文所述的"比乐"意指"快乐是比卦蕴含的意义"。

2. "比乐"的赋义

马相伯先生对"比乐堂"的解释是:"中华职业教育社在使无业者有业,有业者乐业。唯有群,然后能乐。"在此,"比乐"被赋予"亲群合众,故得快乐"的含义。"比乐"被赋予这样的含义,乃得益于我国丰富的传统文化宝藏,这不仅可见于《易经》原文原义,还可在《礼记·乐记》所说的"比音而乐之"和《文心雕龙·情采》所说的"五音比而成韶(舜乐)夏(禹乐)"等文献中得到印证。其中"比"字作比次、协调解。同时,"音乐"之"乐"(yuè)与"快乐"之"乐"(lè)密切的内在联系,也经由《礼记·乐记》中的"乐也者,圣人之所乐也""乐者,乐也。君子乐得其道,小人乐得其欲""夫乐者乐也,人情之所不能免也。乐必发于声音,形于动静,人之道也"等话语而得以昭示。

二、"比""乐"的演绎

"比""乐",这些体现中华文化脉络的思想,催生了学校后人多种有价值的教育主张。

1. 贯彻"比"与"乐"为内涵的办学思想

由"比音而乐之"而衍生的"五育并重,乐育英才"的办学思想与和谐教育的理念,强调使学生在德、智、体、美、劳各方面和谐地发展,培养出英才;而培育这样的英才,就是学校最乐意成就的事业。

2. 推进以"自主发展"为主旨的学校教育

这一主张落实在两个主体:学生以"自主发展"为轴心,实现幸福成长:学会做人、学会学习、学会生活;教师以"自我更新"为取向,实现成就发展:敬业履职、专业发展、乐业成功。这可以看作师生和谐发展中体现时代要求的主题,即和谐乐章中的主旋律。

3. 演绎以"比""乐"为协调的发展形态

"比"字寓意比次、协调。由此强调学生在奋发进取中,得以各种能力"协调发展",其中,以改变学生学习方式为突破口,引导学生在"比优"中激发学习"积极性",在"乐学"中促进成长"协调性",这充分拓展了"比乐"的意义,使"协调发展"的思路有了内在的依据和遵循。

学校在充分继承和领悟学校历史传统、积淀和弘扬比乐文化的基础上,使办学思想和实践上既从深厚的文化底蕴中不断汲取智慧得到传承,又能保持生机活力与时俱进适应时代需求获得发展。

三、"比乐"的现状分析

1. SWOT态势分析表

回眸学校的历史与传统,立足当下对学校现状做一个清晰的分析与定位,以此来确定学校的发展方向。为此,学校采用SWOT态势分析法,对优势和劣势等进行了系统的梳理。

SWOT分析表如下：

因素	Superiority（优势）	Weakness（劣势）	Opportunity（机会）	Threaten（挑战）
地理位置	地处市中心，交通便捷 邻近上海时尚地标，地理位置优越	学校筹备扩建中，周边处于动迁状态，环境较复杂	学校筹备扩建后，其区域定位与生源状况可能会发生一定变化	地处人口导出区域，一定数量的优秀生源的流失有着较大的不可控性
硬件设备	学校的教育教学设备有一定基础，可以满足正常的教育教学活动的开展	两校合并生源数增加，学校占地面积有限，学生的活动场地显现不足。各种专用教室配置相对不够充裕	待学校扩建后，硬件设备将会得到明显改善	学校扩建的过渡时期，硬件设备的添置可能会受一定的影响
教师资源	教师团队敬业爱岗。师资队伍年龄结构相对比较合理	缺少名特教师与领军教师	中青年教师的专业发展潜力比较大。后备力量较强	复杂的生源情况、学校扩建过渡期和中心城区的较高的生活成本，会对教师的向外流动和优质师资的引进产生一定影响
学生状况	参与学校各类活动能力与积极性较强，思维活跃	学生的学习基础与能力差异性大 学习方式单一，自主学习能力弱 部分学生学习的自信心不足，学习缺乏动力	学校体现"比优乐学，自主发展"办学特色的各种教育教学实践活动有助于学生自信心、学习动力、自主能力等方面的提升	社会转型期的多元价值观对学生的影响，给学校教育带来新挑战
家长配合	家长关注学校的程度比较高。大部分家长能对学校工作给予支持与配合	有小部分家长对子女家庭教育相对薄弱。过分依赖学校的教育，配合度较低	家校沟通的工具与渠道较丰富，家校沟通的机会增加	部分家长过分强调分数，对学校为促进学生素质全面提升的一些举措不完全理解
区域资源	街道社区部队等与学校关系密切，能积极参与学校的教育活动，有利学校的发展。黄浦区的文化资源与学习场馆资源较丰富	对合理整合和调用资源缺乏系统规划。资源的有效利用率还不高	"学区教育集团"的互补或将迎来一定发展机遇。学生综合实践活动内容的选择性扩大。有利于学校社会实践课程的完善	如何保持与社会资源管理部门的良好沟通和扩大持续协作的空间

2. SWOT态势分析举要

综合学校的现状分析可以看出：基本的劣势主要是缺少名特领军教师和学生学习能力，而学校抓住当下以课程建设为载体深入推进课改的机遇，旨在进一步确认学校发展的指向之一，就是在促进教师专业能力发展的同时，整体提升学生的综合素养。

第二节 学校课程现状与专题调研

学校课程现状是进行变革的底板，专题调研是破解难题的先导。

一、了解师生需求

为准确定位学校课程体系设计方向，学校以调查问卷形式，围绕相对比较薄弱的选修拓展课与研究性学习，对学生、教师进行学校课程调研，以此深入了解这些课程现状与师生对这些课程的需求，为课程体系的整体设计提供有力支持。

1. 调研问卷类型

教师问卷——围绕校本选修拓展课、研究性学习的教学内容、开发方式、授课形式、选题内容、指导能力等开展调查研究。

学生问卷——围绕学生喜爱怎样的校本选修的拓展课、研究性学习的内容、类型、授课的形式等方面开展调查研究。

2. 调研方式与结果

学校对全体教师和全校7个年级随机选择的50名学生进行问卷调查。调研结果如下：

教师问卷调查结果与分析

调研问题	调研选项被选%					数据分析
您认为拓展课的内容	只要与学科相关就可以了	可与学科相关，也要有拓展性的知识	无所谓			认为拓展课的内容要与学科相关，拓展性的知识也要占很高的比例(60%)
	25.2%	59.7%	15.1%			

续 表

调研问题	调研选项被选%						数据分析
关于拓展课的开发方式	教师自行开发教材	使用现成的成熟教材	专家与学校合作开发教材	何种方式无所谓			认为拓展课的开发方式,教师应该自行开发教材的比例较高(45.7%)
	45.7%	26.5%	24.6%	3.2%			
从拓展课的课堂授课效果来看,你认为每一门课程总课时多少节比较合适	2~5节	5~10节	10~15节	无所谓			认为拓展课5~10节效果比较好(41.3%)
	27.3%	41.3%	25.1%	6.3%			
你认为拓展课程用哪种方式进行评价比较合适	以小组作业合作的形式	用出勤率及课堂表现代替	开卷考试	闭卷考试	小论文或报告	其他	拓展课程的评价方式比较倾向开卷考、闭卷考和小论文的形式(合90.4%)
	4.2%	3.9%	29.5%	35.0%	25.9%	1.5%	
你觉得学生的研究性学习	应该走出学校,去社会中进行研究性学习	无须走出学校,也可以进行研究性学习	无所谓				认为研究性学习应该走出学校去社会中进行研究占大多数(66.9%)
	66.9%	29.7%	3.4%				
关于学生研究课题的选择	完全由学生自主选择课题	由学校提供一些有质量的课题给学生	学生自主选择与学校提供课题相结合	无所谓			倾向学生自主选择课题或学生自主选择课题与学校提供研究课题相结合(合88.5%)
	48.4%	11.5%	40.1%				
如果您指导学生选题,主要考虑	结合自己的专业知识	结合学生的日常生活	考虑课题的社会研究价值	其他			教师对学生选题的内容没有明显的倾向性
	33.1%	25.8%	35.8%	5.3%			

学生问卷调查结果与分析

调研问题	调研选项被选百分比%							数据分析
你喜欢这几门拓展课的理由	能学习更多课外知识	自己对相关内容感兴趣	教师讲得精彩					学生在选课时更注重教师的讲课水平（50.1%）
	24.2%	25.7%	50.1%					
你希望的拓展性课程内容的类型是(可多选)	最好是补充平时学科的知识	可以扩大自己视野的知识	只要有趣的就可以	无所谓都可以				学生喜欢的课程类型主要集中在可以补充平时学科知识和扩大视野的知识（合71.3%）
	40.1%	31.2%	27.4%	1.3%				
你更喜欢哪种上课的形式	生动幽默的教师主讲	形式多样的学生主讲	自主学习、动手操作为主	与同学互动性强的上课方式				拓展课上课学生更喜欢有教师讲授的形式（75.8%）
	75.8%	2.3%	19.3%	2.6%				
你喜欢拓展课程用哪种方式进行评价	以小组作业合作的形式	用出勤率及课堂表现代替	开卷考试	闭卷考试	小论文或报告	其他		学生倾向用出勤率与课堂表现代替，或用开卷考试和小组作业合作的形式
	15.0%	60.2%	16.1%	2.3%	6.4%	0.0%		
你希望学校更多开设什么类型的拓展课程(可多选)	文学类	体育类	文艺类	科技类	小制作与小发明	实验操作类	其他	学生兴趣比较广泛,没有明显倾向性
	20.5%	19.5%	18.2%	14.7%	11.4%	7.2%	8.5%	
你认为每一门拓展课程总课时多少节比较合适	2～5节	5～10节	10～15节	无所谓				学生对拓展课的课时倾向性不是很明显,认为2～10节比较合适的学生人数相对多一点,说明学生拓展课的课时不希望太多
	30.1%	25.9%	18.5%	25.5%				

续　表

调研问题	调研选项被选百分比%							数据分析
对于学校开设的研究性学习课程,你认为	喜欢,对提升自己的学习能力有帮助	不喜欢,太麻烦了	不知道怎么学习	没有感觉,无所谓				学生对研究性学习还存在比较大的困难,同时对研究课学习的认识不够,其根本原因是学校的研究性学习课程质量还不高
	22.1%	25.8%	33.8%	18.3%				
你觉得研究性学习	应该走出学校,去社会中进行研究性学习	无须走出学校,也可以进行研究性学习	无所谓					学生普遍认为研究性学习应该走出学校(77.8%)
	77.8%	20.9%	1.3%					
在选题时你的主要方法	选择自己兴趣与爱好	与学科学习有关的内容	与同学一起讨论,然后选择	没有具体的想法,听小组成员的意见				学生的选题内容与方式倾向性不明显
	25.4%	28.3%	28.7%	17.6%				
关于课题的选择(可多选)	完全由自己选择	希望教师提供一些有质量的研究课题	无所谓					学生倾向希望教师提供一些有质量的课
	60.8%	77.1%	30.1%					
在研究课题的过程中,你希望课题指导教师的指导	熟悉课题内容,并能给予一定的指导	无须指导,自己可以解决	有无指导教师无所谓					研究性学习学生更希望教师能给予更多的帮助
	68.9%	25.8%	5.3%					

续 表

调研问题	调研选项被选百分比%							数据分析
在下列课题研究方式中你最喜欢哪一种？	文献研究	实验研究	调查参观	网上调查	其他			研究方法比较单一，以文献研究为主
	59.7%	12.1%	13.1%	12.8%	2.3%			
你希望研究性学习最后采用哪种方式展示	在班级中进行交流展示	在年级中进行交流展示	在全校进行交流展示	无须展示				学生比较倾向于在班级或年级中展示
	40.4%	38.4%	15.9%	5.3%				

二、调研分析总结

从教师和学生的问卷中，学校提取与本项目研究有关的问题，以及相关课程本身存在的问题，归纳总结出结果如下：

1. 学生层面
- 选修拓展课的内容能与学科学习有一定的关联。
- 希望选修拓展课的教师授课生动幽默。
- 研究性学习的研究希望能有更多的机会走出校门，走向社会。
- 在研究性学习过程中希望能得到教师更多的指导。
- 研究性学习的研究方法单一，需要得到进一步完善。
- 希望研究性学习的自选课题与教师提供有质量的研究性学习课题相结合。

2. 教师层面
- 选修拓展课的课程主张自行开发。
- 选修拓展课的课时数量要适当。
- 研究性学习希望学生能更多地走出校门。
- 研究性学习的研究内容希望学生自主选择与学校提供相结合。

3. 课程层面
- 学校课程较凌乱，缺乏系统梳理，课程的质量和实施的效率不高。

- 原基础型、拓展型和研究型三类课程发展失调,内在关联不够。
- 德育综合实践活动缺乏与学校课程的整体规划与思考。
- 学校课程形态结构单一,缺乏特色。

通过对学生、教师和课程三个层面调研结果的归纳分析,对整体设计学校课程体系的突破点,有了一个清晰的认识,解决存在的问题将是突破的重点。

第三节　课程建设重点与突破要点

现状分析和专题调研,为弄清事实、厘清思路提供了基础,而理性、辩证地摸准脉搏、找准方向,提出课程建设重点与突破要点,是更为重要的。

一、问题导向出题

"二期课改",上海确定了中小学课程结构,即基础型、拓展型和研究(探究)型三类。学校在多年的实施过程中,取得了不少成效,但也暴露出了一些问题。

学校在正视现实、正对事实的基础上,本着实事求是的态度,对课程实施和教学过程中呈现的一些问题进行了梳理,主要发现:

1. 学校课程规划与办学特色联系不够紧密

学校课程形态结构比较单一,学校的课程特色不明显。

2. 学校各个课程板块之间的逻辑性不强

校本课程的数量累积叠加,缺乏系统整理,影响课程品质和实施质量,学校课程的整体性存在一定的问题。

3. 学校"三类课程"的发展不平衡

基础型、拓展型、研究型"三类课程"之间的协调存在一定的问题,在规划课程的过程中,更多的是关注课程纵向衔接,缺乏课程之间的横向关联,这样就造成课程间的结构与内容出现各自为政、彼此割裂和发展不平衡的现象,影响学生综合素养的全面提升与学力的协调发展。

4. 学校德育活动与综合实践活动整体规划力度不够

这两类活动的种类与项目众多,怎样通过梳理归纳,使它们能成为一个紧紧围绕育人目标的、彼此逻辑关联清晰的整体,使得这些活动高效有序,这是需要面对的课题。另外,德育和综合实践活动,尽管学校已经将它们纳入学校课程体系的范畴,但如何从课程实施的视角,对活动目标、活动内容、活动实施、活动管理和活动评价等加以整体规划设计,进一步提升其质量与实施效果,促进学生学力的全面提升,这些方面还有待提高。

值得一提的是,面对中国学生核心素养培育的具体要求,面对新时代学生终身学习能力的现实需求,面对教师进一步提升教书育人水平的主观诉求,学校课程建设正处于一个转型阶段,需要从立德树人的根本上、素养培育的方位上、学力为重的立足上、课程结构的完善上进行全面的改革与重构。

二、确立课题攻难点

学校针对课程结构存在的整体性、协调性和特色性等问题,经过反复研究和科学探寻,提出"以素养为核心的学历协调发展学校课程群"建设,作为引领学校课程改革和教学改革,实现育人方式变革和教师发展优化的切入口。

1. 课题选择突破口

学校希望从学力协调发展的角度,用构建学校课程群的方式加以突破。为此选择了"基于学力协调发展的学校课程群的校本规划与建设"的课题研究。

本课题的研究正值国家课程方案新老交替的特殊时期。在课题研究期间,教育部先后颁布了新的《普通高中课程方案》和《义务教育课程方案》。而本课题的课程群的学力视角,则更多是基于原基础型、拓展型和研究型三类课程架构所做的规划考虑的,但基于当下新课程背景,原课题研究内容和课程群构想等需要做较大的调整,才能使其与新课程理念与结构相吻合,这无形之中给课题研究带来了很大的难度。

2. 课题提升契合度

面对新的发展态势,学校适时改变,进一步调整和优化了课题研究的方向,这样对标更精准、对路更鲜明、对象更明确。

"以素养为核心的学力协调发展学校课程群"建设,以立德树人为根本遵循,以课程适应每名学生发展为基本依据,以全面架构学校课程体系为主要旨归,以学生核心素养培育为核心要旨,以增强学生学力为考量基点,以建设符合学生全面发展的课程群为基础主线,试图走出增加立德树人分量、增加课程育人容量、增加课程选择体量的学校课程体系新方式、新样式、新模式。

第四节　课程建设思想与顶层设计

学校"以素养为核心的学力协调发展学校课程群"建设,是一个系统工程,必然要与学校办学思想、办学理念、育人目标进行无缝对接。

一、学校课程建设的思想来源

树有根,水有源。学校课程建设、课程改革的依据服从于学校业已建立的比较完备的办学体系。课程建设正是对办学体系的支撑,课程改革正是对办学方向的辅佐。

学校认为,优秀的学校文化必须体现现代教育的基本观念,即以人为本,聚焦每一个学生的全面、个性化的发展,学校基于对教育哲学的课程顶层设计的思考,对校情进行了全面梳理后,形成了学校课程发展的思想设计。

1. 办学宗旨提供指南

办学宗旨作为学校的教育使命、愿景、目标,引领着学校办学的价值方向,成就着学校教育的个性与特色,是课程建设的纲领和课程改革的指南。

学校的办学宗旨——以富有本校独特文化内涵的视角,深刻理解并充分运用先进的教育理念,引领学校实现特色化的发展。其内涵:

其一,将立德树人作为教育的根本任务,把每一名学生作为发展的主体,使中学阶段的"自主发展"成为学生终身受益的自主意识和能力。

其二,让每一位教师在自我更新、团队共进中享受到专业成就,使学校成为师生自主发展、享受教育的乐园,融入创新教育,让特色化的学校文化与精品化的城区文明共同发展。

2. 办学理念提供思路

办学理念作为学校的主导思想,影响和决定着学校的整体发展,引导和支配着学校运行的全过程,学校拥有属于自己的办学理念,这样才能为学校科学发展提供方向指引,才能为实现办学目标提供精神动力和信念支持。

学校的办学理念——"比优乐学,自主发展"。其内涵:

其一,五育并举的发展内涵,即德育、智育、体育、美育、劳育的融合发展。这既包括个体自身多方面素养的和谐发展,还包括个体之间、团队之间相互合作而实现的共同发展。

其二，自觉主动的发展方式，即鼓励个体、群体在独立思考、积极探索的创新过程中实现自主发展。在自觉追求主动发展的过程中相互合作，在相互合作中又相互激励、相互竞争；由此激发出学生和教师内在的发展动力，享受到主动发展带来的尊严与欢乐。

3. 育人目标提供重点

学校的育人目标是根据国家的教育目的，结合学校的传统、特点和定位提出的具体培养目标与全面要求。

学校的育人目标——让比乐中学的学生成长为"自觉主动、乐群向上"的当代新人。其内涵：

其一，就比乐学子的发展方式来说，通过自觉主动，具有清醒而成熟的自我意识和进取精神，并能合理地通过有组织的方式融入群体、相互合作，与同伴群体共同进取、共享成功，从而更好地掌握自己作为独立发展主体的主动权。

其二，就比乐学子的发展内涵而言，通过学习方式的更新形成更高品质的发展视野、发展目标和发展能力。

在发展视野上，他们应有超越自我和他人的气魄，在理解和享受人类文明的过程中，形成强烈的爱国情怀，增强社会责任感，培养主动进取的创新精神，以及较强的实践能力。

在发展目标上，他们能在现代化的城区文明和全球视野中合理地理解自己的发展状况、选择学业发展方向和人生目标。

在发展能力上，他们应有全面的学业修养和一定的创新能力，乃至有一定的领导能力，从而确保自己在面对日趋复杂的发展场景时善于辨析方向、选择方法，走向成功。

二、学校课程体系的基本特征

学校课程体系是实现办学宗旨，体现"比优乐学、自主发展"的办学理念，实现育人目标的主要载体与途径。学校的课程体系强调基础性、选择性、统整性、独特性、时代性。

1. 基础性

课程体系面向全体学生，依据学科核心素养，构建共同基础，培养学生正确价值观、必备品格和关键能力，为每一个学生的发展奠定坚实的基础。

2. 选择性

遵循学校"比优乐学、自主发展"的办学理念，建设多元、弹性和可选择的课程，在保证每个学生达到共同基础要求的前提下，为不同学习需求、不同能力倾向、不同水平的学生提供适合自己的课程，促进学生的自主选择、自主发展。

3. 统整性

体现学校"协调发展"的教育理念，课程体系规划统整学校各类课程，将其有机融合，形成学科课程群，实现学科整体育人，促进学生基础性学力、发展性学力、创造性学力的协调发展。

4. 独特性

基于学校办学特色，依据办学理念，构建能充分体现育人价值，并具有独特结构的课程体系，促进学校的特色化发展。

5. 时代性

学校课程体系体现社会主义核心价值观，反映当代社会进步和科技发展趋势，关注学生的经验，增强课程内容与社会生活的联系，具有时代性特点。

第二部分 思路与意义

"以素养为核心的学力协调发展学校课程群"建设的定位方略

学校课程建设，需要进行正确的定位、科学的设计、完善的结构，并与建设策略相配套。

"以素养为核心的学力协调发展学校课程群"建设，是对学校课程建设思路的进一步厘清、梳理和提炼。

第一节 学校课程建设的关键要素

学校"以素养为核心的学力协调发展学校课程群"建设，遵循学校课程建设的总体思路，体现课程建设的所有内涵、结构、策略，是以点带面进行课程改革的探索。

学校课程建设，其关键要素集中表现为对办学思想、办学目标、育人目标的课程化实现。

一、构建课程顶层设计，促进学校内涵发展

1. 学校课程建设反映学校发展大计

学校课程顶层设计，反映办学思想，体现办学目标，契合育人目标，是学校课程整体构建的行动纲领。在办学理念的引领下，确定清晰的育人目标，构建兼顾学生身心特点和学科体系特点的课程体系，最大限度地发挥课程主渠道的作用，最大限度地提升学生的综合素养，实现课程育人目标。

2. 学校课程建设关注学生学习主体

学校课程建设，就是要从作为学习主体的学生、作为学习客体的学习内容、学习发生的时间空间等多维视角展开有机搭建,在学校教育哲学引领下,通过以育人目标为统领的整体规划、以核心素养为导向的学科统整、以多元选择为方式的实施等,形成基于学校教育哲学、符合学生成长需要、遵循学科认知规律和适应社会发展需求的课程体系。[1]

二、构建素养培育导向,增进学生全面发展

1. 坚持素养培育课程价值取向

素养培育,是新课程实施的既定方向,也是新课程的价值取向。

就学校课程发展而言,以素养为导向,有助于学科固有的本质特征和学科素养的提炼,有助于学科边界的软化以及学科间的勾连,有助于学科教育学的重建,为广大教师整体把握学科课程、消解碎片化的以知识点为中心的灌输提供视野和机会。[2]

2. 坚持素养培育育人根本方向

就学校课程体系建构而言,就是从更有利于发展学生核心素养视角,对学校各类课程,从学习领域、学科科目、学习阶段和学习过程进行多维度的统整,构建具有学校特色的课程体系。

就学生而言,以核心素养为导向构建的学校课程,为其提供更广阔的学习时空,更有利于学生学力的全面均衡发展。

三、提供多元选择课程,助推学生个性发展

1. 落实因材施教

因材施教,就是要实现每一名学生的自主发展。学校通过课程整体构建,在确保学生正确价值观、必备品格、关键能力的基础上,尊重个性化特点,满足多样化发展需求,为每一名学生提供多元可选择的课程。

2. 提供多元选择

多元可选择,是推进课程改革的有力杠杆,是以课程结构变革教育的供给方式,以利于提升教育品质。国家课程以基础内容的共同学习和部分内容的选修性学习实施,学校校本课程以不同学域、不同组合可选择实施,通过选课走班的形式,为学生提供自主选择的空间及自主选择的权利,促进学生自主、多元、个性化发展。

四、创新课程实施方式,提升课程功能实现效度

1. 采用不同的实施方式

要使丰富的学校课程成为学生的真实获得与成长,必须对课程实施的方式进行深入探究,不同类型的课程,因其课程定位、课程目标与课程特点不同,所以学校必须采用不同的实施方式、实施要求与评价方法。

2. 服务独特的个性发展

针对学生不同的学习基础与水平,应采用因材施教的方法加以实施与评价。为此,创新学校课程实施的方式,有利于提升课程功能的实现效度。

第二节　学校课程建设的顶层设计

学校课程建设的整体设计,需要以教育哲学为引领,以内在逻辑为结构,进行纵横交叉的建构。构建学校课程顶层设计或许是当下学校课程建设实践中相对缺乏深入探索的环节。做好学校课程的顶层设计,须对有关要素进行融合。

一、注重教育哲学引领,明确学校课程建设走向

1. 建立具有学校特点的教育哲学

在当今迅速变化的多元化社会,统一模板式的课程目标不再适用于学校的特色化发展,学校必须关注自身的价值追求和教育目的,建立具有校本特点的教育哲学。

教育哲学,是学校共同体的教育信仰,由学校的办学宗旨、办学理念、发展定位和育人目标要素等内容组成,源于历史唯物主义和辩证法。一所谋求个性特色发展的学校,应有自身对教育独特的理解与追求、对学校发展愿景的定位与设计,对育人目标与方式的理解与把握,并由此共同构成以学校课程顶层设计为标志的学校教育哲学。[3]

2. 教育哲学就是教育辩证思想

因此,对学校教育哲学的梳理是学校课程整体构建的关键和灵魂,而学校课程顶层设计,就本质上来说,就是梳理学校教育哲学,确立课程构建价值方向的一个

过程。

教育哲学,就是用辩证的哲学思想统领教育过程,尊重事物发展的规律,讲究遵循教育规律,坚持用正确的、发展的、科学的态度探究办学的方向和课程建设的方向。

二、运用顶层设计要素,厘清课程系统内在逻辑

1. 学校课程顶层设计强调内在逻辑

学校课程顶层设计系统,渗透教育哲学,集办学宗旨、办学理念、办学目标、学校精神、校训等于一体,因此,厘清学校课程顶层设计系统各要素的逻辑关系尤为必要。

学校课程顶层设计系统各要素的逻辑关系,如下图所示:

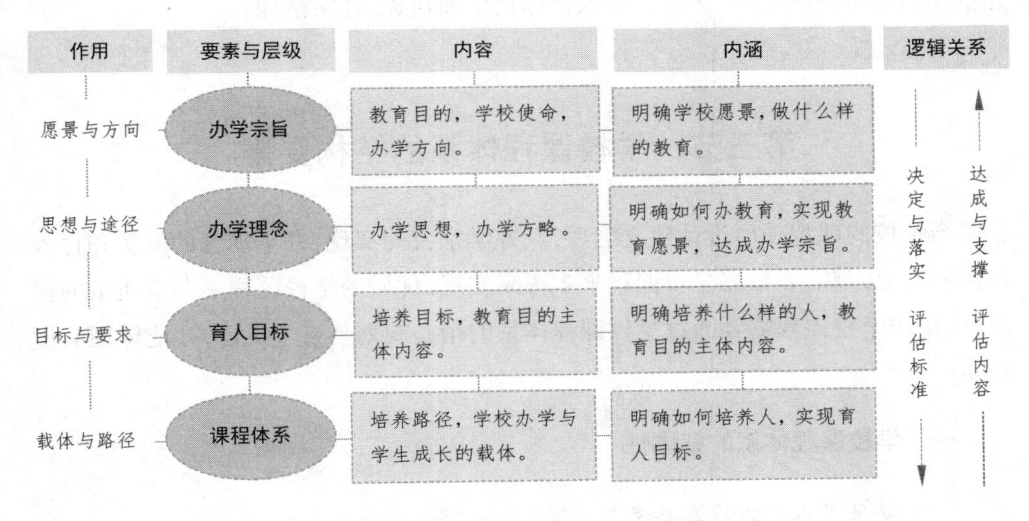

作用	要素与层级	内容	内涵	逻辑关系
愿景与方向	办学宗旨	教育目的,学校使命,办学方向。	明确学校愿景,做什么样的教育。	决定与落实 / 达成与支撑
思想与途径	办学理念	办学思想,办学方略。	明确如何办教育,实现教育愿景,达成办学宗旨。	
目标与要求	育人目标	培养目标,教育目的主体内容。	明确培养什么样的人,教育目的主体内容。	评估标准 / 评估内容
载体与路径	课程体系	培养路径,学校办学与学生成长的载体。	明确如何培养人,实现育人目标。	

基于教育哲学的学校课程的顶层设计

第一层级:办学宗旨,处于学校教育哲学的顶层,其内涵是一所学校所确立的办学方向,即要做什么样的教育,完成什么样的教育使命,是学校发展前景的内涵揭示,是学校未来要达到的质量水平标准,是学校发展的魂。

第二层级:办学理念,解决用什么思想指导办学的问题。它是学校教育哲学的系统性表征和深层次思考表达,是教育主体在教学实践及教育思维活动中形成的对"教育应然"的理性认识和主观要求,是学校在育人过程中所遵循的教育理想

与信念。

第三层级：育人目标，是明确培养什么样的人的问题，是办学宗旨的主要内容与主体呈现。育人目标的表述应反映学校培养的基本要求和特殊品质。

第四层级：课程体系，是解决如何培养人的问题，是实现育人目标的基本途径，也是办学理念的主要体现。课程体系应是一个基于学校教育哲学而组织化了的课程整体，将各课程有机结合成一个联系紧密、逻辑清晰的"育人载体"。

2. 学校课程顶层设计的内在逻辑关系

其基本的逻辑关系是：四个层级自上而下，可以认为，上一层级是决定与落实下一层级的前提依据，是下一层级的评估标准；四个层级自下而上，可以认为，下一层级是完成与支撑上一层级的基础，是上一层级考察完成度的评估内容。由此，基于教育哲学的顶层设计，能有助于学校课程架构呈现理念一贯、目标一致、结构完整和功能协调的特质，从而使育人目标更全面覆盖、扎实落地。[4]

第三节 学校课程体系的结构要素

当学校的课程顶层设计建立之后，其办学宗旨的实现、办学理念的落实和育人目标的完成，都需要依靠学校课程来支撑来实现，优质的学校课程是办学质量的保障，而优质学校课程需要通过学校课程体系的精心规划与科学设计，才能体现其优良品质。

一、学校课程体系的整体性

1. 学校课程体系的基本要素

学校课程体系的整体建构体现了一种系统设计、自主建造和整体实施的框架思路。从系统论的角度看，学校课程体系是由众多课程要素，有序组合成具有一定层次性的整体，学校课程体系将围绕办学理念逐层展开，涉及课程目标、课程结构、课程内容、课程实施和课程评价等基本要素。

2. 学校课程体系的七个层次

为此，在构建学校课程体系时，首先要明确学校课程体系的结构框架与组成要素，同时还必须厘清其逻辑关系，并采用可视化的手段与工具，整体呈现课程体系内在的理念内蕴、功能结构、逻辑关联和实施路径等。

就学校课程体系的结构与要素而言，大致由七个层次构成，见如下结构图示：

课程体系要素		主要涉及内容	作用与功能
顶层设计	1 理念层	学校的办学宗旨、办学思想、办学理念等	引领实施的价值方向
	2 目标层	学校的育人目标、课程发展目标等	课程体系的价值追求表达
体系架构	3 学域层	包含语言文学、数学、社会科学等八个学习领域	确立课程体系的学域范畴
	4 科目层	包含语文、数学、外语等14个学习科目	共同基础，全面发展的载体
	5 整合层	自主设计课程整合组合，创生特色校本课程结构	多元选择，个性拓展的载体
操作执行	6 实施层	涉及课程、教学、师资、教研和评价等实施操作	理念付诸实践的落脚点
	7 保障层	涉及组织、培训、科研、制度、经费和激励等	保障课程扎实有效有序运作

第一层：理念层——主要体现办学理念，它引领着课程体系构建的价值方向，是下层各栏目设计的理论依据与内涵指向。

第二层：目标层——基于学校的办学宗旨，确立具有学校特点的育人目标，是下层各项目内容的设计与实施的目标导向。

第三层：学域层——依据中学学段的课程设置，主要涉及八个学习领域，分别是：语言文学、数学、社会科学、自然科学、技术、艺术、体育与健康和综合实践活动，它基本反映了现代科学综合化的趋势，有利于学生全面发展。

第四层：科目层——对应上述八个学习领域，每个领域由课程价值相近的若干科目组成。八个学习领域共包括语文、数学、外语、思想政治、历史、地理、物理、化学、生物、技术、艺术、体育健康、劳动和综合实践活动等国家课程，国家课程是学校课程设置与实施的重点。

第五层：整合层——学校依据校本特点和需求，对每一学科科目自主设计和开发形式多样的整合课程板块，这样使相对稳定的学科科目内容通过这些课程板块得以延伸、拓展与融合，为学生提供了更多可自主选择的课程，以此拓展学生更深、更广的学习空间，促进学生的个性发展。

第六层：实施层——是整个课程体系内容实施与目标实现的关键操作层面，是课程育人的直接落实环节，因此它是整个课程体系的重中之重。实施层包括课程配置、师资安排、项目研究、教学实施、选科走班、教研活动和课程评价等实施项目和管理项目。

第七层：保障层——是为整个课程体系的高效、扎实和有序运作提供软硬件的支撑，它包含组织领导、师资培训、科研支撑、制度建设、经费保障和激励机制等。

二、学校课程体系的逻辑结构

1. 学校课程体系的整体性

对课程建设顶层设计与课程体系的研究，学校汇总整理出如下关于学校课程建设的各要素与其逻辑结构图：

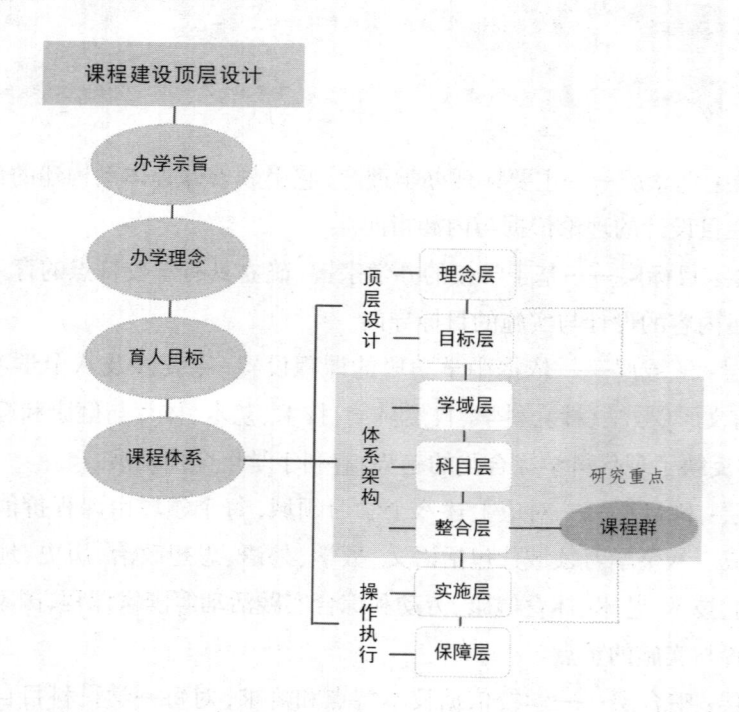

```
课程建设顶层设计
        │
      办学宗旨
        │
      办学理念 ────┐  顶层    ── 理念层
        │         │  设计    ── 目标层
      育人目标 ────┤
        │         │          ── 学域层
      课程体系 ────┤  体系    ── 科目层      研究重点
                  │  架构                    课程群
                  │          ── 整合层
                  │  操作    ── 实施层
                  │  执行    ── 保障层
```

2. 学校课程体系的互联性

通过此逻辑结构图，学校明确了"课程群"研究在学校课程体系中的"坐标"

定位，在学校课程体系中，"体系架构"是顶层设计的理念到操作实施承上启下的"桥梁"，"课程群"则是"体系架构"中最具校本特色与创新性的环节，毫无疑问，体现"承上启下"、呈现"校本特色"、显现"创新性"将是"课程群"研究所追求的重要价值内涵。

借助这种整体结构的可视化的逻辑呈现方式，可以总览全局，使学校的课程建设研究思路更加清晰、研究重点更加突出、研究方向更加精准。

第四节　学校课程体系的设计要旨

学校课程体系，与教育方针对表，与立德树人对标，与课程理念对接，与课程结构对路，就有了发展的条件和时空。

一、开展课程现状调研，切实了解师生实际需求

1. 现有课程质地分析

为准确定位学校课程体系设计方向，学校以调查问卷形式，从教师层面、学生层面和课程层面，对课程运行中的实际现象进行质地、数量、数据的分析，试图搭准需求走向的脉搏。

2. 找准突破要害重点

通过对学生、教师和课程三个层面调研结果的归纳分析，对整体设计学校课程体系的突破点，有了一个清晰的认识，解决存在的问题将是突破的重点。

二、系统剖析课程结构，深刻解读落实课程方案

1. 比较新老课程结构

学校课程体系的结构，必须与国家课程体系结构的特征相吻合，因此，全面分析国家课程体系的结构，是构建学校课程体系的前提与基础。2017年教育部对普通高中课程方案和课程标准做了调整（2020年再次修订），为此，在规划学校新的课程体系之前，须对原方案与国家调整方案的课程结构进行深入细致的比较、分析与研究。

比较新老课程结构，有机对接课程。分析梳理学校原方案的课程结构，

正确把握学校课程的原点；比较调整方案的课程新的结构，找到新老课程对接的契合点。下图分别是依据新老课程方案的课程结构绘制的"上海二期课改的课程结构图谱"（简称：上海课程结构）和"2020年教育部高中课程方案的课程结构图谱"（简称：国家课程结构）。从上海与国家课程结构可以看出，其课程结构的核心都是"三类课程"，即上海三类课程"基础型课程、拓展型课程、研究型课程"与国家三类课程"必修课程、选择性必修课程、选修课程"。

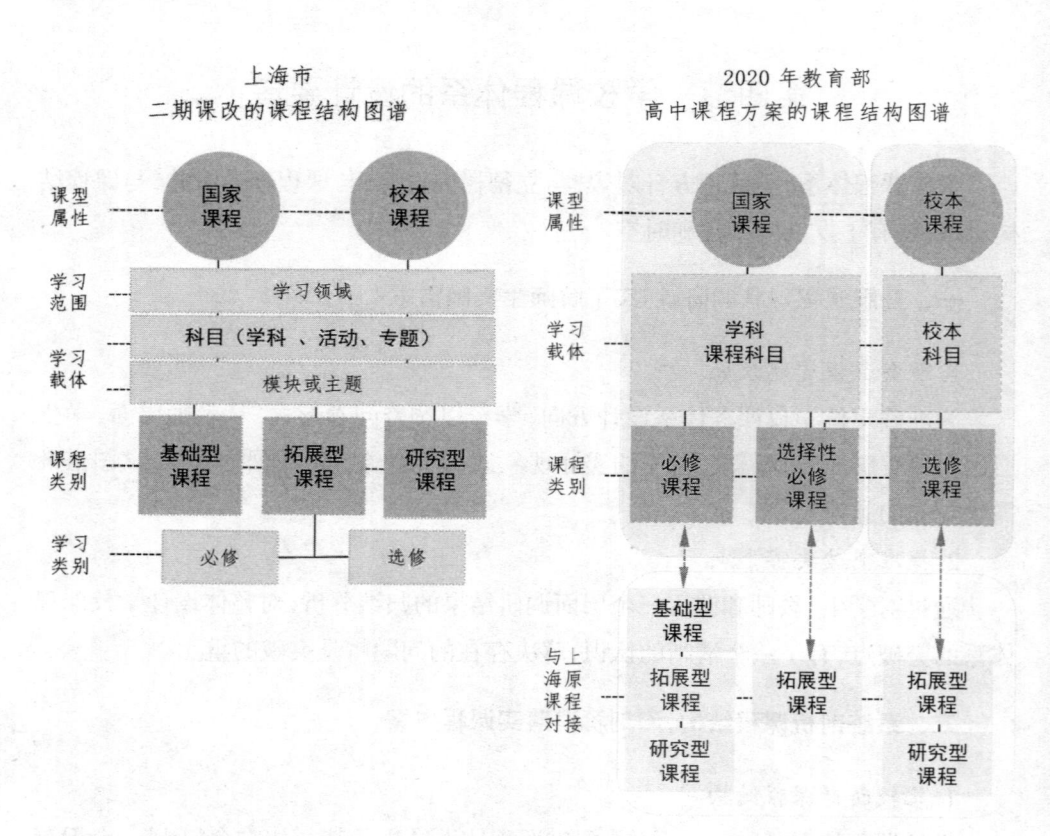

上海市
二期课改的课程结构图谱

2020年教育部
高中课程方案的课程结构图谱

上海课程结构主要涵盖"国家课程、校本课程""学习领域""科目""模块或主题""三类课程""必修、选修"等课程元素，使课程结构层次完整，内涵丰富，但在实施过程中，对各类课程的属性认定时边界不够清晰，有时会呈现多重属性交叉重叠现象，这样给学校课程的归类与管理带来一定的不便。

国家课程结构主要涵盖"国家课程、校本课程""科目"和"三类课程"三层课程元素,其结构简捷、层次分明和功能清晰,特别是国家课程和校本课程的划分边界清晰,有利于学校实施操作。

2. 明确新老课程对接关系

从国家课程结构图谱上,可以找到上海与国家"三类课程"的对接关系:

(1) 与"必修课程"的对接

- "基础型课程(学科科目)"对接"必修课程(学科科目)"。
- "拓展型课程(社会实践、班团活动和社区服务等)"对接"必修课程(综合实践活动)"。
- "研究型课程(课题研究、项目设计)"对接"必修课程(综合实践活动)"。

(2) 与"选择性必修课程"的对接

- "拓展型课程(高考学科类拓展)"对接"选择性必修课程"。

(3) 与"选修课程"的对接

- "拓展型课程(校本开发的各类拓展课程)"对接"选修课程"。
- "研究型课程(学生可选择参加的课题研究、项目设计等活动)"对接"选修课程"。

明确新老课程科目与能力的对接关系,更有助于学校课程体系架构的传承与连贯。

三、把握课程发展方向,形成学校课程体系结构

1. 可视化的学校课程体系结构

在对国家课程方案全面解读的基础上,结合学校课程体系建设的目标,以及对课程体系的要素的理解,初步规划了学校课程体系的结构框架,并以可视化的结构图谱形式加以呈现。

2. 层阶化的学校课程体系结构

纵观课程体系框架,上层为学校课程的顶层设计与国家课程框架;下层为需要学校自主创生与校本实施的三个课程体系的"子系统",分别是:"课程统整"系统、"课程实施"系统和"实施保障"系统。这三个"子系统"承载着党的教育方针贯彻与国家课程方案的落实,承载着学校的教育理想与特色发展,承载着比乐学子的学习与成长路径及质量,所以这三个"子系统"是学校课程体系建设的最主要环节,其中"课程实施"系统是核心,实现育人目标最终是通过它来实现的,而"课程

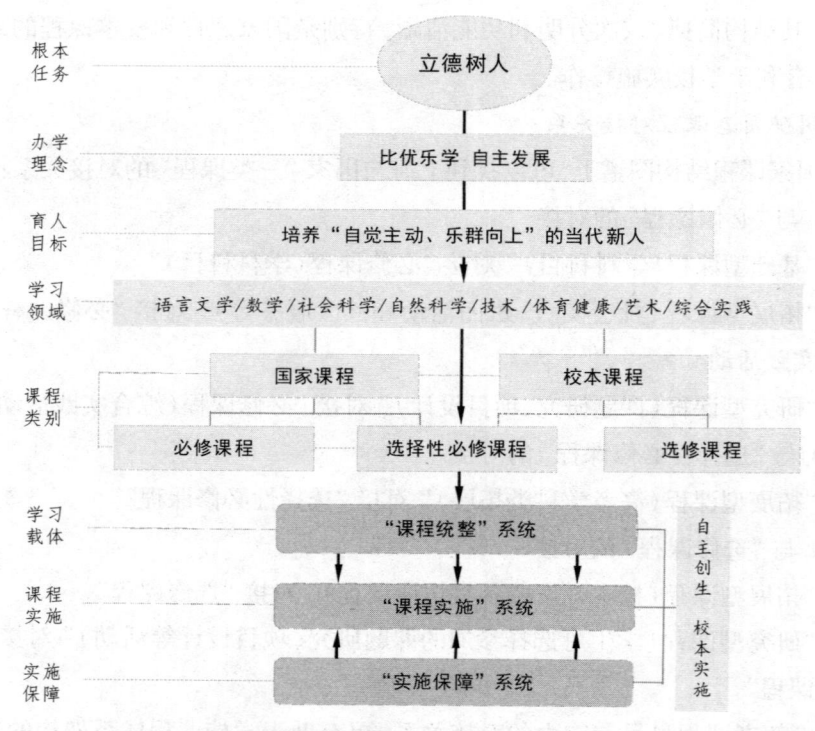

```
根本
任务 ——————→  立德树人

办学
理念 ——————→  比优乐学 自主发展

育人
目标 ——————→  培养"自觉主动、乐群向上"的当代新人

学习
领域 ——————→  语言文学/数学/社会科学/自然科学/技术/体育健康/艺术/综合实践

课程              国家课程            校本课程
类别        必修课程   选择性必修课程   选修课程

学习
载体 ——————→  "课程统整"系统  ┐
课程                              │ 自主创生
实施 ——————→  "课程实施"系统   ├ 校本实施
实施                              │
保障 ——————→  "实施保障"系统  ┘
```

上海音乐学院附属黄浦比乐中学课程体系框架

统整"系统和"实施保障"系统则是为"课程实施"系统提供支持与保障。

四、全面统整学校课程，优化课程育人功能载体

统整学校课程，既是对课程结构和内容的梳理，也是对课程功能和作用的厘清。

1. 课程统整的内涵与意义

课程统整，是基于一定的逻辑，使原来分化的课程要素形成有机整体的过程。通过对学校课程的统整，将进一步加强相关课程目标内在的贯通性和连贯性，课程种类的丰富性和选择性，课程内容的综合性和开放性，拓宽学生自主选择和自主发展的空间，达到使比乐学子成长为"自觉主动、乐群向上"的当代新人的育人目标。

2. 课程统整的视角与方法

对确定学校课程统整的落脚点与突破口，学校的基本思路与方法是：首先，准确理解与把握国家课程方案提出的目标与要求；其次，能清晰了解学校学生的需

求与学校现存课程存在的不足；最后，系统梳理课程统整中涉及的有关课程要素，明确其在学校教育教学中的地位、意义与作用，以及它们之间的关联逻辑。

基于上述的思考，学校对课程结构与实施中的各种课程要素进行了细化，并借助课程图谱对这些课程要素进行呈现，课程图谱提供了实施课程统整的思路与方向，见下图所示：

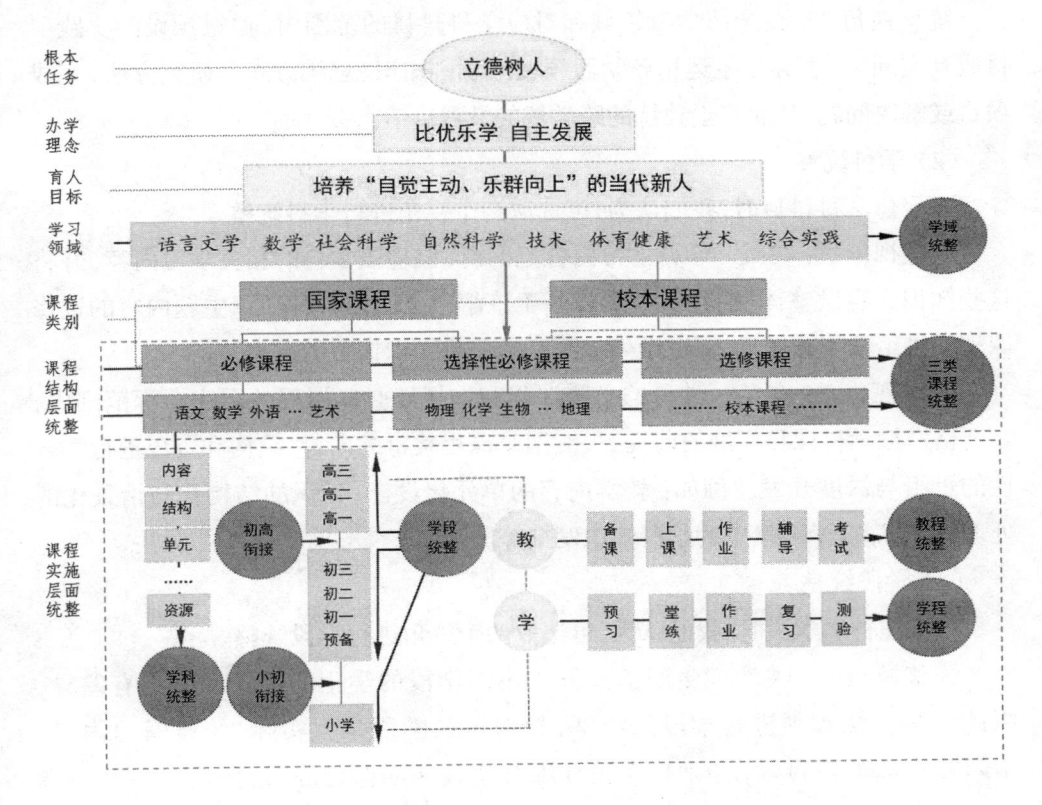

3. 课程统整的范畴与视角

在课程图谱上所呈现的主要课程要素为：学习领域、三类课程、学科科目、学段年级、教学环节和学习环节等，针对这些课程要素提出了学域统整、学科统整、学段统整、学程统整和"三类课程"统整等五方面的课程统整的设想，对于这些课程统整的设想，我们可以从课程结构与课程实施层面等不同的视角进行思考，使其作为课程统整可操作的切入点。

（1）学域统整

当聚焦学习领域时，我们认为，可选取两个视角进行学域统整。

统整视角一：在某一学习领域的范围内，统整该领域涉及的学习科目，发掘各学习科目的核心价值，聚合成为该领域的观念、思维的方法的一种整体价值。例如：自然科学学习领域，它主要涉及的是物理、化学与生物学科，如果将它们做适当的统整，就可以跨越单一学科，以多学科的视角让学生形成对科学观念、科学思维、科学探究，科学态度和社会责任等方面的整体且深刻的认识与感悟。

统整视角二：在全部学习领域和对应学科科目的范围内，通过预设的实践项目或真实问题，引导学生运用各学习领域的学科知识、思维方式和研究方法，完成项目或解决问题，从而产生独特的跨学域的学习价值。

（2）学科统整

当聚焦学科科目时，我们认为，可选取两个视角进行学科统整。

统整视角一：在某一学科学习内容范围内，梳理该学科的相关学习内容，并将这些知识内容做整体性的规划，形成基于该学科范畴的各种知识主题内容的选修课程提供给学生做选择，促进学生对深度学习或知识拓展的需求。

统整视角二：在某一学科的必修课程和选择性必修课程的国家课程范围内，在严格遵循学科课程标准的前提下，对国家课程教材的内容、结构和资源进行整合性的重组与深度开发。例如：教学内容的单元化设计、知识的结构化与情景化的处理、促进深度学习发生的学科知识发掘等。

（3）学段统整

当聚焦初高学段时，我们认为，可选取两个视角进行学段统整。

统整视角一：关注学生间的差异。不同学段的学生的经验和能力有差异，因此对某些课程须进行学段的统整，针对不同学段学生实际，统整学习内容、学习要求和学习目标，如学校在设计综合实践活动课程的项目时，应该统筹考虑不同学段学生的能力要求，整体构建分层递进式活动项目、目标要求与评价标准。

统整视角二：关注学段间的衔接。不同学段的科目内容、种类、要求及学习方法有许多不同，另外不同学段学生的身心状态也有较大的差异，关注学段差异的衔接，开发小初和初高学段衔接课程，引导学生尽快顺利地适应不同学段的学习和生活。

（4）学程统整

在课程实施的教学过程中，我们认为，教师的教学过程与学生的学习过程中的各个环节是一个彼此关联与相互影响的,可以整合成为一个整体,以学生的学为核心,加强对学习过程的预习、堂练、作业、复习和测验等的统整,同时对应结合教学过程的备课、上课、作业、辅导、评价及考试等的统整,使学—教—练—测评形成一个具有高度一致性的完整"教学链",促进学生学业质量有效提升。

(5)"三类课程"统整

我们认为,必修课程、选择性必修课程和选修课程,是当下高中课程的基本结构,这三类课程是一个有机整体,是相互渗透、相互影响的生长性且递进上升的关系。但现在学校的三类课程,并没有完全依据它们的这种课程关系来设计与开发课程,各自为政的现象较为普遍。

统整"三类课程"就是将它们的课程目标、科目内容、核心价值、学力要求、实施方式和学习评价等组成为一个相互关联统一体结构,而这个统一体结构可以通过构建"课程群"的方式来实现。

通过上述针对课程统整的全面分析,为学校进一步课程统整的规划提供了着力点与突破口。

五、关注课程实施难点,早做预案实现课程目标

课程落实无论是国家课程还是校本课程,都必须根据学校的实际,进行校本化的实施,对可能遇到的一些难点,需要适时厘清和有所突破。

1. 国家课程高标准实施

难点一:选修课程作为校本课程,学校会充分利用各种资源进行校本化的开发与实施,学校有很大的课程自主权。然而,必修课程与选择性必修课程属于国家课程,国家有课程标准与统一教材,如何进行高质量的校本化实施是学校课程实施的一个难点。

2. 课堂教学高质量实施

难点二:在教学过程中,课堂教学是课程育人最重要最核心的环节,如何将育人要求扎实落实于平时的课堂教学之中,这也是课程实施的一个难点。

3. 综合评价高效性实施

难点三:整个课程实施的实施效果,育人目标的完成质量,需要做基于实证的综合评价,这又是课程实施的一个难点。

开展课程体系设计时,对难点进行具体分析,有助于提升课程实施的有效性。

第五节　学校课程体系的建设策略

学校课程建设的顶层设计与对课程体系结构要素的分析，初步勾勒出了学校课程体系校本建设一个较清晰的实施方法与路径，依据每一个相关要素内容和逻辑顺序，结合学校自身的特点与需求加以校本创生性的细化与落实，学校课程体系的校本建设所须经历的基本路径为：校情学情的基础分析、学校教育哲学的提炼、课程体系目标的确立、课程体系结构的优化、课程内容的系统整合和课程体系的规划实施。

一、基于校情学情分析，厘清课程体系构建基础

全面深入分析校情学情，是学校课程体系构建的重要基础，通过深入分析，学校就能更精准地提炼学校教育哲学，确立育人的价值方向，使学校课程体系更具实际生命力。

1. 满足学生学力发展需求

深入分析学生情况，更好地满足学生发展需求。分析学生的发展需求，构建结构合理、内容丰富的课程体系，实现学校课程的整体育人功能。关注学生的学习水平，充分有效地落实因材施教，整体提升学生的学力水平。了解学生的生活基础，增强课程体系与学生生活的适切性，促进学生核心素养的提高。

2. 夯实课程体系构建基础

全面分析学校情况，夯实课程体系构建的主要条件基础。追寻学校的历史文化之根，明晰学校的教育时代使命。梳理课程建设基础与经验，增进课程体系构建的底蕴。认清学校的当下学段定位，把握课程体系的功能指向。审视课程改革追求和挑战，优化课程体系的建构策略。厘清学校软硬件资源条件，支撑课程体系的高效实施。采用SWOT综合分析方法，发现内在优势与外在机遇。

二、确立学校教育哲学，引领课程体系构建方向

学校教育哲学，是课程体系构建的灵魂，是学校课程和教学每一个重要决策的理论依据。因此，只有高度聚焦于学校的教育哲学，课程体系才能使清晰的价值指向一以贯之，课程结构与教学模式独具特色，课程育人的目标有效完成。

1. 以办学宗旨勾勒学校发展的理想愿景。办学宗旨，是学校发展的理想定位，是教职员工心目中学校发展的目标和理想追求，同时它也决定着课程体系结构图谱的内涵与样态。

2. 以办学理念引领学校发展的顶层设计。办学理念，是学校教育哲学的系统性表征，是学校在育人过程中所遵循的教育理想与信念，是指导学校课程体系构建的观念体系，它能够有效指导和保障课程体系构建的系统性和发展性，使课程体系的目标指向、结构功能、内容开发、实施管理、制度保障和课程评价等都能够凝聚整合在一起，从而真正发挥课程的整体育人功能。

3. 以育人目标指引课程体系目标指向。育人目标，是办学理念在学生发展层面的具体呈现，影响着学校课程目标、课程设置、课程实施和育人模式等的定位和指向，所以育人目标也承担着学校发展顶层设计承上启下的桥梁作用。课程体系目标则是为实现育人目标，而制定的具体细化的目标体系，其重点关注课程及其教学活动对学生发展的影响，是学生通过课程学习获得发展、教师专业发展和学校特色发展的预期结果的表达。[5]

三、明晰课程体系目标，把握课程体系构建定位

课程体系目标的确定，需要对标和对表。

1. 以政策文本把握课程体系目标的方向。在学校课程体系的目标确定过程中，首先要精准解读政策文本，这样就能把握课程体系正确的目标方向。

2. 以学生需求作为课程体系目标的依据。学生的发展需求是确定课程体系目标的重要依据，并以此来构建具有自身特色课程体系架构，将课程的目标、结构、内容、管理和评价进行有效结合，保障学校课程能够得到有效实施，充分实现课程的育人价值。

3. 以学校文化丰富课程体系目标的内涵。从学校课程文化的角度而言，它主要指的是在课堂及学校中公开或者是隐藏信念、行为、习惯，以及价值观等体系。同时，学校课程文化还包括课程及文化这两方面的共同特征，它是人们在学校课程实施的过程中积累下来的。所以，它不只是表现出人类在长时间的发展过程中所创造的课程实施、课程制度、课程政策以及课程行为等较为明显的文化形态，它还是课程主体在使用的过程中所体现出来的重要特质。[6]

四、优化学校课程结构,形成课程结构校本特色

一定的课程结构,决定了一定的课程特色。

1. 关注课程内质结构,实现课程体系优化。从学校课程的内质结构优化的视角,为充分体现学校课程的有机整合,可尝试采用学科课程集群内质结构,结构中各课程群既相互独立,又相互联系和渗透,以此来突破各级课程间的管理界限和学科课程间的知识界限,实现课程的整合和体系化。

2. 关注课程形态结构,实现课程功能优化。学校课程的形态结构体现于课程功能与学习方式的分类,学校在课程体系结构设计过程中,根据课程的需要可选择适合课程功能的形态。例如,对某一领域采用学科、活动和专题等多样组合的课程形态,实现课程功能的优化。

3. 关注课程量比结构,实现课程比重优化。学校课程量比结构主要涉及的是,学校各类课程的课时安排和比例问题,学校可根据国家课程方案中的各课程的学分配比,合理规划国家课程与校本课程的合理课时配比,从而促进课程体系内质结构、形态结构与内部课程的协调。[7]

五、整合学校课程内容,形成课程多面多层营养

学校依据国家课程方案结合校本实际,在学校课程体系框架下,遵循三个"基于"原则,即基于国家政策、基于课程标准、基于学生发展需要,对学校所有课程进行知识系统归类、知识模块重组和知识内容整合,以此加强课程的适切性和选择性,形成具有校本特色的课程板块系统。由于不同课程的定位不同,在实施学校课程内容整合过程中,应着力体现各自独特的课程育人的价值与功能。

1. 学科核心课程知识的整合与优化。学校的学科核心课程主要是语文、数学及英语等国家课程,这些课程的实施过程,要在遵循学科课程标准的基础上进行校本开发,强调学科知识整合与优化,侧重培养学生的基础性学力。

2. 学科拓展类课程内容的广域与开放。学科拓展类课程,是学科核心课程内容的拓宽与延伸,是为学生研究性学习积累更宽泛的知识与经验、能力与方法,因此其课程内容应具有广域性与开放性的特点,侧重培养学生的发展性学力。

3. 综合实践活动类课程的探究与体验。综合实践活动类课程,作为学生的必修课程,其内容强调与学科课程、专题活动和研究性学习等内容的整合,是超越学

科跨界整合后以活动为主要形式的课程,其课程内容的选择应注重自主性、实践性、开放性与整合性,侧重培养学生的创造性学力。

4. 跨学科课程的多科思维解决真实问题。跨学科课程,是以多学科的观念与思维方式解决真实问题、产生独特的学习价值的课程,学校可以做指向的跨学科课程开发,也可以结合综合实践活动课程和研究型课程,引导学生以真实的问题为出发点,用多种学科思维和研究方法解决真实问题,从探索与问题解决中获得跨学科成长。

5. 德育主题类课程的学生体验与感悟。德育课程,是学校落实立德树人的重要核心课程,是学校的课程体系的重要组成部分。德育类课程结构上应体现全面性、主题性、系列性和层次性。内容凸显生活化、生本性、综合性与开发性,实施方式强调德育课程的实践活动性、主动参与性和情感体验性。

6. 发展指导类课程对学生成长导航与助推。随着课改深入与中高考改革实施,为提高学生的综合素养自主发展能力,学校应针对地开发生涯发展类课程,加强对学生的理想、学业、生活、职业等方面的指导;开发专业导航课程,让学生了解专业,培养志趣和明确志向。

六、把握课程实施重点,实现课程育人奋斗目标

课程实施,是课程体系规划付诸实践的关键过程,是达到预期课程目标的根本途径。课程结构体系无论是宏观层面的顶层设计、中观层面课程结构设计,还是微观层面的课堂教学,只有通过有效的实施,课程目标才能落地,学生的综合素养才能发展。如果从课程改革的视角看,课程实施决定着课程改革的过程和结果。

1. 把握课程实施的全程环节,保障课程实施有序进行。课程实施涉及众多的理论与原理,但从课程实施操作的视角看,课程实施包括实施形态、实施环节和实施保障等要素。因此我们在课程实施操作过程中,对其应该做系统性思考、安排与操作。

实施形态——包含课堂教学、走班教学、分层教学、主题活动等课程教学方式,不同类型的课程须采用不同的实施形态,课程实施过程中应做整体性安排。

实施环节——包含课程开发、课程运行、课程管理和课程评价等众多操作环节,在课程实施过程中,通过建立制度与规则,对上述各环节做系统性和规范性的

操作。

实施保障——包含管理机制、制度建设、师资队伍、教研培训和硬件保障等。这些内容在课程实施过程中必须给予配套支持。

2. 把握课程实施的核心环节,提高课程实施质量品质。学校在课程实施过程中,应该关注实施环节中的两个重要核心环节,这就是课堂教学与师资队伍。

课堂教学——是课程实施最主要的实现育人目标的落脚环节,是实现学生学习与发展的主渠道,是课程改革聚焦的核心与突破重点,而课堂教学无疑就是课程实施环节的重中之重,学校在课程实施过程中必须聚力课堂教学,使课堂教学成为课改真正的突破口。

师资队伍——教师是课程实施的主体,课程实施取决于全体教师对学校办学理念的认同,取决于教师教育教学活动中的主导作用的发挥,核心素养培育的落实,教师决定着课程实施的成败。因此,学校在课程实施过程中,应竭尽全力培养一支高素质的师资队伍。

第六节 学校课程体系建设的意义价值

学校课程体系是学校课程顶层设计的核心部分,是系统性思考学校发展在课程领域的具体表现,同时也是推进当前学校课程改革的重要途径和手段。为此,构建学校课程体系有重要的意义与实践价值。

一、学校课程体系建设,面对育人目标突出建树

课程,是教育的重要载体,也是学生汲取各种营养的来源。学生成长的长度、宽度、深度与课程体系的制度性安排密不可分,学生全面发展的频度、效度、力度与课程提供的丰富性落实密切相关。因此,学校课程体系建设,说到底是课程发挥育人作用的落实主渠道。

构建学校课程体系,则是落实以学生为本的教育理念和实现育人目标的具体体现,是完善与更新学科育人功能途径的制度保障。学校课程体系构建有助于学科育人功能的凸显,使学科核心素养扎实落地;有助于学生多元发展的需求的满足,从而进一步促进学生学力的协调发展。

二、学校课程体系建设，面对教育资源突出优化

随着社会的快速发展，人类已经进入了信息爆炸的时代，教育资源得到了极大的丰富。社会中众多的信息影响着人们的价值观念，教育资源的合理使用对课程建设起着重要的作用。

新课程改革中三级课程管理体系的建立，要求通过优质的课程来培育学生的全面发展与个性化特长，实际上是如何使庞大的潜在的教育资源成为滋养学生的、真正的、现实的营养。

学校课程体系建设，其实是对教育资源的合理配置，课程的属性、课程的种类、课程的搭配都须在教育资源的利用上做文章。因此，学校要赢得社会声誉，应该以学校特色为战略定位，落实个性化的办学理念。从学校教育内部结构的理念、目标、内容、主体与活动视角来看，学校课程体系建设就是对这种结构系统优化的过程，而这个过程也应凸显于对教育资源的优化上。

三、学校课程体系建设，面对传承创新突出平衡

学校课程体系建设，归根结底，是对学校文化的继承与创新发展。

学校课程体系建设，从表面上看似乎是纯粹的专业建设或专门化建设，是在课程领域发力，但实际上，课程设置离不开社会大环境，离不开学校小环境。在课程的身影上，有文化的底片。

从教育系统外部来看，学习型社会的构建、终身教育的落实，以及核心素养的培养都是通过课程的构建与实施来完成的。社会文化的发展实际上就是文化外化与内化的融合过程，在这个融合发展的过程中既有对已有文化的保存与继承，又有对新文化的创造与发展。

而课程，尤其是学科课程，它是传承与创造文化的重要载体。从课程的编制来看，对课程进行编制的过程本身也隐含着对文化的传承与创新；从课程的实施来看，从最开始的教材形式到后来的主体知识内化的整个过程，其本身就承载着对文化的继承与创新。[8]

因此，完全可以认定，比乐中学的课程体系建设，既是教育的事业，也是文化的事业；既是对学校办学历史的传承，也是对学校内涵发展的创新。两者之间的平衡，会使课程建设效应最大、课程育人效果最好。

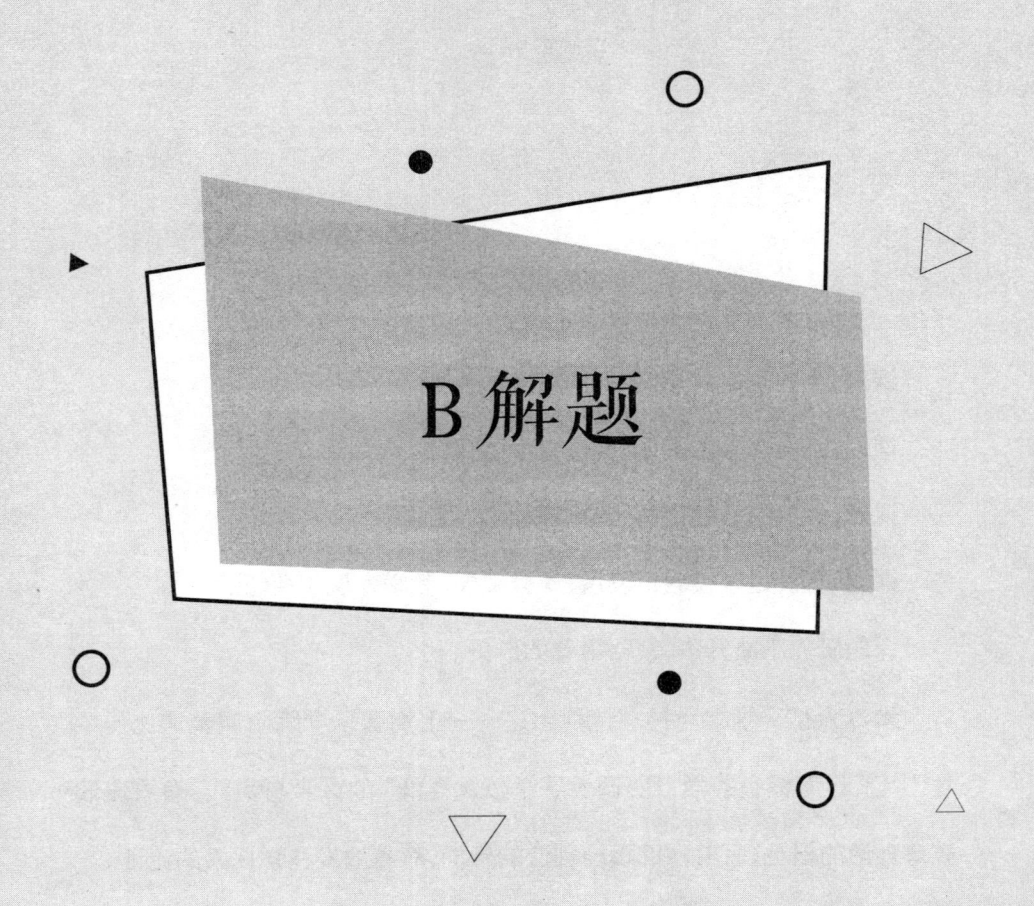

B 解题

课题,面对现实的追问,面向求索的反馈;

课题,瞄准当下的关切,突破办学的瓶颈;

课题,围绕核心的试解,建树课程的新意。

课题研究,是学校教育发展、课程发展、教学发展的枢纽。

课题研究不断升华,领略攀登的风景。

素养为核　学力为钵　课程为途——上海音乐学院附属黄浦比乐中学"以素养为核心的学力协调发展学校课程群"的探索与实践,有着浸润教育真谛的根基,有着独辟蹊径创造的意韵,有着散发科学探索的论证。

第三部分　界定与研判

"以素养为核心的学力协调发展学校课程群"建设的内涵彰显

课程体系建设,是学校办学的永恒主题,也是提升育人水平的关键元素。课程体系建设,只有起点,而没有终点。课题研究往往是阶段性破解难题,走上新层阶的一个"中途",但这个"中途"对课程建设的层次提高具有现实的意义。

"以素养为核心的学力协调发展学校课程群"建设,是学校根据校情,根据时代要求,依据课程发展的规律,试图寻找课程育人新路的重要尝试。

"以素养为核心的学力协调发展学校课程群"建设,是学校对课程体系建设的独到理解和独特探索,有着自身的领悟及其诠释。

第一节　课题研究的主旨思考

学校确立"以素养为核心的学力协调发展学校课程群"建设,有着多方面的考量。

一、回应育人方式改变的客观命题

优化育人方式,提升育人质量,一直是学校思考和实践的课题,而要从根本上解决这个问题,须从教育观念改变、时代需求认知着眼。进入新世纪以来,由于时代发生了许多变化,世界发生了许多事件,对教育的重心、办学的重心都提出了新的要求,尤其是对育人方式提出了挑战。于是,改变育人方式就成为学校提升办学质量的主要着眼点。

育人方式改变,不是某个人的个人意志,也不是凭一些人的想象,而是有着深刻的时代要素、社会背景及科学技术的飞速发展的拉动背景。人类进入信息时代,

生产方式、生活方式的一系列变化，倒逼为未来培养人才的学校，必须对育人方式进行改造和更新。因此，回应育人方式的改变，既是客观现实所出的命题，也是学校主观方面需要面对的答题。

"以素养为核心的学力协调发展学校课程群"建设，从某种意义上说，是学校对育人方式改变的"投石问路"式的试解。

二、回应课程体系完善的破解议题

课程体系建设，是学校的主线，且加以完善，这是永远的"功课"。课程体系的日臻完善，须从整体思维、课程改革入手。课程体系建设自然就成为主要攻关焦点。由于课程体系是一个较为稳定的结构，要从系统化、结构化予以变革，须积以时日。

"以素养为核心的学力协调发展学校课程群"建设，是学校重构课程体系的重大探索，是以重心改变和观念变革及其重组改进，来达到目标。

第二节　课题研究的结构审视

"以素养为核心的学力协调发展学校课程群"建设，有着自身的内涵和逻辑思维。素养为核心，学力为衣钵，"课程群"为途径，勾勒了探索思路和成果类型及实现路径，具有鲜明的特色。

一、素养为核的主要方向

课程体系建设，各个阶段可以有不同的主题方向。学校此次提出的"以素养为核心的学力协调发展学校课程群"建设，"以素养为核心"置于方向性的地位，这准确确定了课题研究的指向。

"以素养为核心"，不仅与国家提出的中国学生核心素养培育相对应，也同以素质育人的课程发展要求相吻合。

2016年9月13日，中国学生发展核心素养研究成果发布，提出：中国学生发展核心素养包含一个核心、三个原则、六种素养、十八个要点。

一个核心：培养"全面发展的人"。

三个原则：科学性原则、时代性原则、民族性原则。

六种素养：人文底蕴、科学精神、学会学习、健康生活、责任担当、实践创新。

十八个要点：人文积淀、人文情怀、审美情趣、理性思维、批判质疑、勇于探究、乐学善学、勤于反思、信息意识、珍爱生命、健全人格、自我管理、社会责任、国家认同、国际理解、劳动意识、问题解决、技术运用。

中国学生发展核心素养是党的教育方针的具体化、细化，其就培养什么样的人，给出了答案。

依据中国学生核心素养的内涵和外延及其指向，基础教育的学科科目基于学科本质提炼了各学科的核心素养，明确了学生学习该学科课程后应具有的正确价值观、必备品格和关键能力。学科的核心素养为学校课程建设及其"学力协调发展学校课程群"的建设提供了更具体的操作方向。

二、素养导向的课程建设

学校"以素养为核心的学力协调发展学校课程群"建设，确立素养及其培育为核心，抓住了根本，明确了方向。

素养，成为课程体系的主要灵魂，成为课程群的重要特征，成为学力协调发展的重点方向。

一定的课程体系和结构、内容，决定了课程建设的方向。素养为核心的课程建设，明确了"学力协调发展学校课程群"的方向、趋向和导向，这为课程建设走上正轨，沿着正确道路前行确立了航标。

素养为核心导向的课程建设，是立德树人的课程化，也是课程育人的显性化，更是优质办学的具体化。

三、学力为钵的重要指向

在"以素养为核心的学力协调发展学校课程群"建设中，较之学历而言，提出学力的概念是极有价值和意义的。学力的概念和内容，对"课程群"的出处原点、设置始点、着力焦点，均给出了"比乐"的明确答案。同时，这正是此次课程建设的生长点和亮点。

1. 溯源学力的出处

学力一说，曾引起了中外教育界的广泛兴趣和热烈探讨。

关于学力的结构，日本学者远山勾启用"术—学—观"来勾勒学力结构，他形容学力由三个层次组成，"术"为底层，指牵涉技能的内容；"学"为中层，指牵涉学科、学术的内容；"观"为上层，指世界观、人生观、社会观、劳动观、职业观等的自我形成。这种学力观为从结构上把握整个课程提供了珍贵的启示。

在学力结构模型的研究中，可分为三种不同层次的学力成分。第一层次为学力基础。它包括了性格因子、生理因子，以及被视为一般智能的因子。这些因子是应当在儿童的日常生活（包括学校教育）过程中加以关注与培养的。第二层为基础学力。系学力的基础部分，是作为最低限度的国民教养或是作为一个公民所必需的以"三基"读、写、算为中心的基础教养。第三层次为发展性学力。它是以问题解决与创造性相结合的、有个性的思考力为轴心的学力，亦称创造性学力。这是基础性学力、发展性学力和创造性学力三个层次的学力结构被第一次提出。[9]

至于学力的内涵与外延，我国学者也有相关的论述。钟启泉教授认为："学力既非知识，亦非教育内容；既非测验的得分，亦非入学考试的合格分数；它属于人的能力范畴，是人'活生生起作用的力量'，是主体的、实践的人的能力的基础部分。把学力的本质作为人的能力来把握时，必须明确四个前提：第一，学力是人通过后天学习获得的。第二，它的媒介是人类的文化遗产的传递。第三，作为人的能力的学力，学习主体的内部条件和侧面处于不可分割的关系之中，它是人在同各种能力、功能、特性的整体发展的有机联系中形成的。第四，学力是在它的主体侧面（学习主体的动机、兴趣、意识、主体性等）和客体侧面（客体化了的教育内容）的结合统整之中，作为'活生生起作用的力量'，作为主体的、实践的人的能力而形成的。"

关于学力概念的发展，学者孙德芳认为，"学力是基于学校教育之上，又是存在于学校教育之外的一种学习力、生存力与发展力，它是内化在主体素质与实践之中的无形的'力'。学力内容从单一强调以知识为主的学业成绩到以生存、发展、创造为核心的综合素养；学力形态从基础学力到发展学力呈现多样化取向；学力主体从学生到教师逐步扩展；学力形成原因由学科教学转向学校生活"。[10]

孙元清教授在《上海市中小学课程改革的进程、问题和解决方法》一文中提出总学力观的理念，即总学力由基础性学力、发展性学力和创造性学力三个层次的学力所组合。基础性学力包含：培养学生爱学习的态度、基本学习能力、结构化的基础知识。发展性学力包含：培养学生发展观、自学能力、生存能力、心理调控能力、发展性的基础知识。创造性学力包含：培养学生创新精神、创造性思维和实践能力、创造能力、问题性的知识。

通过上述对学力概念发展过程的梳理，学校对"课程群"规划中的学力这一关键核心概念有了一个较为清晰的认识，认为学力从某一个特定视角可以看作一种有层次结构化的知识与能力体系，要满足这种能力体系的目标要求，学生需要各种形式的学习经历与实践过程。因此这就得到一个启示，学校"课程群"是应该具有层次结构性的课程，让学生获得各种不同的学习经历，这一点在学力协调发展学校课程群的规划设计中要得以充分体现。

学校通过中外比较和自身探索，认为：

从学力概念的演变与发展过程来看，学力是一种具有独特视角的层次结构化的知识与能力体系。学校对学力这一概念的界定，将继承三个学力层次划分的学术观点，并结合学校的办学特色与育人目标，给出学力层次的内涵，明确学校"课程群"的育人方向。

2. 从学历到学力的进步

学历与学力，虽读音相同，但一字之差，意思还是有相当不同，可探寻的空间很大。

也许，大家对学历的概念比较熟悉，从小到大读书，似乎是奔着学历而来的，因为学历毕竟是个人教育程度的"量表"，也是进入社会的"标牌"，而不同学校提供的学历证明也是有层次之分的。学校根据自身办学定位，开展学历教育是天经地义的。不过，究竟是应该围绕学历还是学力开展教育和教学，恐怕就仁者见仁、智者见智了，莫衷一是。

学校对教科研课题的选择及其破题的焦点，是有讲究的，由学历转向学力，不是简单地取自字意不同，而是非常有"深意"、有"眼力"、有"定力"、有"新意"。学历，追求的是授课时长及其达到的学习数量，遵循一定的标准，而学力则是追求通过知识获得、能力习得、运用心得而渐成的知识结构和能力结构乃至思维结构。从这点上说，学力比学历更有内涵和外延的空间，关注的视角和考量的触角也不尽相同。

从学历转向学力，这是教育由量变到质变的重大标志，也是教育从"育分"到"育人"的转折当口。学历，强调的是接受、顺从，从而符合既定的标准。而学力强调的是汲取、消化，从而形成运用的思维，由被动转向主动。而"以素养为核心的学力协调发展学校课程群"建设，就是基于核心素养培育需要从学历的焦点转向学力的视角，从任务转向建构，从掌握走向运用。说实在的，从学历角度考虑课程，可能是简单地照本宣科，一味地由本复制，重在学习过程的完成；而从学力视域出发谋划课程，就会从大的视野、长的时间、宽的领域及其影响的深远来进行重构，重在知识转化成能力、能力转化成思维、思维转化成结构，结构转化成生态。这样的话，课程教学就会从让学习者成为"知识的取者"变成"知识的主人"。事实上，学校课程的最大价值就在于为学生的可持续发展提供源源不断的动力，即不断提升的学力。

从学历转向学力，这也是符合个性需求的教育供给由大一统向各取所需发展的关键一着。人有差异，各有潜力，教育就是给不同的学生以共同的基础和不同的个性发展的可能。讲究共同基础，是指具有符合时代和社会要求的正确价值观、必备品格和关键能力，而不同的发展，则指可以有个性特点和专长。

从学历转向学力，这更是将学习变成终身事业的大视野、大格局、大天地的作为。学历追求总是有止境的，也是阶段性的，而以学力着眼，学习是伴随一生的事业，也是不断提振个体素质、提高生命价值、提升生活质量的必由之路。从这个意义上说，学校的此项课题研究远超出学校课程建设的范畴，至少向学生表明这样的意思：学力是生活的"伴侣"，是创造的"伙伴"，是幸福的"上帝之手"。

由此可见，教育的质量、教育的品质、教育的品相，有时就在一字之间，一念之外，从学历到学力，从育分到育人，从备课到备人，等等，不一而足，颇值得寻味、嚼味和玩味。

3. 学力协调发展

从对学力的界定来看，学力是一种以知识与能力为指向的多元素养结构，基于当下强调全面提高学生综合素养要求，这种具有多元层次结构的学力理所当然地应该得以高度关注，所以学力协调发展是指各种层次结构学力的全面的均衡的提升。

学校对学力有自我诠释，学力作为一种具有独特视角的层次结构化的知识与能力体系，它可分为三个层次，一是基础性学力：培养学生获得基础性的知识和技能，形成基本学习能力、品格素养与正确价值观念；二是发展性学力：培养学生获得发展性的知识，形成较强的自主学习能力、自我选择能力和自主发展能力；三是创造性学力：培养学生获得问题性的知识，形成较强的解决问题能力和创新实践能力。这就将课程开设由原来的学历要求变成学力指向。

学校推出的校本课程体系与课程实施系统,其中校本课程体系结构是以"学力协调发展学校课程群"的结构形式进行架构的,主要由15个学科课程群、"七彩"德育课程群和综合实践课程群(含劳动课程)组成。这种结构正是学力导向的必然结果。

学校强调的学力协调发展,有着多层意思:

一是学力指向学生健康成长的全面发展。全面发展,是落实党的教育方针的客观要求,也是完成立德树人的根本遵循。学力指向全面发展,是教育回归本源,也是育人回归本真,更是课程回归本义。

二是学力指向自身三种学力间的协调发展。学力呈现的基础性、发展性、创造性三种互有联系但又富有各自特点的学力表现,是一种稳定的协调建制和理想境界。对学生而言,这是一种学力的平衡、均衡和守衡,也是实现综合发展的必备元素。基础性学力,为发展性学力奠基,为创造性学力储能;发展性学力,承载基础性学力能量,为创造性学力开路;创造性学力,深植基础性学力,拓展发展性学力,这三种学力表现构成稳定、完美的学力结构。

三是学力指向课程设置及其关联的有序发展。各个课程是为学力提供能源、能量和能力的,学力成为指标性价值取向,成为指数性衡量标志,成为指引性方向航标。以学力着眼的课程,有着高度与气度,以学力着手的课程,有着力度与温度。

四是学力指向师资队伍的专业发展。学力导向的课程教学,必将对现有的教学方式产生极大的影响。如果说对以学历为标志的课程教学,教师也许更多关注的是学生学业合格与否、毕业与否甚至能否考上好的学校,而对以学力为导向的课程教学,或许教师更多关注的是学生的知识结构是否合理,学生的能力是否足够强大,课程对学生的影响是否可延续,总之一句话是既面对现在也面向未来,是一种奠基性的教育与教学。因此,教师专业发展的风向标就需要改变并适时转变。这对教师专业发展的趋势和走势具有引领的意义。

其实,从某种角度上说,学力为钵的教育是素质教育,教学是优质教学,课程是有机课程。

四、"课程群"的含义

"课程群",在教育界曾引起广泛的关注,是课程建设中的一大热点。

1. 关于"课程群"的研究

"课程群"这一概念在国内出现于20世纪90年代。北京理工大学杨式毅、王嘉才指出:"课群建设应面对现代科学技术发展的趋势和特点,在借鉴世界各国开展教育教学内容和课程体系改革成功经验的基础上,深入地思考,课程群建设应以学校的总体定位和人才培养目标为出发点,以教学计划的整体优化为目标,对教学计划中具有一定的学科相关性、知识完整性、内容继承性、结构相对独立性的课程集成模块的建设。"[11]此后,一些高校陆续围绕"课程群"展开了研究工作,对课程群建设内涵的诠释各有特点。宁波大学的李慧仙认为,"对课程群内涵归纳梳理了五种观点:其一,课程群是以现代教育思想为指导,对教学计划中具有相互影响、互动、有序、相互间可构成完整的教学内容体系的相关课程进行重新规划、设计、构建的整合性课程的有机集成;其二,课程群是以一门以上的单门课程为基础,由三门以上的性质相关或相近的单门课程组成的一个结构合理、层次清晰、课程间相互连接、相互配合、相互照应的连环式的课程群体;其三,课程群是指若干门彼此独立而又相互密切联系的课程;其四,课程群应是在内容上具有密切相关、相承、渗透、互补性的几门系列课程组合而成的有机整体,并配备相应的教学资源,按大课程框架进行课程建设,进而获得整体优势,打造学科优势;其五,课程群应该是指从属于某个学科、相互之间有着合理分工、能满足不同专业教学要求的系统化的课程群体"。以上这五种诠释,为当下的"课程群"从不同侧面勾画了基本的轮廓,体现着对"课程群"内涵的认识深度。

在基础教育领域,"课程群"研究概念的提出相对较晚,伴随着基础教育课程改革和学校课程自主权扩大,学校开始关注对课程结构和内容进行调整,通过课程整合打通课程边界和重组课程结构,正是这种课程整合实践的推进,"课程群"概念开始出现于基础教育领域,并得到了学校的普遍关注。学校对"课程群"的理解与定义虽不尽相同,但对"课程群"的内涵其中一个指向是共同的,那就是"课程群"具有课程整合的特质。

通过对文献的深入研究,结合学校"课程群"的建设特点,学校形成了对"课程群"价值内涵的理解。

2. "基于学力协调发展的学校课程群"建设的设想

上海中小学原有的基础型、拓展型和研究型的三类课程结构,倡导的是基础性、发展性和创造性三种学力的协调发展,这种协调性体现于三类课程与三种学力并非一一对应关系,各类课程中都融合了三种学力发展要求,但不同类型的课程中各有学力的侧重,如在研究型课程中三种学力要求共存,但侧重于创新性学力的发展,三类课程的这种"融合+侧重"课程结构,为学力的协调发展提供肥沃的生长土壤。

新课程方案提出的必修、选择性必修和选修的新三类课程,尽管与上海原三类课程的类别分类不同,在提倡学科核心素养培养的同时,新三类课程所关注的课程学习内容与目标要求也各有侧重,同样有对学生三种学力的协调发展要求。因此,考虑到原三类课程与新三类课程继承与对接,学校在课程体系建设过程中,提出了建构"基于学力协调发展的学校课程群"的设想,从促进学生"学力协调发展"的角度作为切入口,通过"课程群"结构的课程结构形态,校本化实施国家新三类课程。即"课程群"建设旨在遵循国家课程方案的课程理念、课程定位、课程内容和课程架构等前提下,根据校情与学情,探索以"课程群"的课程结构形态,依据学校课程体系建设的基础性、选择性、统整性、独特性和时代性的原则,力求通过国家新三类课程的整体布局、框架结构、课程之间形成有机关联,促进学生的基础性、发展性、创造性三种学力的协调发展。

另外,从学校课程管理与发展的角度,"课程群"结构可有效地规范国家课程的实施,引导校本课程的有序规划设计和开发,促进学校课程的特色形成、广大教师的课程开发能力的提高。

为此,学校就"课程群"的探索与研究,形成了以下思考:

(1)研究并构建适合学生特点的、体现学力协调发展的学校"课程群"的结构模型,并对"课程群"结构模型的逻辑性进行评估,即从理念与目标相一致,目标与课程设置匹配度,目标、结构、实施与评价相一致等方面进行分析评估,以此提高学校课程"课程群"结构科学性。

(2)研究并确定"课程群"的定位、目标、内涵和要求等。建立"课程群"开发、实施和评价等的具体课程管理制度与操作规范,以此提高"课程群"实施质量。

(3)开发初、高中各学科的"课程群"所对应的部分先期课程,并在实施过程中加强评价与反馈,以此不断完善与提高"课程群"课程质量。

(4)加强"课程群"建设,强化广大教师的课程意识与开发能力,构建鼓励广大教师积极参与课程群建设的制度和管理机制,营造鼓励广大教师投身课改氛围,形成一种学校可持续发展的课程文化。

因此，学校对"课程群"的认识定位，主要体现在：

一、"课程群"是以培养学生特定的素养结构为目标，由若干门性质相关或相近的单门课程组成的一个结构合理、层次清晰、相互关联、彼此呼应的生长式课程集群。

二、"课程群"建设是理顺学校课程间的关系，实现学校课程结构优化，提升课程品质的过程。

三、"课程群"的建设是学校深化课程改革与促进办学特色形成的有效途径。

第四部分　设计与规划

"以素养为核心的学力协调发展学校课程群"建设的架构布局

在学校课程体系中,课程结构是最能反映办学思想、育人特点的"风向标",也是反映课程内在逻辑、课程特色的"发源地"。完善的课程结构,是课程体系的灵魂所在和创建载体。

"以素养为核心的学力协调发展学校课程群"建设,讲究课程结构与素养导向的关联度、与学力导引的契合度、学力协调发展的吻合度。

第一节　学力协调发展"课程群"的定位与目标

"课程群"的发展也是一个过程,其间出现的类型可资借鉴。

以素养为核心的学力协调发展学校课程群,表现形式也许多种多样,但不论哪种类型,都不失为对"课程群"的探索。

一、"课程群"的类型

从当前中小学"课程群"的建设实践案例来看,较为常见的课程群有以下几类。

1. 核心主题式"课程群"

核心主题式"课程群",依据育人需求与目标,创设一个核心主题,这个核心主题可以出自某一学科主题,也可以来自学校特色项目。围绕这个核心主题,设计相关的系列课程,这些系列课程形成一个"课程群","课程群"内课程彼此并列,没有主次之分,因为围绕同一核心主题,所以课程的目标指向一致,内容各有侧重,这种课程群形态使核心主题的学习内容充实完整,更能体现课程育人的价值和提高育人的成效,加上其逻辑结构简单,所以这种类型的"课程群"被广泛采用。

核心主题式"课程群"基本模型如下:

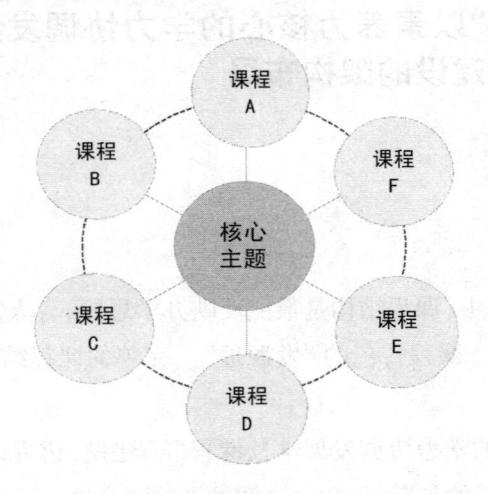

2. 统整组合式"课程群"

统整组合式"课程群",是将两门或两门以上课程,根据课程之间的逻辑性和相关性进行横向统整组合生成融合课程,各融合课程与原参与融合的课程形成一个"课程群"。基于每门课程的均衡协调,在这"课程群"中的课程,没有核心非核心或主次之分,在各课程保持各自课程的价值和体系的前提下,通过融合课程解决单独课程缺陷,给学生提供相对更完整的课程体验。

统整组合式"课程群"基本模型如下:

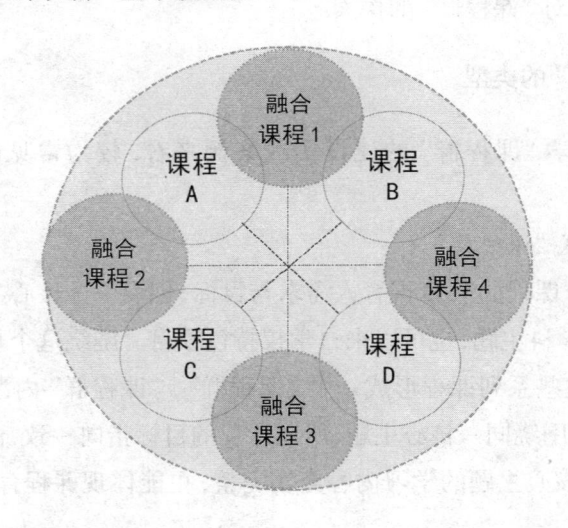

3. 衔接创生式"课程群"

衔接创生式"课程群",是以某一门课程作为核心课程,并以此核心课程为主题基点,依据学校的育人需求与课程逻辑创生其对应不同层次延伸的子课程,形成一个相互衔接、彼此关联、层次明晰、结构合理呈生长形态的"课程群"。这类"课程群"中的各课程之间存在主次之分,将促进核心课程的内涵与有效实施作为立足点,子课程起到完善核心课程的知识结构和素养结构,丰富学生学习经历与体验的作用。

衔接创生式"课程群"基本模型如下:

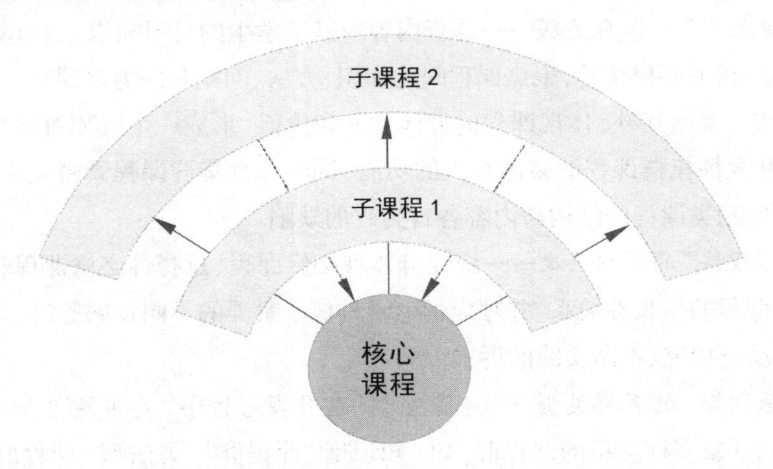

延伸的子课程作为基于核心课程的创生课程,则子课程的主题的选择确定的基本思路是:从核心课程的功能、目标、结构、内容、资源和实施途径等方面进行统筹思考,明确核心课程在功能强化、目标深化、结构优化、内容拓展、资源提供和实施途径创新等方面的需求,通过延伸的子课程来丰富核心课程内涵、满足学生个性化发展的学习的需求。

我们认为衔接创生式"课程群"更契合学力协调发展"课程群"定位、目标与形态。

二、学力协调发展"课程群"的定位

学校认为,"课程群"是由若干门性质相关或相近的单门课程组成的一个结构合理、层次清晰、相互关联、彼此呼应的生长式课程集群。而针对构建以素养为核心的学力协调发展的"课程群",学校须对构建"课程群"在理念呈现、结构形态和

整合逻辑等方面做全面的定位。

1. "课程群"的结构特征——应该具有国家课程方案提出的基本课程结构特征，即必修、选择性必修和选修三类课程的结构特征。

2. "课程群"中各个课程——必修课程、选择性必修课程作为国家课程，在"课程群"中起着重要的学科核心素养导向作用，决定着课程群的主旨定位，所以在"课程群"中必修课程、选择性必修课程居于核心课程的地位。

课程群中的选修课程属于校本课程，为"课程群"中的子课程定位，并由学校自行设计、规划、开发与实施。

3. "课程群"的课程关联——课程内容应基于学生的学习需求，通过对同学科或跨学科的相关课程统整，聚焦课程间的知识、方法、问题和能力等课程要素，使它们相互呼应、渗透互补，体现课程的群体意义和价值，形成一个既相对独立又关联的集群，并发挥集群课程的整体育人的功能，同时这种集群课程紧密关联的结构，可以弥补原三类课程的结构与内容各自为政的缺陷。

4. "课程群"的课程层次——应充分体现必修课程、选择性必修课程和选修课程这三类课程的生长性关系，并呼应学生学科核心素养的不同发展等级，在学习方式上体现反复探究、不断实践的诉求。

5. "课程群"的多样类型——"课程群"在开发过程中，关注各课程间可关联要素，提倡开发多样类型的课程群，如：知识型"课程群"、方法型"课程群"、问题型"课程群"和素养型"课程群"等。

6. "课程群"的价值指向

学科核心素养——课程群是基于必修、选择性必修和选修三类课程的基本课程框架，所以课程群的价值指向理所当然就是各个学科的核心素养。

学力协调发展——基础性、发展性和创造性三种学力的协调发展依托于学科课程群中课程的各个学科核心素养提升，所以学科核心素养是学力协调发展的基础与保障，学力协调发展是各学科核心素养整体提升的价值体现。

三、学力协调发展"课程群"的目标

通过课程群的课程的学习，促进学生基础性、发展性和创造性三种学力的协调发展和学科核心素养的养成，实现学校自主教育的育人目标。具体的目标如下：

1. "课程群"的学习目标

(1) 学生通过必修课程、选择性必修课程的学习,获得丰富的基础性知识和技能,形成基本学习能力、品格素养与正确价值观念,扎实提升基础性学力,同时促进发展性学力和创造性学力同步提升,实现学力协调的发展。

(2) 学生通过选修课程的学习,获得更多的发展性的知识和问题性的知识,形成较强的自主发展能力、解决问题能力和创新实践能力,充分提升发展性学力和创造性学力,进一步充实基础性学力,实现学力协调的发展。

2. "课程群"的开发目标

加强课程群的规划与开发,使校本课程具备多元、弹性和可选择的特点,在保证每个学生达到共同要求基础的前提下,为不同学习需求、不同能力倾向、不同水平的学生提供适合自己的课程,促进学生的自主选择、自主发展,实现育人目标。

第二节 学力协调发展"课程群"的设计思路与模型结构

一、"课程群"的设计思路

现在国家普通高中课程方案所提供的课程结构是三类课程,即必修课程、选择性必修课程和选修课程。必修课程、选择性必修课程属于国家课程,它们的课程内容与要求由学科课程标准规定,学校可以进行校本化的实施,但无权更改其内容与要求。

选修课程属于校本课程,课程方案明确可由学校根据学生的多样化需求与学校办学特色等自主开发设置,显然校本课程的设置给予了学校很大的自主权,而这一自主权给我们构建"学力协调发展"课程群提供了充分自主空间。在自主开发的过程中,我们选择了三个关注点:

1. 关注课程的衔接性

关注校本课程与国家课程的"课程衔接性"。通过校本课程中设计的"学科选修课程"与国家课程的学科自然衔接,使校本课程成为国家课程的延伸与拓展。通过这种的课程间的衔接设计,有机地将国家课程与校本课程构建成一个整体,形成课程群的生长形态。

2. 关注课程的层次性

关注校本课程本身的"课程层次性"。就是依据学力协调发展的要求,将校本课程设计成多层次的拓展性结构,分别为:学科选修课程、学域选修课程和跨学域选修课程三个层次,从中我们可以辨析出"学科""学域""跨学域"这三类校本课程的特点是学习目标、内容和方式都具有一定的递进开放形态,这种开放形态的校本课程架构有利于学生学力的协调发展。三个层次的校本课程与两类国家课程构成"学力协调发展"课程群的基本结构。

3. 关注课程的整体性

关注课程群学力协调发展的"课程整体性"。课程群分别由必修、选择性必修、学科选修、学域选修和跨学域选修五类课程组成,这些课程学校做整体性思考,使这五类课程对学力培养指向各有侧重。

必修课程——属于国家课程,是所有学生都要学习的课程,是学生发展所需要的共同能力基础,其更侧重对学生基础性学力的培养。

选择性必修课程——由国家根据学生个性发展和升学考试需要设置。参加普通高等学校招生全国统一考试的学生,必须在本类课程规定范围内选择相关科目修习;其他学生结合兴趣爱好,也必须选择部分科目内容修习,以满足毕业学分的要求,选择性必修课程更侧重对学生基础性学力的培养。

学科选修课程——与必修课程和选择性必修课程的学科科目内容关系密切,属于学科科目的知识延伸和深度学习,培养学生获得发展性的知识与能力,侧重于学生发展性学力的培养。

学域选修课程——学习内容属于本学科科目或所在学习领域,属于学科科目的知识拓展,内容以与本学科学习领域相关的生活、社会、科技和人文等为主,更侧重于学生发展性学力的培养。

跨学域选修课程——学习内容或项目内容与本学科领域有一定关联,但更多涉及的是跨多个学习领域的综合性内容,课程强调多学习领域知识的融合与应用,关注问题性知识的获得与解决实际问题能力的提升,更侧重于学生创造性学力的培养。

课程群各类课程通过对培养学生的基础性学力、发展性学力和创造性学力的聚焦,充分关注到了学生共同基础的培养、知识结构与学习方式的完善、自主发展能力的提高和创新实践能力的发展，以此有效实现"学力协调发展"课程群的价值定位。下图是"学力协调发展"的课程群的设计思路：

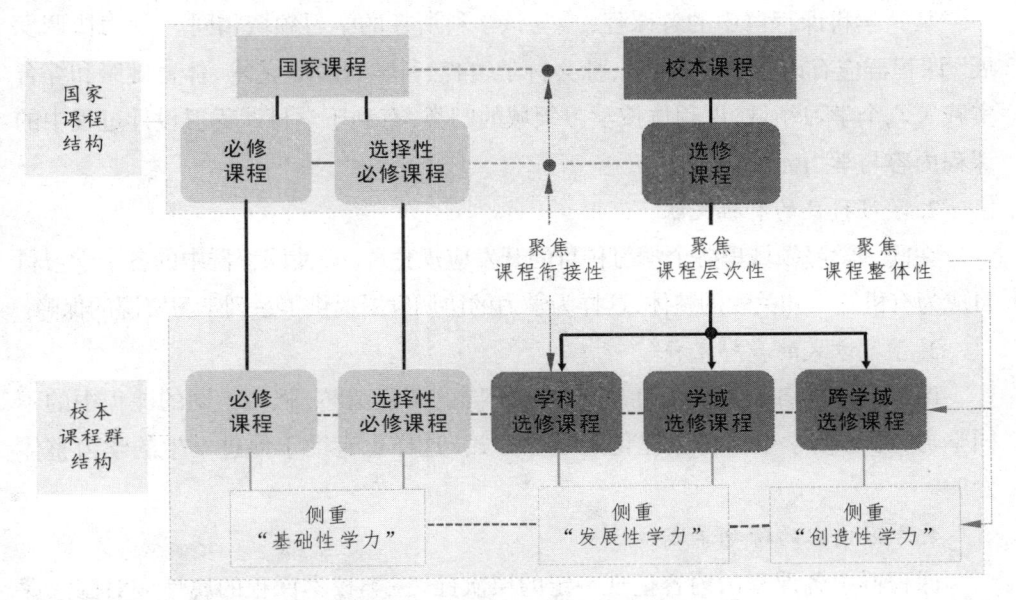

学力协调发展"课程群"——五个层次的课程

从图中可以看出，学力协调发展"课程群"的结构，依然还是高中课程方案提出的"国家课程＋校本课程"结构，只是学校充分利用校本课程的开发自主权，将校本课程按学力发展的需求设计成三个层次的选修课程，即学科选修课程、学域选修课程和跨学域选修课程，并与国家课程的必修课程、选择性必修课程共同构成一个有利于促进学生学力协调发展的课程群体系。

回顾学力协调发展"课程群"的设计过程可归纳为：

- 关注"课程衔接性"——生长出"学科选修课程"。
- 关注"课程层次性"——衍生出"学科选修课程、学域选修课程和跨学域选修课程"。
- 关注"课程整体性"——构建出"学力协调发展"课程群。

二、"课程群"的协调发展

学力协调发展"课程群"的课程结构，是将两类国家课程（必修和选择性必修），三类校本课程（学科选修、学域选修和跨学域选修）组成一个有机整体，就其

课程群内容、结构和目标之间的协调性,我们从五个维度对其进行统整:

1. 学习领域的相对趋同

某一学科课程群中的各课程,应与该学科所在的学习领域相同。"学力协调发展"课程群应有语言文学、数学、社会科学、自然科学、技术、艺术、体育健康和综合实践等八个学习领域,课程群按学习领域的归类,有利于学科课程群设计过程中的课程内容与学力元素协调。

2. 学习科目的有机关联

在同一学习领域里各个学习科目的开发应规整统一,使课程群中的各个学习科目成为有机统一和关联的整体,这样为学力的协调发展提供了系列学习资源的保障。

3. 学习方式的多样互补

课程群中的各个课程的性质分属于不同的课程范畴,强调不同的课程中的不同学习方式,使学生习得多样化的学习方式,这样更有助于促进学生的学力整体发展。

4. 学习内容的跨越学域

课程群中各课程的内容呈现一定的层次性,三类校本课程的属性应对国家课程进行知识延伸与跨学域拓展,这样就更有助于促进发展性学力与创造性学力的提高。

5. 学习目标的组合递进

课程群中的各课程,学生的学习目标各不相同,因此应该关注其学习目标的组合递进关系,这样更有利于学力的协调发展目标的实现。

上述课程群协调的五个维度,编织出了一张学校的课程群彼此关联协同课程"网",这种网罩式的课程形态其本质就是课程群实现"学力协调发展"的标志体现。

三、"课程群"的结构模型

依据上述对学力协调发展"课程群"设计与构想,我们以图谱形式呈现课程群的结构模型。

课程群模型所呈现的基本含义:

- 课程群的内核理念——学科核心素养,即学生学习了该学科课程后应具有的正确价值观、必备品格和关键能力。
- 内核理念的外层——两类国家课程必修与选择性必修,它们是培养学生学

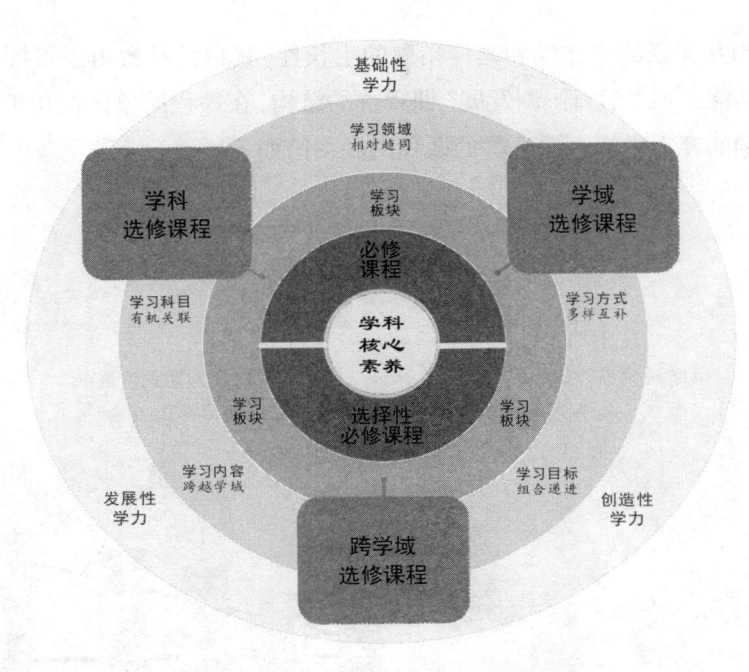

学力协调发展学科"课程群"结构模型

科核心素养的最主要载体。
- 两类国家课程外层——它们"生长"出的若干个学习板块,这些学习板块是基于国家课程的延伸内容与学科核心素养的强化而精心规划的,这些学习板块中的课程内容选择,充分考虑课程群协调发展的五个维度,即学习领域的相对趋同、学习科目的有机关联、学习方式的多样互补、学习内容的跨越学域、学习目标的组合递进。由此将这些课程归类于三类校本选修课程,即"生长"出了学科选修课程、学域选修课程和跨学域选修课程。
- 课程群模型的最外层——"基础性学力、发展性学力和创造性学力"是表示学生通过这样的课程群课程的学习,在学科核心素养提高的同时,其各种学力也得到了全面协调的发展。

第三节 学力协调发展"课程群"的内涵特征

国家课程方案的必修、选择性必修和选修三类课程结构,倡导的是课程群的课程应具有相互关联的整体性和延伸拓展的生长性,其目的是致力于发挥课程群的整体育人功能。而"学力协调发展"课程群的结构,在课程的整体性与生长性方面有其更深刻的育人内涵。课程群的课程内涵图谱如下所示:

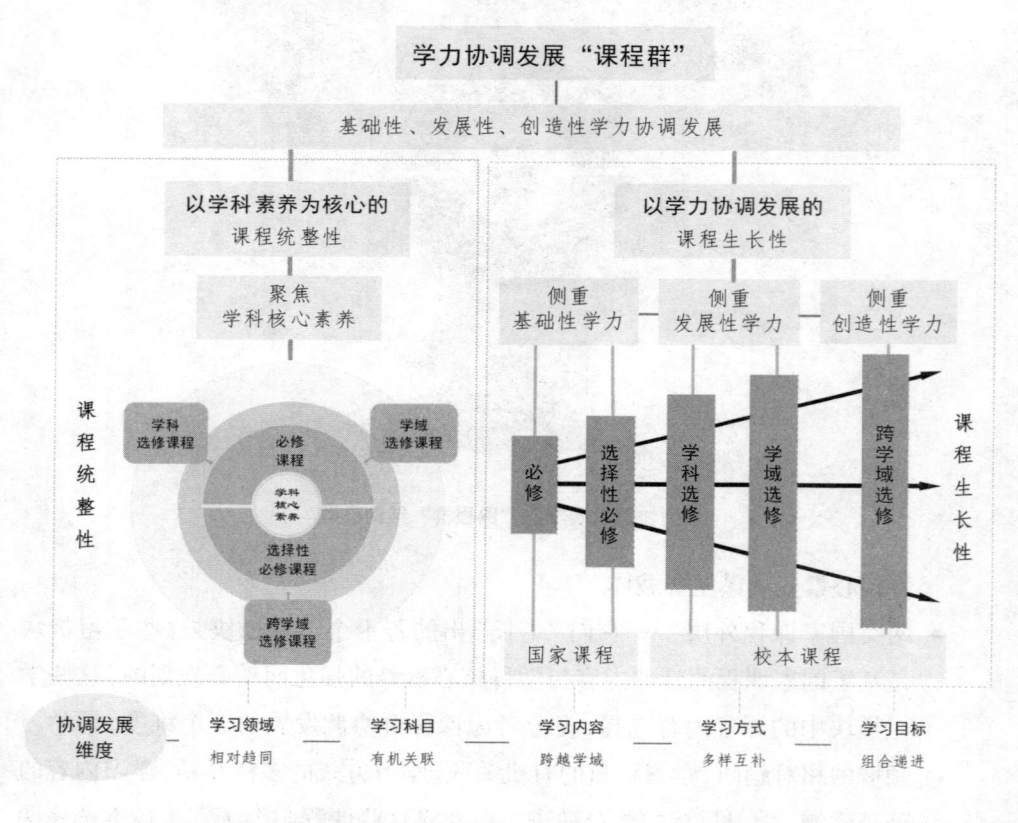

```
                    学力协调发展"课程群"
                            |
          基础性、发展性、创造性学力协调发展

    以学科素养为核心的                以学力协调发展的
       课程统整性                        课程生长性

       聚焦                    侧重        侧重        侧重
    学科核心素养              基础性学力   发展性学力   创造性学力

课  学科              学域    必    选   学   学   跨
程  选修   必修课程   选修    修    择   科   域   学
统  课程              课程         性   选   选   域    课
整         学科              必   修   修   选   程
性        核心                修                修    生
         素养                                        长
         选择性                                      性
         必修课程
         跨学域
         选修课程
                         国家课程        校本课程

协调发展   学习领域   学习科目   学习内容   学习方式   学习目标
维度      相对趋同   有机关联   跨越学域   多样互补   组合递进
```

一、以学科素养为核心的课程统整性

学力协调发展"课程群"的统整性主要体现于课程群"聚合"的课程形态,这种"聚合"的课程形态,所聚焦的就是学科核心素养,学科核心素养是课程群的核心内涵,学科核心素养是将课程群聚合在一起的"万有引力",因此课程群具有以学科核心素养为核心的"统整性"内涵特征。

二、以学力协调发展的课程生长性

课程群中的必修、选择性必修、学科选修、学域选修和跨学域选修五类课程内容、方式和目标等各不相同,呈彼此递次拓展"散发"的关系,这种递次拓展"散发"课程形态体现的是课程群生长性的特点,这种生长性依附于基础性学力、发展性学力和创造性学力结构关系,即必修课程和选择性必修课程侧重对学生的基础性学力的培养,学科选修、学域选修和跨学域选修课程侧重于对学生的发展性学力和创造性学力的发展。因此,课程群具有以学力协调发展的"生长性"是其另一个内涵特征。

三、学力协调发展与学科核心素养的内涵的关联与统一

国家课程方案明确了学科育人的要求,就是培养学生的学科核心素养,即培养学生正确价值观、必备品格和关键能力。

课程群提出的学力的协调发展,则是培养学生多元综合能力素养。因此,学力的协调发展可以认为是学科核心素养从能力素养的视角观察的一种体现,其也是学科核心素养的组成部分。

为此,课程群的设计、开发与实施的价值指向是体现学科的育人价值,促进学生各个学科核心素养的整体发展,而学科核心素养的整体发展,从学力视角看,其必将同时促进学力的整体协调发展,学力与学科核心素养发展交相辉映。学科核心素养是学力协调发展的前提与基础,学力协调发展是各学科核心素养整体提升的结果。

由此可见,课程群的这种统整与生长的特性,更有利于学生学科核心素养的培养和学力协调的发展,因为当学生的学习"浸润"于这样的课程群之中,将会习得各个层次的知识,获得丰富学习经历,形成综合能力,学生的学力必将得到全面协调的发展。

C 破題

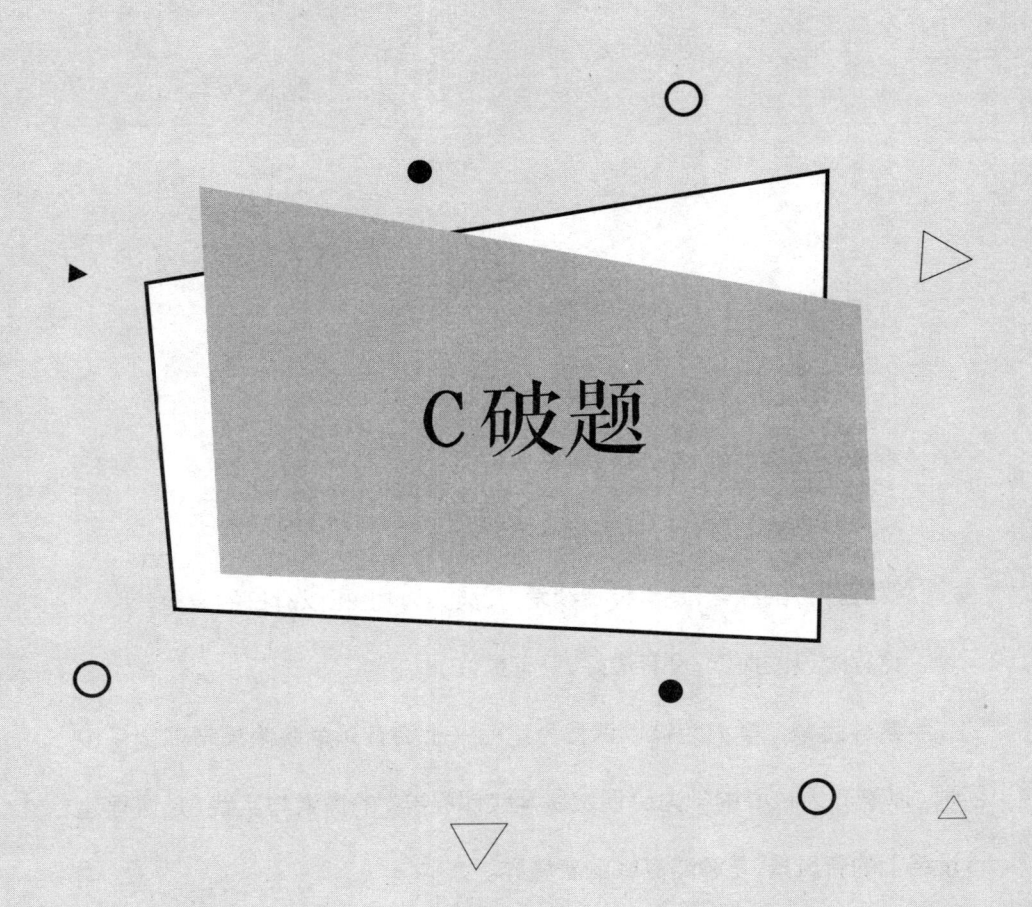

探索,体现育人导向,表现学校主张;

探索,遵循发展规律,践行建设思路;

探索,打通实现路径,注重知行协调。

课程建设的探索,是学校持续发力、久久为功、积以时日的建树。

课程建设的探索,没有最好,只有更好。

素养为核　学力为钵　课程为途——上海音乐学院附属黄浦比乐中学"以素养为核心的学力协调发展学校课程群"的探索与实践,是课程建设路上的新风景,是领略高峰的新境界。

第五部分 规格与路径

"以素养为核心的学力协调发展学校课程群"建设的行进路线

课程建设的探索,需要办学思想的正确、课程理念的先进、课程方略的完善,同时也需要遵循内在的规律,符合课程发展的要求,设计周全的行进路线。

规划"以素养为核心的学力协调发展学校课程群"建设,重在遵循规律,设计周全,提出切实可行的践行之策。

第一节 学力协调发展"课程群"开发指南与内容形态

基于对"以素养为核心的学力协调发展学校课程群"建设的完整理解,基于对学校课程建设的总体思路的综合考量,基于对"课程群"中的各门课程的规划与设计的缜密思考,学校从"课程群"中课程的定位、目标、内容、教学形式等方面,制定了"课程群"各类课程的开发纲要,明确课程开发与实施的方向与要求。

一、"课程群"开发纲要的确立

"课程群"开发纲要如下:

课程类型	侧重学力	课程群	课程定位、目标与要求等	协调维度
国家课程	基础性学力	必修/选择性必修	国家课程为必修与选择性必修科的各学科科目,由国家开发,其课程定位、课程目标、课程要求和质量标准严格遵循各学科的《课程标准》,侧重基础性学力的培养 依托学校的国家课程"四化"研究项目,深化国家课程的校本化实施	学习领域相对趋同

续　表

课程类型	侧重学力	课程群	课程定位、目标与要求等	协调维度
校本课程	发展性学力	学科选修课程	1. 课程定位——该课程是必修与选择性必修核心课程的延伸，课程通过知识内容结构的转化，完善学生的知识结构与认知能力，侧重发展性学力的培养。课程由学生自主选择修习 2. 课程目标——帮助学生建立该学科知识之间的相互关联，帮助学生形成对知识的整体性认识，进一步完善学生学习方式 3. 课程内容——强调该学科知识之间逻辑性和系统性，强调章节与章节之间、单元与单元之间的联系，构建更完整学习内容的知识体系，课程内容可以借鉴该课程提供的选修课程建议内容，根据学情与校情做选择与开发 4. 学习方式——采用学生走班上课形式或教师跨年级走班授课形式 5. 学习评价——由教师根据课程的特点自行确定评价方式 6. 课程开发——由教研组统一规划设计，每位教师负责一个或若干个内容或专题的开发与授课，并由教研组集体研讨修改完成	学习科目有机关联 学习内容跨越学域 学习方式多样互补
		学域选修课程	1. 课程定位——该课程是必修与选择性必修课程的拓展，课程学科知识领域的拓展延伸，完善和补充学生的学科领域的知识结构与内容，课程具有较强开放性。课程由学生自主选择修习 2. 课程目标——提高学生应用知识解决问题的能力，课程侧重培养学生发展性学力。学生形成研究问题的意识 3. 课程内容——强调该学科与该学科学习领域间的知识联系与延伸拓展，关注知识的应用和迁移 4. 学习形式——采用学生走班上课形式或教师跨年级走班授课形式 5. 学习评价——由教师根据课程的特点自行确定评价方式 6. 课程开发——由教研组统一规划设计，教师自行开发、教材引进与购买课程相结合	

续 表

课程 类型	侧重 学力	课程群	课程定位、目标与要求等	协调 维度
校本课程	创造性学力	跨学域课程	1. 课程定位——该课程具有各学习领域知识的融合运用特点，旨在培养学生分析问题和解决问题的能力。侧重于学生发展性学力与创造性学力的培养。课程由学生自主选择修习 2. 课程目标——培养学生具有一定的多学习领域知识融合和迁移的能力，并逐步形成发现问题、分析问题和运用知识解决实际问题的能力 3. 课程内容——一类是涉及多个学习领域融合的综合性学习内容。另一类是运用多学科知识、思维和研究方式，解决一个真实情景的综合性问题或项目 4. 学习形式——采用学生课堂学习形式，或学习延伸至课外以综合实践活动的形式进行，强调学生的合作学习与自主探究 5. 学习评价——由教师根据课程的特点自行确定评价方式 6. 课程开发——由教研组统一规划设计，提倡教材引进与教师开发相结合	学习目标组合递进

二、"课程群"课程的内容形态

国家课程由国家开发，学校"课程群"开发着重于校本课程，其课程内容形态分布如下：

- 学科选修课程——与必修课程和选择性必修课程的学科科目内容关系密切，属于学科科目深度学习的知识延伸。其内容形态如学科高考选科学科的体验课程、二次函数的图形性质与应用、分割等腰三角形问题、电路的综合应用、用几何画板学习图像变换规律、电路的动态分析与比较等。
- 学域选修课程——学习内容属于本学科科目或所在学习领域，具体内容以与本学科学习领域相关的生活、社会、科技和人文等为主，侧重于知识的应用或知识的拓展。其内容形态如KAB创业基础、环保与未来、生活中的化学、CAXA实体设计与创新、文明礼仪、主题网站的创建等。
- 跨学域选修课程——学习内容或项目内容与本学科领域有一定关联，但更多涉及的是跨多个学习领域的综合性内容，课程强调多学习领域知识的融合与应用，关注问题性知识的获得与解决实际问题能力的提升。其内容形态包括高中科学课程、高中社会课程、校园MV制作、校园大型活动策划、数码编曲、数码美术、校电视台运营管理等。

第二节 学力协调发展"课程群"的开发

学力协调发展"课程群"的设计路径，其实是对素养为本的显性揭示，也是对学力为钵的刚性提示，更是对"课程群"形成的多性宣示。

"学力协调发展"课程群由国家课程与校本课程组成。国家课程由国家承担开发，因此课程群的学校开发主要对象是三类校本课程。基于"学力协调发展"课程群具有统整性与生长性的特点，课程群的开发可以有多种路径，以下为被各学科教研组广泛采用的开发路径。

第一步：基于国家课程的学科科目，明确"学科核心素养"——将"学科核心素养"作为课程群价值定位。

第二步：基于"学科核心素养"来设计课程"学习板块"——将"学科核心素养"的价值定位通过"学习板块"加以着重体现。

第三步：基于"学习板块"精选相应的"学习课程"——将"学习板块"规划构想体现在具体的"学习课程"的内容之中，这样将对学生"学科核心素养"的培养切实落实到平时的课堂之中。

第四步：基于"学习课程"按三类校本课程的"课程类别"进行归类——因为三类校本课程是基于学力协调发展学习结构而分类设置的，将"学习课程"分类归入其中，是对学力协调发展再度聚焦，用学力协调发展的视角来最终呈现课程群的架构。

通过这样的课程群的开发路径，开发出的课程群具有基于"学科核心素养"的课程内容，聚焦"学力协调发展"学习结构的课程群特质，显然这样的开发过程就是将课程群的统整性与生长性的内涵落地的过程，学生通过这样精心设计与开发的课程群课程的学习，其学科核心素养与各种学力一定会得到同步发展，"学力协调发展"课程群的开发路径如下图所示：

课程群开发——将"学力协调发展"课程群价值理念落实

基于"学科核心素养"的"课程内容"

聚焦"学力协调发展"的"学习结构"

国家课程 —基于→ 学科核心素养 —设计→ 学习板块 —精选→ 学习课程 —归类→ 课程类别 —确定→ 三类校本课程 —聚焦→ 学力协调发展

第三节 高中语文学科"课程群"的开发方法

"课程群"的集聚效应,主要由各学科的课程实施而产生,因此单个课程落实以素养为本、学力为钵、课程为途的学力协调发展主旨,显得具体而又必要。只有各个学科课程到位,才有整体的效应。

这里,以"文化浸润 精神得心 运用应手——高中语文学科课程群"为例,呈现高中语文学科课程群(以下简称:课程群)的开发路径。

一、围绕学习目标,深入解析学科的核心素养

课程群的设计起点是聚焦学科核心素养。

课程群的开发首先关注语文学科四个核心素养,即语言建构与运用、思维发展与提升、审美鉴赏与创造、文化传承与理解,它是学生在语文学习中获得的语言知识与能力、思维方法与品质、情感态度与价值观的综合体现。高中语文组对学科核心素养的细化维度分析深入解析,明确学科核心素养是课程群的"根","课程群"课程的开发必须扎根于学科核心素养的"土壤"之中。

二、设计学习板块,聚焦学科学习的核心内容

课程群要想实现核心素养培养目标,需要依托于语言学习的内容、语言实践的活动和真实情境的创设,其中语言学习的内容通过课程群的学习板块来实现。教研组在深入解析学科的核心素养的基础上,确定四个学习板块,它们分别是品读与情怀、写作与思维、口语与交际和应用与创造。这四个板块分别与语文学习的阅读、写作、口语、综合四个学习维度呼应，使学生开阔知识视野，丰厚人文素养；注重审美怡情，优化思维品质；提升思想境界，健全崇高人格；勇于反思批判，建设现代文明。

三、精设学习课程，把握课程适切性和协调性

围绕品读与情怀、写作与思维、口语与交际、应用与创造这四个学习板块，结合三类校本课程的课时比例，在充分把握板块课程内容的适切性和协调性基础上，精选了与四个学习板块对应的15门学习课程。

品读与情怀（3门）："咬文嚼字"话成语、唐诗宋词赏析、《悲惨世界》整本书阅读。

写作与思维（4门）：文学评论、应用文写作、思辨写作、诗歌评论。

口语与交际（2门）：《三国演义》中的说话策略、我们都是朗读者。

应用与创造（5门）：汉字古俗观奇、中国传统文化探微、心理访谈、影视作品欣赏、戏剧表演。

四、统筹课程类别，形成学力协调的学习结构

14门学习课程确定之后，教研组分析这14门课程的学习内容、学习方式和学习目标的层次与差异，研究定位这些课程的类别属性，即分属于学科选修、学域选修和跨学域选修三类校本课程。

学科选修课程（7门）："咬文嚼字"话成语、唐诗宋词赏析、诗歌评论、《悲惨世界》整本书阅读、文学评论、应用文写作、思辨写作。

学域选修课程（4门）：我们都是朗读者、汉字古俗观奇、中国传统文化探微、《三国演义》中的说话策略。

跨学域选修课程（3门）：心理访谈、影视作品欣赏、戏剧表演。

以下是课程群开发的路径图示。

通过上述的课程类别统筹，将课程群课程延伸、拓展的学习内容，架构成了适合于学力协调发展的学习结构，从而更有效地实现学生学力协调发展的目标。通过上述课程群的设计，形成了高中语文的课程群图谱。

第五部分　规格与路径

```
                        ┌─────────┐
                        │ 必修课程 │
                        └────┬────┘
┌─────────┐                  │                        国家开发
│ 国家课程 │──────────────────┤
└────┬────┘                  ▼
     │                ┌─────────────┐
     │                │选择性必修课程│
     │                └──────┬──────┘
     ▼                       │
┌─────────┐  ┌──────────┬──────────┬──────────┬──────────┐
│语文学科 │  │语言构建与│文化传承与│思维发展与│审美鉴赏与│
│核心素养 │  │  运用    │  理解    │  提高    │  创造    │
└────┬────┘  └─────┬────┴─────┬────┴─────┬────┴─────┬────┘
     ▼             │          │          │          │
┌─────────┐   ┌────┴────┐ ┌───┴────┐ ┌───┴────┐ ┌───┴────┐
│学习板块 │   │品读与情怀│ │口语与交际│ │写作与思维│ │应用与创造│
└────┬────┘   └────┬────┘ └───┬────┘ └───┬────┘ └───┬────┘
     ▼             ▼          ▼          ▼          ▼
┌─────────┐  ┌──────────┐┌──────────┐┌──────────┐┌──────────┐
│         │  │咬文嚼字话││《三国演义》││文学评论  ││汉字古俗观奇│
│学习课程 │  │成语      ││中的      ││应用文写作││中国传统文化│
│         │  │唐诗宋词赏││说话策略  ││诗歌评论  ││探微      │
│         │  │析        ││我们都是  ││思辨写作  ││心理访谈  │
│         │  │《悲惨世界》││朗读者    ││          ││影视作品欣赏│
│         │  │整本书阅读││          ││          ││戏剧表演  │
└────┬────┘  └────┬─────┘└────┬─────┘└────┬─────┘└────┬─────┘
     ▼            └───────────┴──────┬────┴───────────┘
┌─────────┐                          ▼
│课程类别 │              统筹协调"课程类别"
└────┬────┘
     ▼             ┌──────────────┬──────────────────────────────────┐
                   │学科选修课程  │"咬文嚼字"话成语/唐诗宋词赏析/诗歌评论/文学评论│
                   │              │《悲惨世界》整本书阅读/应用文写作/思辨写作 │
                   ├──────────────┼──────────────────────────────────┤
┌─────────┐       │学域选修课程  │汉字古俗观奇/中国传统文化探微     │     校本开发
│校本课程 │───────┤              │《三国演义》中的说话策略/我们都是朗读者│
└────┬────┘       ├──────────────┼──────────────────────────────────┤
     │            │跨学域选修课程│心理访谈/影视作品欣赏/戏剧表演     │
     │            └──────────────┴──────────────────────────────────┘
     ▼
┌─────────┐   ┌──────────────────────────────────────────────┐
│学力协调 │   │基础性学力、发展性学力、创造性学力协调发展    │
│发展     │   └──────────────────────────────────────────────┘
└─────────┘
```

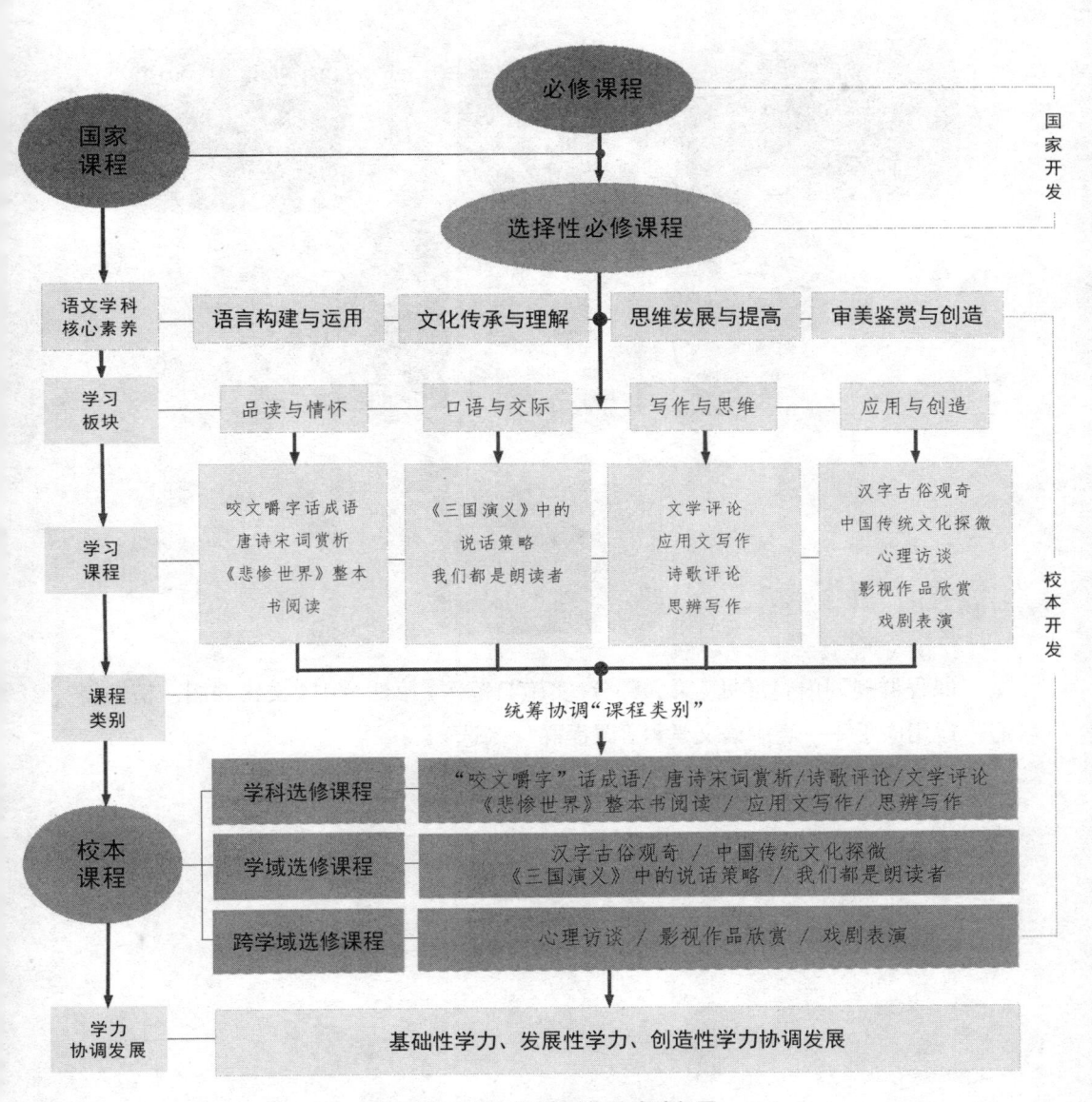

高中语文学科"课程群"开发路径图

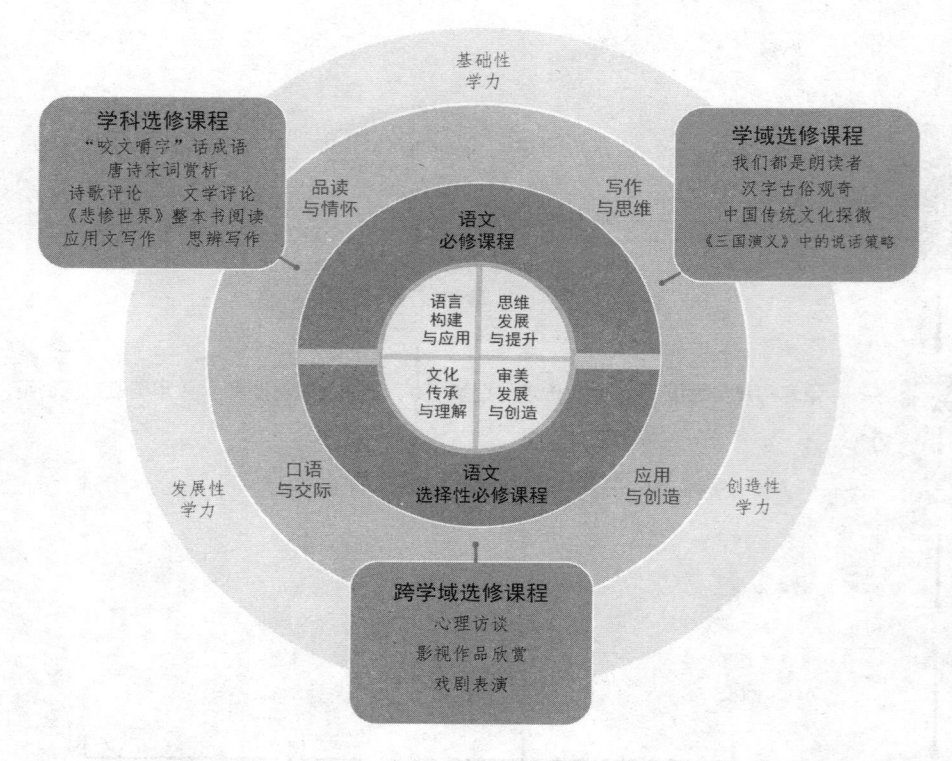

素养为核　学力为钵　课程为途

```
                    基础性
                     学力

      学科选修课程                         学域选修课程
    "咬文嚼字"话成语                      我们都是朗读者
     唐诗宋词赏析         品读      写作    汉字古俗观奇
   诗歌评论  文学评论     与情怀   与思维   中国传统文化探微
  《悲惨世界》整本书阅读      语文            《三国演义》中的说话策略
   应用文写作  思辨写作     必修课程

                     语言   思维
                     构建   发展
                     与应用  与提升

                     文化   审美
                     传承   发展
                     与理解  与创造

     发展性           口语      语文     应用     创造性
      学力          与交际    选择性必修课程  与创造     学力

                    跨学域选修课程
                       心理访谈
                      影视作品欣赏
                       戏剧表演
```

　　课程群规划内容详见《第六部分　实施与范例》第四节中《文化浸润　精神得心　运用应手——高中语文学科"课程群"（摘选）》一文。

第六部分 实施与范例

"以素养为核心的学力协调发展学校课程群"建设的重点实施

课程实施,是课程建设的"最后一公里",也是课程设计的"地平线",关系课程建设的到位率。

"以素养为核心的学力协调发展学校课程群",注重在课程实施环节加大力度和提高准确度,进行了支柱型的重点建设,所做出的一系列实施方案,极具针对性,强调有效性,讲究精准性。

第一节 国家课程的实施策略

课程实施,是学校办学理念落地与实现育人目标的根本途径,是理想成为现实的必经之路。因此,课程实施无疑是学校课程体系中承上启下的最关键的环节。学校实施"课程群"着重关注以下几点:

一、关注课程实施的"育人路",把准目标性实施的方向

课程实施的指向是实现育人目标,因此必须厘清课程实施的育人方向与实施路径,始终朝着既定目标不偏离。下图是学校课程实施的育人路径示意图,从中可以看到从课程的顶层设计到学校课程体系的架构,再到学校"课程群"规划设计和课程的实施。课程实施是育人最直接的环节,即通过"课程群"的有效实施使学生的学科核心素养得到全面培养,学生的自主管理、自主选择、自主学习和自主探究的意识与能力得以加强,与此同时实现学力协调发展的课程育人目标与培养学生"自觉主动、乐群向上"的学校育人目标,因此课程的有效实施是学校育人的最核心的工作。

素养为核　学力为钵　课程为途

根本任务	立德树人
办学理念	比优乐学　自主发展
育人目标	培养"自觉主动、乐群向上"的当代新人
学习领域	语言文学/数学/社会科学/自然科学/技术/体育健康/艺术/综合实践
课程类别	国家课程　校本课程；必修课程　选择性必修课程　选修课程
课程体系价值定位	"基础性学力、发展性学力和创造性学力协调发展"
校本课程体系	学力协调发展"课程群"："七彩"德育课程群　15个学科课程群　综合实践课程群
课程实施系统	赤血红：国家认同／活力橙：实践体验／阳光黄：阳光体育／环保绿：爱护环境／国韵青：传统文化／温馨蓝：健康生活／文化紫：文化传承；必修课程／选择性必修课程／学科选修课程／学域选修课程／跨学域选修课程；自主探究／考察研学／社会服务／职业体验／项目设计／创意制作
课程实施价值追求（共性/特色）	学生"学科核心素养"全面发展：自主管理　自主选择　自主学习　自主探究
实施保障系统	组织／制度／师资／评价／经费等

实现育人目标

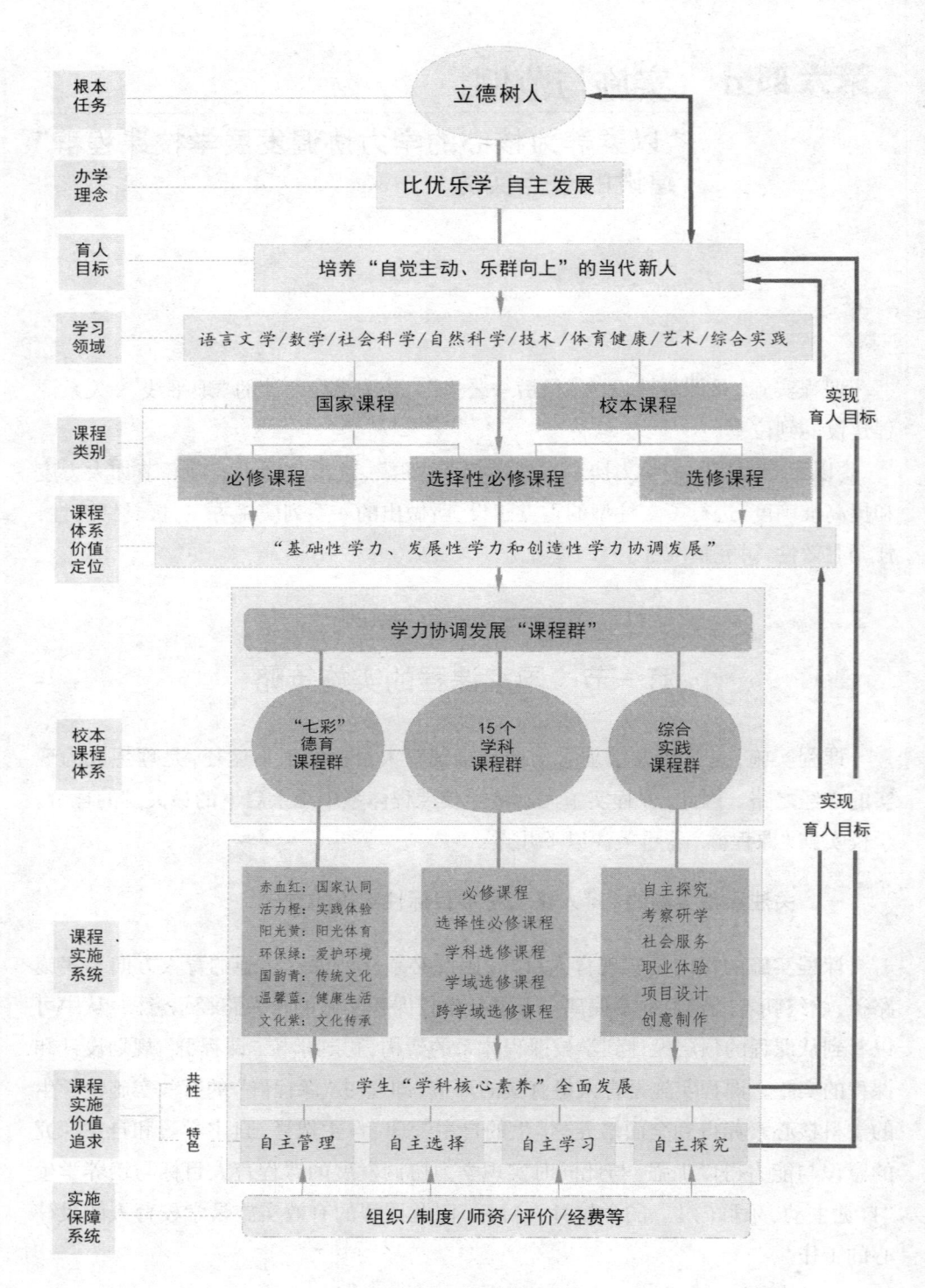

学校课程育人路径图

二、关注课程实施的"过程链",树立系统性管理的意识

树立实施"过程链"的概念,是为了强调课程实施是一个系统,而系统中的"链"体现的是过程中的各个环节,更重要的是强调过程的每个环节相互关联,彼此牵制,如果其中某一环节有缺陷,将会直接影响整个实施过程的质量。因此把握好教师的"教学过程链"、学生的"学习过程链"和课程实施的"管理过程链"和"保障过程链"等的质量,树立课程实施系统性管理的意识,是提高课程实施质量的重要保障。

三、关注课程实施的"重难点",确立环节性攻坚的意识

作为学校"课程群"中核心课程的必修课程与选择性必修课程,国家有统一课程标准,基于标准的高质量校本化实施需要进行系统性思考,应有一套具有学校特色的整体推进方案。

在课程实施环节中,课堂教学是重中之重。聚焦课堂教学,打造与办学理念契合、促进学生学科核心素养发展的课堂文化与特色化的学习方式,是"课程群"实施的主要任务,更是课程改革的首要任务。

随着高考制度改革的深入,学生发展指导类课程,如生涯规划、专业导航、职业体验、高考选科和智能化走班排课等将成为课程开发与实施的聚焦热点,这也将作为课程实施中的重点。

第二节 国家课程校本化项目

国家课程的校本化实施,是学校课程建设的重点,也是"以素养为核心的学力协调发展学校课程群"落实的焦点。

一、国家课程校本化实施的规划思路

国家课程校本化实施项目的切入点,是基于通过系统性的深入研究,解决教学实际存在的问题的角度来规划实施项目,因此项目规划的目标是聚焦教学环节,有效解决问题,提升研究内涵,常态持续研究。在此基础上,项目规划首先解决"做

什么"的问题。

依据项目规划的目标,学校对其实施内容进行了系统性的思考。

1. 系统优化教学环节

学校认为,教学环节中的备课、上课、作业等是一个相辅相成的系统,必须充分关注其系统性与一致性,也就是说不能仅仅关注教学环节某一点,而作为项目研究应该整体考虑,即备课、上课、作业、评价、辅导等各个环节都要充分关注,不可分割进行单独研究。

2. 突破教学中的瓶颈

学校规划的内容和研究的指向要针对教学中存在的问题,如:怎样有效解决教师教学设计脱离学生实际,缺乏教学标准,任意拔高或降低教学要求的问题;怎样有效提高课堂教学的效益;怎样为学生提供个性化的作业,减负提质;怎样有效地通过评价来诊断、反馈、引导和激励学生的学习。

3. 形成常态研究生态

学校充分认识国家课程的校本化实施是一项长期而又艰巨的任务。因此,学校的研究应该是一种常态和长效的研究,研究内容必须立足于新课程实践,体现新课程的理念,提升研究内涵与实效。基于这样的考虑,学校用项目研究的形式把研究内容明确下来,再通过项目研究来引领具体的课题研究,这样更有利于问题的解决和研究内涵的提升。与此同时,再通过建立一系列有效机制与制度来保证研究深入持续,使研究更具生命力。

基于上述考虑,学校集思广益和精心梳理,最终确定了国家课程校本化实施的四个研究项目,即"课标实施校本化"项目研究、"课堂教学实效化"项目研究、"学习训练个性化"项目研究和"学习评价人本化"项目研究,简称"四化"研究项目。就其形成过程通过下面的整体思维路径图呈现。

从"四化"项目规划设计过程的思维路径图中可以看出,"四化"项目的研究直接指向教学中的核心环节和存在问题,并形成了一个彼此关联的研究体系,这将有助于进一步提升项目研究的内涵。同时,这样一种体系式的研究,使整个"教学链"上的各个环节的质量能得到均衡提高,从而更有效地促进教学质量整体提升。

二、国家课程"四化"研究项目的基本内涵

"四化"研究项目为必修和选择性必修的国家课程的校本化实施指明了方向。

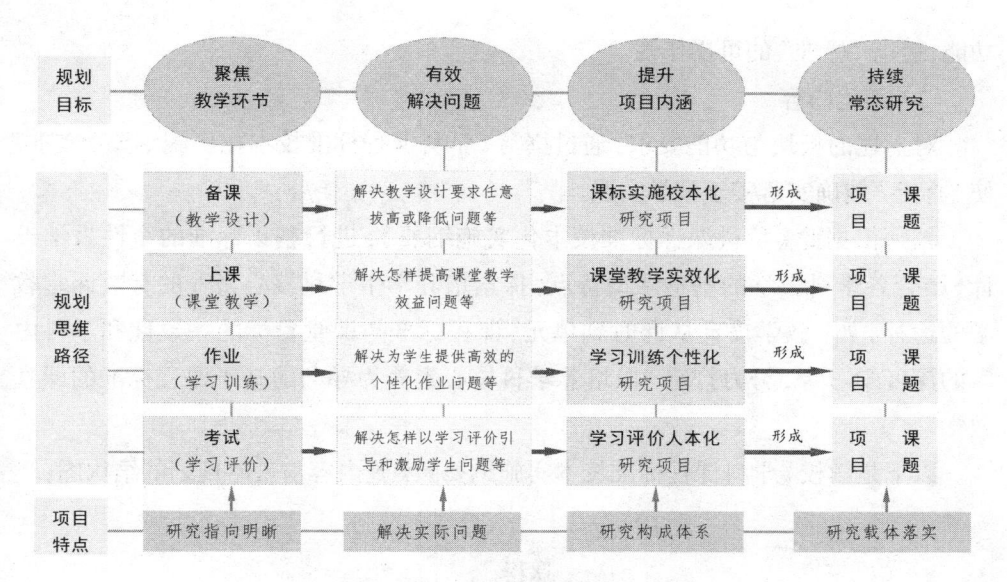

```
规划          聚焦         有效         提升         持续
目标        教学环节     解决问题     项目内涵     常态研究

              备课      解决教学设计要求任意    课标实施校本化    形成    项  课
            (教学设计)  拔高或降低问题等        研究项目                目  题

规划          上课      解决怎样提高课堂教学    课堂教学实效化    形成    项  课
思维        (课堂教学)  效益问题等              研究项目                目  题
路径
              作业      解决为学生提供高效的    学习训练个性化    形成    项  课
            (学习训练)  个性化作业问题等        研究项目                目  题

              考试      解决怎样以学习评价引    学习评价人本化    形成    项  课
            (学习评价)  导和激励学生问题等      研究项目                目  题

项目
特点        研究指向明晰    解决实际问题       研究构成体系       研究载体落实
```

"四化"项目规划设计思路路径图

然而"四化"的内涵是什么？实施的内容是什么？研究的目标是什么？实施的策略是什么？这些都是学校课程计划中的课程建设板块要明确的。为此，学校课程领导团队群策群力，精心规划设计了"四化"研究项目的内涵与内容。

1. 课标实施校本化——把握教学标准

在设计"课标实施校本化"的研究与实施内容时，我们充分关注到教师在备课时无法精准把握课程标准和教学目标要求的现象，我们把研究与实施的重点放在研制校本学科教学细化标准上，在对学科课程标准与学科教材的正确解读的基础上，结合办学特色和本校学生的学习基础、学习水平、学习能力和学习潜质，围绕教学的内容、目标、策略和价值等方面，以提升学生学科核心素养为导向，研制符合本校学生的《学科课程标准校本化实施纲要》，使学科课程标准实施落地，具体的实施策略如下：

（1）优化板块

课标实施标准由四个板块组成，分别是教学标准、学习标准、训练标准和评价标准。通过这四个板块标准制定，实现学、教、练、测一致性。

（2）强化功能

以教学标准和学习标准明确教学内容、教学目标和教学建议等内容。以训练标准和评价标准形成校本《学科训练系统》开发的"标准"。充分体现"标准"的功能,提高"标准"的可操作性。

(3) 细化内容

对上述的板块与功能要求,通过撰写《学科课程标准校本化实施纲要》文本,使"标准"能确实落实于教学实践。

教师依据此《学科课程标准校本化实施纲要》,进行基于标准的个性教学设计,结合各学科教学的基本课型特点,探索培养学生学科核心素养的有效课堂教学的途径,如:教学设计从课时到单元、课程标准与课堂目标的一致性和学科内容的深度学习等,努力打造"以培养学科核心素养为导向的基于课程标准的课堂教学"。

以下是学校《学科课程标准校本实施纲要》实施内容与策略规划的结构图:

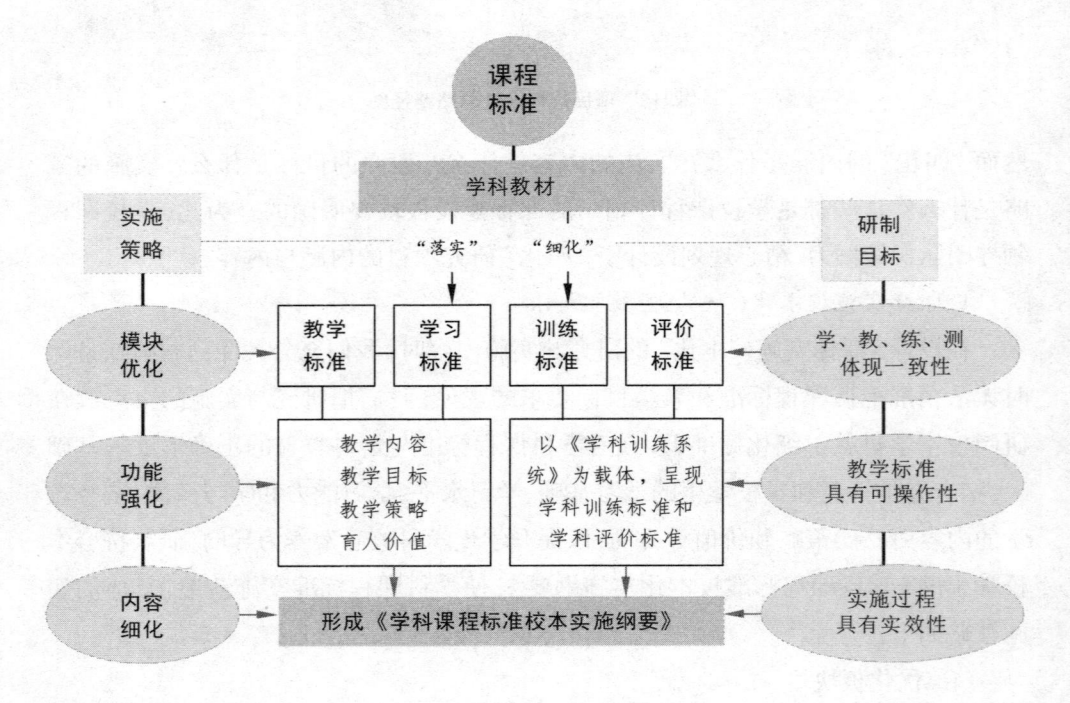

```
                         课程标准
                            │
                         学科教材
                    "落实"  │  "细化"
  实施策略 ┄┄┄┄┄┄┄┄┄┄┄┄┄┄┄┄┄┄┄┄┄ 研制目标
     │                                    │
   模块     ┌────┬────┬────┬────┐      学、教、练、测
   优化  →  │教学│学习│训练│评价│      体现一致性
            │标准│标准│标准│标准│         │
            └────┴────┴────┴────┘         │
     │         │              │            │
   功能      教学内容    以《学科训练系    教学标准
   强化  →  教学目标    统》为载体,呈现  具有可操作性
            教学策略    学科训练标准和
            育人价值    学科评价标准
     │         │              │            │
   内容      形成《学科课程标准校本实施纲要》  实施过程
   细化  →                                  具有实效性
```

2. 课堂教学实效化——探索自主课堂

学校在设计"课堂教学实效化"的研究与实施内容时,以打造实效课堂为导向,选择有效实施载体,将发展学生的核心素养和自主探究的学习方式植入课堂实践中进行深入研究。学校梳理历年围绕课堂教学的课例和案例,内容百花齐放,但作为一个学校对课堂教学规律整体性研究,缺少系统的研究引导,研究的指向不够

清晰，研究的主题比较松散，研究有广度但深度不够，而这些问题恰恰就是在学校课堂教学的研究时，缺乏系统思考和规划所致。

课题组通过反复讨论，在广泛听取专家和教师意见的基础上，确定了"课堂教学实效化"项目研究方向，分别是课堂教学研究、学习方式研究和教研程序研究。

（1）课堂教学研究

课堂教学的研究载体选择最基本的各种"课型"研究。因为我们认为"课型"研究最贴近教师的教学实际，如序言课、新授课、复习课、习题课、实验课和试卷讲评课等课型，这些都是教师们天天要碰到的带有教学任务特征的课型。因此我们选择对这些课型进行深入研究，可以使教师们能更清晰地把握这些类型课的教学定位、教学策略和教学设计特点，通过这样的"课型"研究，更有助于课堂教学实效性的提升。

（2）学习方式研究

为了能进一步提升课型研究的内涵与深度，我们在课型研究的同时，结合学校的办学特色探索自主学习、探究学习、合作学习等各种转变学生学习方式的主题研究，积极探索自主探究的学习课堂，并在此基础上形成各门学科的序言课、新授课、复习课、习题课、实验课和试卷讲评课等课型的教学策略，以此来打造自主探究的学习课堂，促进课堂教学的有效性。

（3）教研程序研究

课堂教学研究是学科教研活动的重要载体，强调研究程序可以提升学科教研活动的质量。课堂教学研究的基本程序是：教师备课→集体研课→教师二次备课→教师上课同伴观课→集体评课→教师反思形成案例→教研组形成相关教学策略和研究论文。通过这样的教研程序，有利于提高开课教师课堂教学的专业水平，有利于提升教研组长的教研组织能力与专业指导能力，有利于形成教研组团队的同伴交流与互助的氛围，促进教研组团队成员的共同进步。

以下是关于"课堂教学实效化"中研究内容与实施规划的结构图（见下页）。

3. 学习训练个性化——提升作业效益

以提高学生学习训练的效益为目标，强调教师在安排学生的学科学习训练时，充分考虑教学内容的一致性、学生学习水平的差异性。积极开发各学科符合课程标准的、切合校本实际的，体现基础性、选择性和多样性特征的校本《学科学习训练系统》，实现教、学、练、评的一致性，真正起到学习训练的巩固、检测、反馈、提高

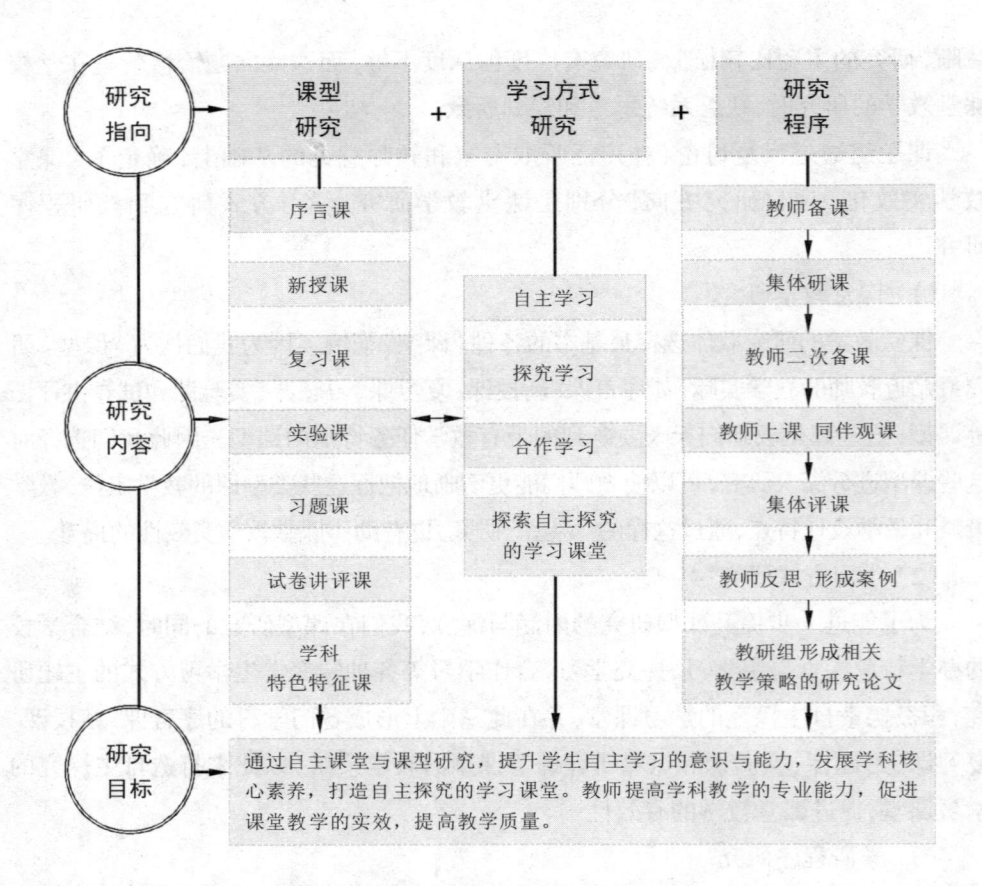

```
研究指向 → 课型研究  +  学习方式研究  +  研究程序

课型研究:
- 序言课
- 新授课
- 复习课
- 实验课
- 习题课
- 试卷讲评课
- 学科特色特征课

学习方式研究:
- 自主学习
- 探究学习
- 合作学习
- 探索自主探究的学习课堂

研究程序:
- 教师备课
- 集体研课
- 教师二次备课
- 教师上课 同伴观课
- 集体评课
- 教师反思 形成案例
- 教研组形成相关教学策略的研究论文
```

研究目标：通过自主课堂与课型研究，提升学生自主学习的意识与能力，发展学科核心素养，打造自主探究的学习课堂。教师提高学科教学的专业能力，促进课堂教学的实效，提高教学质量。

的作用，有效提高学习训练的效率，达到减负增效的目的。

不同的课程，《学科学习训练系统》的内容、要求和形式各不相同。课题组根据课程的一些共性特点，提出了学科训练系统研制的基本要求，通过指导思想、研制原则、研制策略、呈现要求和结果评价等方面，引导各学科的《学科学习训练系统》开发，以此提升研制的质量。学科训练系统研制的要求与建议（提纲要求）：

（1）指导思想——四个"关注"

关注学生学业基础的扎实提高、关注学生科学学习方法的形成、关注学生学科核心素养的形成、关注学生学力的协调发展。

（2）研制原则——"三性"原则

学习训练的针对性、学习训练的选择性、学习训练的多样性。

（3）研制策略——"三项"策略

基于教学目标的实现，使学科学习训练系统更具针对性；基于学生个性的差异，使学科学习训练系统更具选择性；基于综合能力的提升，使学科学习训练系统更具多样性。

（4）呈现要求——"四点"要求

要聚焦素养重点，要体现教材要点，要突破教学难点，要关注考试特点。

（5）结果评价——"多维"评价

训练的内容与教学目标的匹配性、训练的使用与课堂教学的同步性、训练的量度与学生实际的吻合度、训练的分层具有选择性与适切性、训练的形式具有多样性与协调性。

以下是"学习训练个性化"项目实施要求的结构图：

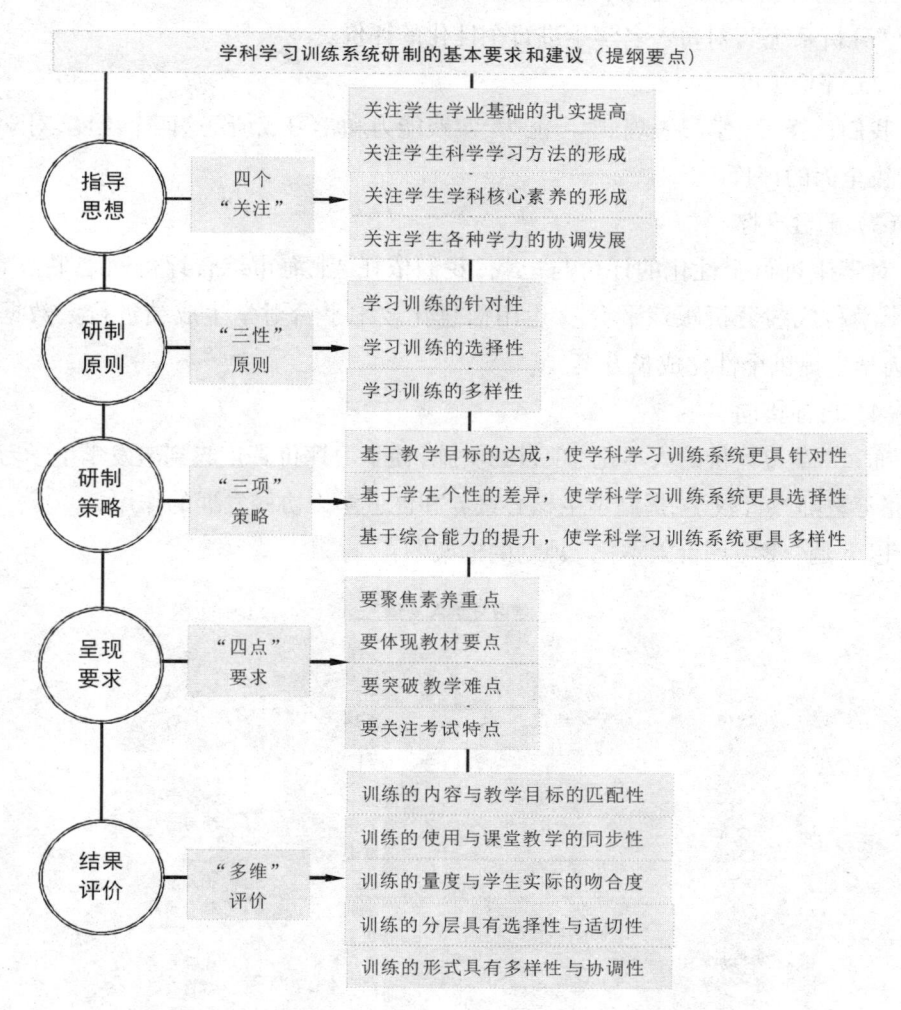

学科学习训练系统研制的基本要求和建议（提纲要点）

指导思想 —— 四个"关注"
- 关注学生学业基础的扎实提高
- 关注学生科学学习方法的形成
- 关注学生学科核心素养的形成
- 关注学生各种学力的协调发展

研制原则 —— "三性"原则
- 学习训练的针对性
- 学习训练的选择性
- 学习训练的多样性

研制策略 —— "三项"策略
- 基于教学目标的达成，使学科学习训练系统更具针对性
- 基于学生个性的差异，使学科学习训练系统更具选择性
- 基于综合能力的提升，使学科学习训练系统更具多样性

呈现要求 —— "四点"要求
- 要聚焦素养重点
- 要体现教材要点
- 要突破教学难点
- 要关注考试特点

结果评价 —— "多维"评价
- 训练的内容与教学目标的匹配性
- 训练的使用与课堂教学的同步性
- 训练的量度与学生实际的吻合度
- 训练的分层具有选择性与适切性
- 训练的形式具有多样性与协调性

4. 学习评价人本化——激励学生成长

在学生学习评价的导向上，坚持以学生发展为本，将评价贯穿整个学习过程。在学生学习评价的内容上，既重视对学生的学习结果评价，又重视对学生的学习过程评价，实施综合素质评价。在学生学习评价的过程中，既关注学生的全面发展，又重视学生的个性发展，通过个性化评价，实现"学习评价的人本化"。具体实施中我们抓住了以下几个关键环节：

（1）实施载体

"学习评价人本化"的项目实施，我们选择了"上海市学生成长记录册"和"校本学业质量分析系统"这两个载体。用好"记录册"中的每一项学习评价内容，并结合"分析系统"，对每一名学生进行个性化的评价。

（2）评价维度

我们选择了"学习表现、学习能力、实践能力和学习成绩"这四个维度，对学生进行较全面的评价。

（3）平台支撑

对学生进行个性化的评价与记载，我们依托"上海市综合评价网络平台"与"校本学科成绩分析跟踪平台"，运用信息化技术平台对学生成绩进行大数据分析，为学生提供个性化成长方案。

（4）目标指向

通过"学习评价的人本化"项目的实施，使学习评价真正起到激发学生学习动力、完善教师教育教学、提高学生核心素养和促进学力协调发展的作用。

以下是"学习评价人本化"规划的框架图：

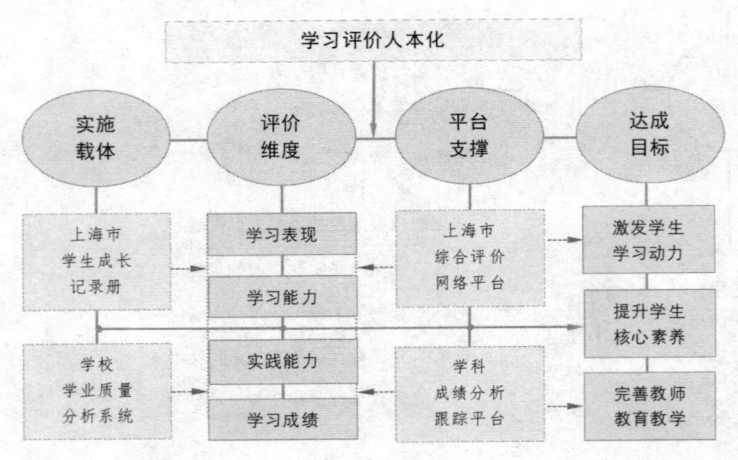

第三节　国家课程校本化实施与管理

国家课程校本化实施与过程化管理是并行不悖的。

一、"课标实施校本化"项目研究

1. 研制"课标实施纲要",探索课标实施校本化的路径

国家课程的实施依据是遵循学科课程标准,而"学科课程标准校本实施纲要"(简称"课标实施纲要")的编制,与学科单元设计是学校"课标实施校本化"关键项目。"课标实施纲要"编制与学科单元设计的依据,一是基于课程标准,二是基于学科教材,三是基于学生实际,只有这样才能真正符合学生的学习需求和发展学科核心素养,课程标准的目标要求扎实落地。

这里,呈现的是高一物理必修课程"共点力作用下物体的平衡"实施纲要,考虑到内容篇幅问题,做了摘选处理。

高一物理必修课程"共点力作用下物体的平衡"实施纲要(摘选)

一、教学建议

基于物理学科核心素养确定教学的目标和内容,物理学科核心素养的培养落实于教学活动中。本章节教学中,通过对共点力的相关物理概念和规律的学习、反思和应用,可促进学生物理观念的发展,使其学会用这些观念解释现象,解决生活中的实际问题。发展学生的科学思维能力是重要的教学目标之一。在本节共点力平衡的教学中,学生经历学习内容阶梯式问题研究,形成一个知识链思维过程,提高学生的问题分析与解决能力,促进基础性学力和发展性学力的发展。

二、学习要求
- 知道什么是平衡状态。理解共点力作用下物体的平衡条件。
- 理解共点力平衡物体各种情况的处理方法。
- 会用共点力的平衡条件解决有关平衡问题。

三、实施纲要(一览表)

细化项目	教学要求	细化内容		学习训练形式	学习检测	
		概念	学习内容要求		检测与评价	
共点力	A	共点力	正确判别共点力,并与生活例子结合	课堂例题	检测一建议:试题属性	测样检一题
平衡状态、平衡力	A	平衡状态	正确判别平衡状态,并与生活例子结合			
		平衡力	正确判别平衡力			
共点力平衡条件	B	平衡条件	合外力为零	课堂练习	检测二建议:试题属性	测栏检二题
		共点力作用下物体的平衡条件件的推论	1. 两个共点力作用平衡 2. 三个共点力作用平衡			
		共点力平衡的几何条件	各力首尾相接构成封闭的力多边形			
共点力平衡问题处理	B—C	问题处理的方法与步骤	1. 明确对象,受力分析 2. 判别类型,选择方法 3. 依据平衡条件列方程 4. 求解答案			
共点力平衡条件的应用方法	B—C	合成法	适用条件	1. "三力的平衡问题"的计算问题 2. "三力的平衡问题"的判别问题 3. 合力分力构成直角三角形的问题	课外训练	检测三建议:试题属性	测栏检三题
		正交分解法	适用条件	1. 三力和三力以上的平衡 2. 三力构成非直角三角形	复习巩固		
		相似三角形法	适用条件	1. 三力平衡 2. 已知条件中,全部是长度,未给出角度关系的计算题或判别题			

续 表

细化项目	教学要求	细化内容		学习训练形式	学习检测
		概念	学习内容要求		检测与评价
共点力平衡条件的应用方法	B—C	受力情况	题型	解题方法（正交分解法 / 合成法 / 特殊方法）	
		三力	判别题	√* / √作图 /	
		三力	计算题	√ / √计算 /	
		三力以上	判别题计算题	√ / /	
		三力	*非直角三角形（已知角度）	√ / /	
			非直角三角形（已知长度）	/ / √相似三角形法	

四、课标细化（教学要求　内容细化　学习训练）

1. 共点力

（1）教学要求——A级

（2）内容细化：

① 定义：

共点力——几个力都作用在物体的同一点，或它们的（延长）作用线相交于同一点，这几个力叫作共点力。

② 学习要求：正确判别共点力

课堂例题：说明以下这些力是否为共点力

（例题属性：判别共点力）

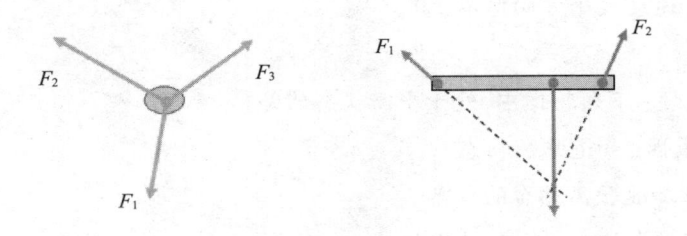

（3）学习训练

课堂练习：判断下列物体所受的力是否为共点力

(习题属性：判别共点力)

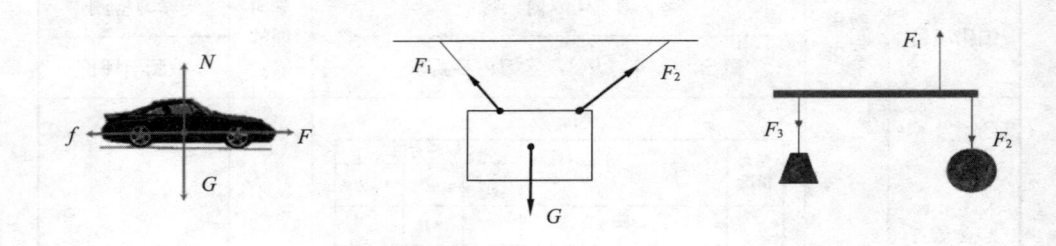

课后训练：画出以下物体受力的共点（习题2题/文本略）

(训练题属性：判别共点力)

2. 平衡状态与判别

(1) 教学要求——A级

(2) 内容细化

① 概念

平衡状态——物体在几个力作用下处于静止或匀速直线运动状态叫作平衡状态。

② 判别平衡状态

正确判别平衡状态

静止——速度为零

(注意：始终速度为零与瞬时速度为零的平衡状态判定的细节)

匀速直线运动——速度不变

(注意：速度大小方向均不变)

课堂例题：下列物体中，处于平衡状态的是（　　）

(例题属性：知道平衡状态)

A. 正在加速驶离站台的火车

B. 正在做匀速直线飞行的飞机

C. 正在减速滑行的汽车

D. 正在转弯的自行车

课堂练习：以下物体处于平衡状态的是（　　）

（练习题属性：知道平衡状态）

A. 正在加速升空的火箭

B. 所受合力为零的物体

C. 来回周期性摆动的钟摆

D. 竖直上抛运动到最高点的小球

（3）学习训练（内容略）

3. 共点力平衡条件

（1）教学要求：B—C级

（2）内容细化

① 平衡条件：合外力为零

即：$F_合=0$

推论：$F_{合x}=0$　$F_{合y}=0$

② 平衡条件的推论

两共点力作用平衡——（初中知识复习）

三个共点力作用平衡——（非平行）三个力的作用线必相交于同一点。其中任意两个力的合力，一定与第三个力等值反向。

③ 共点力平衡的几何条件

根据共点力作用下物体的平衡条件和力的合成的多边形定则可知，共点力平衡的几何条件：各力箭头首尾相接构成封闭的力多边形。

（3）学习训练

课堂练习：物体处于平衡状态的条件是（　　）

（练习题属性：知道平衡状态的条件）

A. 物体只有受到大小相等，方向相反，作用在同一直线上的两个力作用时，才处于平衡状态

B. 物体只受到一个力的作用，也可能处于平衡状态

C. 物体所受合力为零，一定处于平衡状态

D. 在共点力作用下的物体，如果所受合力为零，一定处于平衡状态

课堂例题：下列作用在同一物体上的一组力，能够使物体处于平衡状态的是（　　）

（例题属性：理解平衡状态的条件）

A. 2N、4N、9N

B. 3N、6N、10N

C. 20N、30N、40N

D. 9N、18N、8N

4. 共点力平衡解题的一般步骤

第一步：明确对象，受力分析

第二步：判别类型，选择方法（合成法、正交分解法、相似三角形法）

第三步：依据平衡条件列出方程

第四步：求解答案

5. 共点力平衡条件的应用方法

（合成法、正交分解法、相似三角形法）

（1）合成法

适用条件：

①"三力平衡问题"的计算题——列式计算

②"三力平衡问题"的判别题——作图判别，三力以上不采用此方法

③合力构成直角三角形（合力构成非直角三角形不提倡用合成法）

（2）正交分解法

①"三力以上"平衡的计算题的解题方法（略）

②"三力构成非直角三角形"解决方法（略）

③"三力以上"平衡的判别题的解题方法（略）

课堂例题：如图所示，斜面夹角为 θ，一个重为 G 的光滑小球被水平的细绳拉住，并处于静止状态。

求：细绳对小球的拉力 T 和斜面对小球的支持力 N

（例题属性：三力平衡合成法的计算题）

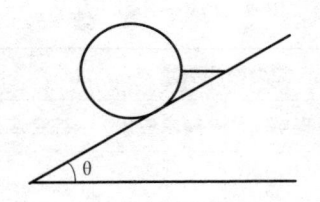

适用条件判别	受力分析图	列式表达

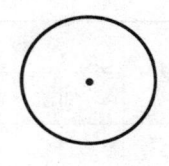

课堂练习：（内容略）

（练习题属性：三力平衡合成法的计算题）

课后训练：（内容略）

（练习题属性：三力平衡合成法的计算题）

五、检测与评价

1. 学习检测要求

检测等级	检 测 点
A级	共点力、平衡状态、平衡状态条件
ABC级	静态平衡计算、动态平衡判别（三力）
C级	平衡综合问题

2. 检测试题

检测一建议——试题属性如下：（检测一样题 共9题，内容略）

题号	习题属性	题型	能力检测要求			
			知道	理解	简单应用	综合应用
1	会受力分析	选择	√			
2	三力以上平衡正交分解法的应用	选择		√		
3	三力以上平衡正交分解法的应用	选择			√	

续 表

题号	习题属性	题型	能力检测要求			
			知道	理解	简单应用	综合应用
4	三力平衡的应用	选择			√	
5	三力平衡的应用	选择			√	
6	三力平衡的应用	计算			√	
7	三力平衡的应用（生活中的实例）	计算			√	
8	三力平衡的应用	计算			√	
9	相似三角形法的应用	计算			√	

检测二建议——检测二样题　共9题，内容略

检测三建议——检测三样题　共10题+附加题，内容略

（物理教研组　田伟　执笔）

2. 实施学科单元教学，探索学科核心素养落实的有效路径

（1）单元教学设计的意义

新课程标准明确了各学科教学的逻辑起点是以学科核心素养提高为目标，而学科核心素养的关键能力、必备品格与正确价值观念的培育，需要我们的教学设计从关注学科单一的知识点转变为指向学科核心素养单元教学设计，改变学科知识的碎片化教学，真正实现教学设计与素养目标的有效对接。因此，指向学科核心素养的单元教学设计是落实立德树人、发展素质教育、深化课程改革的必然要求，也是落实学科核心素养的关键路径。

实施单元教学设计，将是促进教师与课标、与教材的深层对话的有效途径，这无疑有助于课程的发展与教师的专业发展。

（2）单元教学设计的思路

单元教学设计是运用整合的思想，聚焦学科核心素养，整体性地构建学生的学习过程。

单元教学设计要求我们将习以为常的课时设计，拓展为对单元设计。而单元设计能使学生还原碎片化的知识成为真实情景下的整体性和结构化的知识，而这

种整体性和结构化知识的建构过程,就是一条落实学科的核心素养的有效路径,它是将课程标准中的课程目标作整体性思考,逐层分解转化为单元和课时的目标,将这些目标贯穿备课、上课、活动、作业和评价等教学环节,以此形成结构化的教学设计。

（3）单元教学设计的要素

我们所说的单元不只是指教材上的编写单元,而应理解为是一种学习单位。一个单元就是一个学习主题、一个学习事件、一个微课程。这样的一种学习单元由目标、课时、任务、情境、活动、知识点、资源和评价等多个具有内在联系的课程要素组成。单元教学设计就是将这些要素按某种需求和规范组织起来,形成一个结构化的整体,并以相对规范的格式呈现出完整的设计方案。因此单元教学设计,其中最基础的一个环节,就是必须厘清单元教学设计的板块构成、内容要素和它们之间的逻辑关系等。为此,我们充分借鉴《单元教学设计指南》一书,对单元教学设计的要素进行梳理,形成如下"单元教学设计的要素"结构图(见下页)。

从"单元教学设计的要素"结构图上可以看出,单元教学设计由三个层面组成,分别是：

规划与方法层面——单元规划分析,单元教材教法。

目标与操作层面——单元教学目标,单元学习活动,单元作业设计。

实施保障层面——单元教学资源,单元评价设计。

在这三个层面中最关键与最核心内容,一是单元规划分析中的"如何确定单元",结构图中提供了四个"依据"来确定"单元"的思路,即依据课程标准中设定的核心学习主题,依据须强化关注的核心素养为主题,依据学生学习过程中存在的问题与需求,依据教材编写的单元进行校本化个性设计。二是单元教学目标、单元学习活动和单元作业设计。这三部分内容是单元教学设计的核心,彼此关联,设计时要保持目标、活动和作业要求的一致性。另外,学生学科核心素养的表现程度,需要通过在真实情境中运用所学的知识完成任务来衡量,因此单元教学设计应关注真实的情境与任务的介入。

我们通过这样的"单元教学设计的要素"研究,大致勾勒出了单元教学设计全景,为教师对单元教学设计的规范操作和整体把握起到了积极的作用。这里要特别说明的是,在实践操作中,因学科特点与内容存在着差异,所以单元教学设计的要素表述和结构呈现都会有所不同。

素养为核 学力为钵 课程为途

```
                        ┌──────────────┐
                        │  单元规划分析  │
                        └──────────────┘
        ┌──────────────────┼──────────────────┐
  ┌──────────┐      ┌──────────┐      ┌──────────┐
  │设计遵循原则│      │如何确定单元│      │设计规格要求│
  └──────────┘      └──────────┘      └──────────┘
规划与方法
   价值性  整体性    依据课标主题  依据素养要求    流程图   属性表
   适切性  结构性    依据学习问题  依据教材章节    知识链   问题链

                        ┌──────────────┐
                        │  单元教材教法  │
                        └──────────────┘
            学习价值  知识结构  教学内容  教学策略  课时配置

                        ┌──────────────┐
                        │  单元教学目标  │
                        └──────────────┘
目标与操作
            学情分析  教学目标  重点难点  课时规划

        ┌──────────────┐         ┌──────────────┐
        │  单元学习活动  │ ←────→  │  单元作业设计  │
        └──────────────┘         └──────────────┘
         任务 目标 情境 过程 资源 评估    作业目标 主旨知识 学习水平 作业类型

实施保障
        ┌──────────────┐         ┌──────────────┐
        │  单元教学资源  │         │  单元评价设计  │
        └──────────────┘         └──────────────┘
         资源名称 资源类型 资源目标 资源内容    过程性评价    形成性评价
                                              活动评价 作业评价 试题属性
```

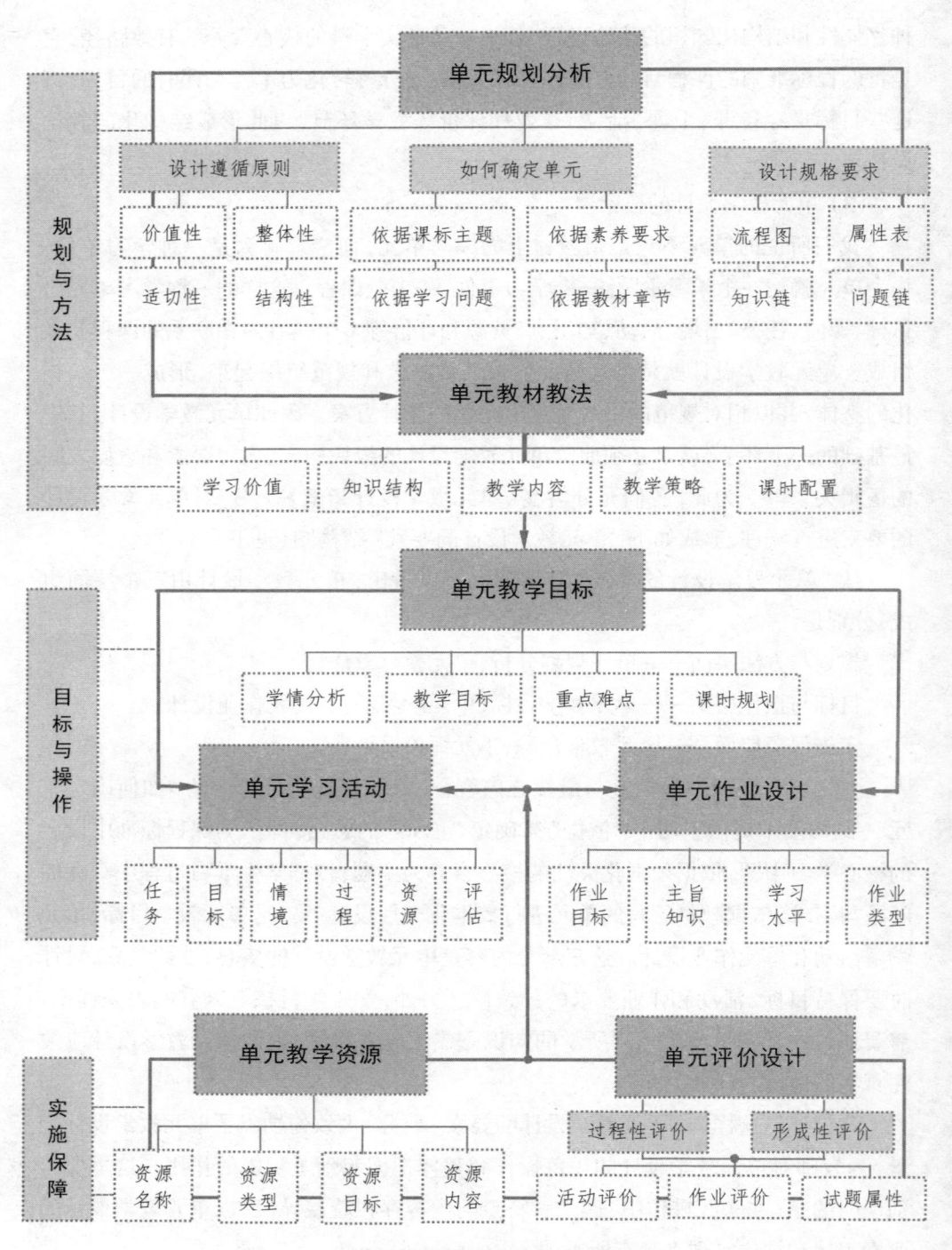

"单元教学设计的要素"结构图

下面是高中数学的必修1《函数》单元教学设计结构图与内容（摘选）。

高中数学必修1 函数 单元教学设计

一、单元教学设计

1. 单元基本概况
- 教材版本：上海教育出版社　高中数学　必修1
- 单元名称：函数
- 授课学期：高一上学期
- 单元教学设计结构图

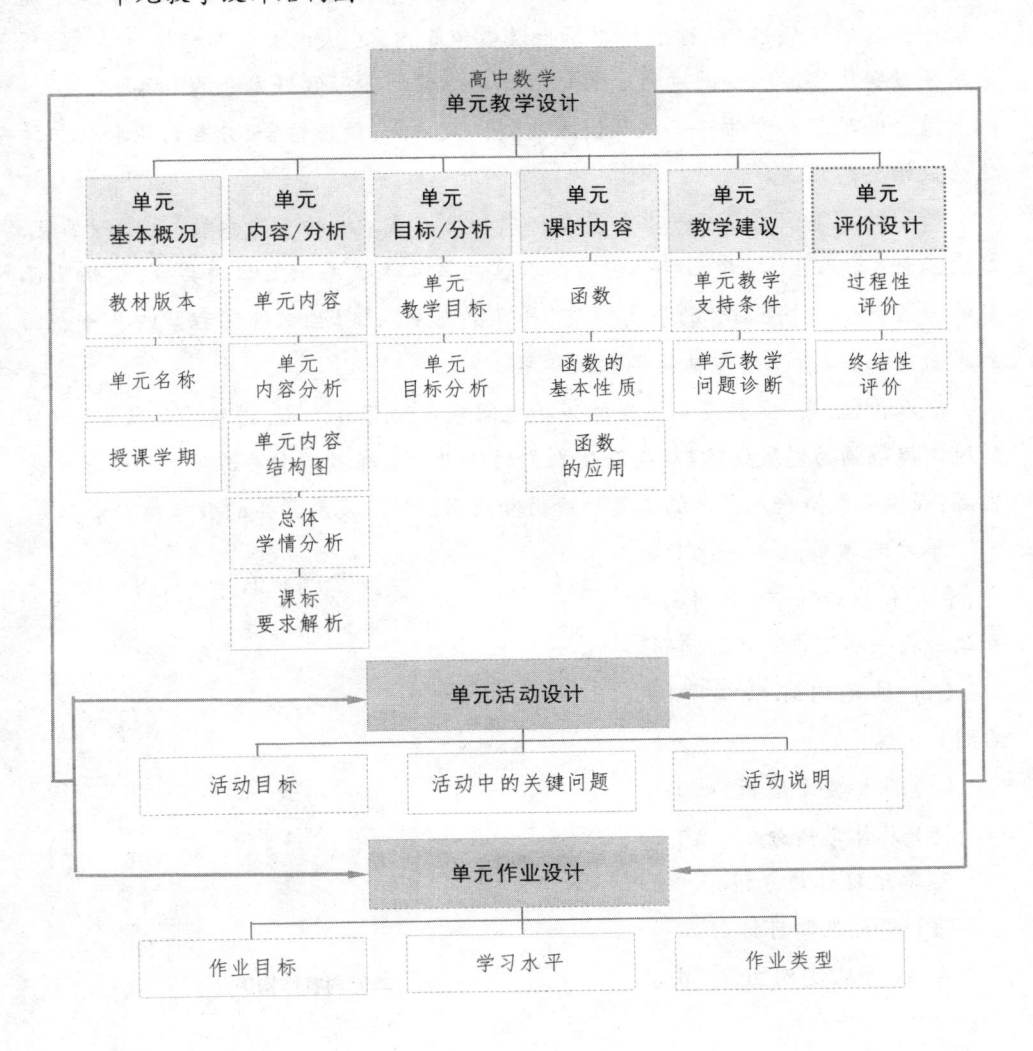

```
                    高中数学
                   单元教学设计
    ┌──────┬──────┬──────┬──────┬──────┬──────┐
   单元     单元     单元     单元     单元     单元
  基本概况  内容/分析 目标/分析 课时内容 教学建议 评价设计
    │       │       │       │       │       │
  教材版本  单元内容  单元      函数    单元教学  过程性
                   教学目标          支持条件  评价
    │       │       │       │       │       │
  单元名称  单元     单元     函数的   单元教学  终结性
         内容分析  目标分析  基本性质  问题诊断  评价
    │       │       │       │
  授课学期  单元     　       函数
         内容
         结构图            的应用
            │
           总体
          学情分析
            │
           课标
          要求解析
```

```
              单元活动设计
    ┌──────────┬──────────────┬──────────┐
  活动目标    活动中的关键问题   活动说明
```

```
              单元作业设计
    ┌──────────┬──────────────┬──────────┐
  作业目标       学习水平        作业类型
```

2. 单元内容与解析

(1) 单元内容

本章内容为函数，共包括"5.1函数""5.2函数的基本性质"和"5.3函数的应用"三节。"函数"内容包括：函数、函数的表示方法。"函数的基本性质"内容包括函数的奇偶性、函数的单调性、函数的最值。"函数的应用"内容包括函数关系式的建立、用函数观点求解方程与不等式、用二分法求函数的零点。

(2) 单元内容分析

内容的本质——本章归纳出函数的一般概念，并从变量之间的依赖关系、实数集合之间的对应关系，以及函数图像的几何直观等角度整体地认识函数概念；通过梳理函数的奇偶性（对称性）、单调性及最值等内容，认识函数的整体性质；经历运用函数解决实际问题的过程。为之后三角函数的学习做好充分的准备。

蕴含的思想和方法——从几何方法到代数方法，数形结合、分类讨论和化归转化的数学思想方法。

知识的上下位关系——本章是在初中和上一章学过的一次函数、反比例函数、二次函数、幂函数、指数函数和对数函数这些具体函数基础上归纳共性，提炼出函数的一般概念，讨论函数的基本性质，并在第七章、选择性必修课程第四章重新回到对三角函数、微积分等具体函数的学习。

育人价值——函数是刻画世间万物之间联系的有力工具，借助于函数，可以更好地掌握事物的发展规律，从而深化人们的认识。应在教学中渗透函数的数学文化内涵，强调函数概念及性质的工具性价值和应用价值。发展学生的数学核心素养。

单元教学重点——函数概念、表示和基本性质；利用函数知识解决一些简单的实际问题。

(3) 单元内容结构图（见右图）

(4) 课标要求解析（略）

(5) 总体学情分析（略）

3. 单元目标与分析

(1) 单元教学目标

A. 经历从实例出发、由具

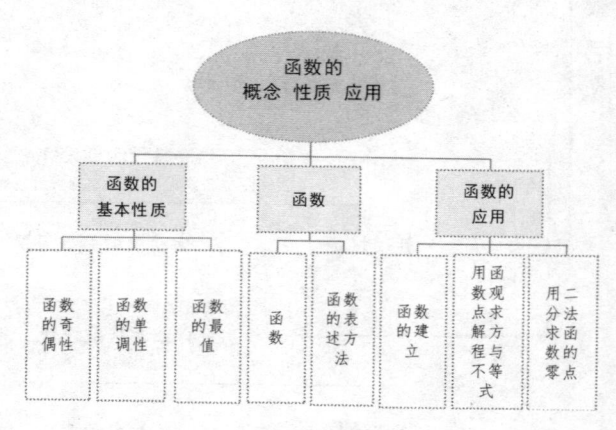

单元内容结构图

体函数抽象出一般函数的概念的过程,体会集合语言和对应关系在刻画函数概念中的作用,发展数学抽象素养。

B. 经历描点绘制不熟悉函数的大致图像的过程,体会函数图像的作用,发展直观想象的素养。

C. 经历函数奇偶性概念的形成过程,理解偶函数与奇函数的概念与图像特征,体会数形结合、从特殊到一般等数学思想方法,发展直观想象、数学抽象的素养。

D. 通过对函数奇偶性的辨析,加深对奇函数与偶函数概念与图像特征的理解,进一步体会数形结合、分类讨论等数学思想方法。

E. 通过生活和数学中的单调现象,经历描述性语言向符号化语言转化的过程,理解单调函数的概念与图像特征,发展数学抽象的素养。

F. 理解单调函数、单调区间的概念,会判断函数是否为单调函数,会利用单调函数的概念求函数的单调区间,发展逻辑推理的素养。

G. 通过生活和数学中的最值问题,经历描述性语言向符号语言的转化过程,理解函数最值的概念,发展数学抽象的素养。

H. 在实际情境中,能合理选取变量,建立变量之间的函数关系,将实际问题转化为函数问题,并运用函数的图像与性质解决相关问题。体会数学建模的思维方法。

I. 通过具体实例,了解函数零点的概念,知道函数零点与方程的解之间的关系。在较简单的情形下,能借助函数的性质求解方程与不等式,发展逻辑推理素养。

J. 通过特例感受、归纳连续函数存在零点的相关条件,发展直观想象素养。

(2) 单元目标分析

对"了解""理解""掌握",以及"经历""体验""探究"的含义进行解析。

在解析单元教学目标时,应基于教学内容及其解析,着重解析课标中的"内容与要求"的具体含义。具体操作时,可以与单元教学内容解析相对应,给出学生在学完本单元后在知识、技能、思想方法等方面达到的要求。实现上述目标的标志是:

- 会判断两个函数是否相同;能在简单情形下求函数定义域和值域。
- 能够根据不同的情境选择恰当的方法(列表法、解析法、图像法)表示函数。会在简单情形下利用定义证明函数为奇函数或偶函数,发展逻辑推理的素养。
- 会利用函数的奇偶性,已知在定义域中 $x \geq 0$(或 $x \leq 0$)部分的图像(或性质),推导出其另一部分的图像(或性质),发展逻辑推理素养。

- 会在简单情形下利用单调函数的定义判断和证明函数的单调性,发展逻辑推理的素养。
- 经历函数奇偶性与单调性关系的探究,能解决一些简单的运用函数奇偶性判断其在某区间上单调性的问题,发展直观想象的素养。
- 会在简单情形下求函数的最值,发展逻辑推理的素养。
- 懂得函数模型是描述客观世界中变量关系和规律的一个重要数学语言和工具,会利用函数的性质解决简单的数学问题和应用问题。
- 能借助一元二次函数图像与性质解释一元二次不等式的求解过程,体会数形结合思想,发展直观想象素养。
- 能根据连续函数的零点存在定理,运用二分法求函数的零点的近似值,发展数学运算素养。

4. 单元课时内容(略)

5. 单元教学建议(略)

6. 单元评价设计

(1) 过程性评价

在过程性评价中,应关注学生的思维。例如:学生对函数概念的理解是已经达到了从数集到数集的对应关系这层次,还是仅仅停留在"表达式"的层面上。另外,对学生的书面表达和口头表达也应须密切关注,避免学生无逻辑或似是而非地堆砌事实,以此"解决"数学问题。

A. 评价的知识内容

- 判断两个函数是否相同;在简单情形下求函数定义域和值域;根据不同的情境选择恰当的方法表示函数。
- 在简单情形下利用定义证明函数为奇函数或偶函数;利用函数的奇偶性,求对称区间上解析式;在简单情形下利用单调函数的定义判断和证明函数的单调性;在简单情形下求函数的最值。
- 利用函数的性质解决简单的数学问题和应用问题;借助一元二次函数图像与性质求解一元二次不等式;用二分法求函数的零点的近似值。

B. 评价方式:学生自评、课堂观察、课内外作业、研究报告或小论文。

- 每一节课可以设计一个课堂学习情况自评表,将这节课的教学目标归结到几个任务中,让学生根据课堂学习情况,完成自评。(见学习单部分)

- 数学建模活动由学生以小组活动的形式对实际问题进行合适的建模,最终提交小论文或研究报告。
- 每个教学单元完成后,可以设计单元活动自我评价表和单元学习活动小组评价表,例如:

C. 单元学习活动自我评价表

单元_____ 班级_____ 姓名_____ 总分_____

序		项目	内容	得分	满分
学习准备	1	学习态度	1. 对本单元学习内容有浓厚的兴趣; 2. 学习时间安排科学		10分
	2	课前预习	1. 对单元学习内容进行预习; 2. 对课时学习内容进行预习		10分
课堂学习	3	认真听课	1. 上课专心听讲,思维始终与课堂教学进程同步; 2. 认真做好课堂笔记		10分
	4	积极参与	1. 积极思考教师提出的问题; 2. 勇于举手发言,并能用适当的数学语言表达		10分
	5	善于合作	1. 小组活动中勇于担当,认真完成所分配的任务; 2. 同学之间互相学习,乐于助人		10分
	6	掌握知识	1. 明确重点,理解概念,掌握方法; 2. 独立完成课堂练习,及时归纳总结		10分
	7	独立思考	1. 积极思考有挑战性的问题,有质疑精神; 2. 能用不同的方法解决问题		10分
课后学习	8	作业完成	1. 按时独立完成作业,格式规范,正确率高; 2. 及时订正做错的作业,不懂之处及时请教		10分
	9	知识梳理	1. 对本单元知识进行系统梳理; 2. 明确典型问题的解题策略与步骤		10分
	10	课外阅读	1. 经常阅读课外数学书; 2. 经常通过网络等途径学习新的知识		10分
合计				分	100分

(2) 终结性评价(略)

(高中数学教研组　赵岩　执笔)

二、"课堂教学实效化"项目研究——探索自主探究的学习方式

在国家课程"四化"校本项目中,"课堂教学实效化"是重点,同时又是难点。探索体现学校特色、促进学生学科核心素养发展的课堂与学习方式,是"课堂教学实效化"实施的主要任务。为此,学校在"比优乐学,自主发展"的办学理念的基础上,聚焦课堂教学中的自主探究的学习活动,以自主探究为生长点,把国家课程的学科学习领域作为"课堂教学实效化"项目关键突破口,进行深入的研究与实践,构建出一些能有效培养学生学科核心素养、有助于促进学力协调发展的特色化学习方式。

在项目实施过程中,各个学科的教研组从学科领域选择了探究专题,旨在通过改变学生原有的学习方式来学习知识、增长能力、提高素质。虽然学科有所不同,但都致力于如下几方面的教学转变：从以知识积累为主的学习转向以知识的迁移应用为主的学习；从培养认知能力片面的能力发展转向以学科核心素养培养为主；从以追求学习结果为主转向以培养学生自主学习能力过程为主。通过广大教师的探索与实践,梳理归纳出以下学科共性化的自主学习方式。

1. 基于情境创设,激发式的自主探究学习方式

在教学实践中,教师通过努力创建激发学生学习兴趣的探究情境,把学生引入教材内容中,并引起学生一定的情感体验,从而使学生产生探索的欲望,使学生活动成为学生主动自觉的活动。

生命科学万老师在《遗传病及其预防》的教学过程中,创设了这样一个生活情境：某学校的高中生暑期到一山区进行志愿者服务。在那里他们遇到了一对青年男女,他们从小青梅竹马,长大后彼此相爱,准备结婚,但是他们所在的乡村经常会生出遗传病患儿,于是他们想咨询一下如何能避免此种情况的发生。

学生们的兴趣被激发,纷纷提出了诸多问题：是否能结婚？是否能生育？能否避免遗传病患儿的出生？学生通过自己组成小组进行探究交流,教师则提醒学生可借课本所授知识进行思考,并提供两者相关的遗传家谱图,以及我国婚姻法规定的不允许结婚的几条主要规定。

学生们通过自己翻阅资料,观察、比较,特别是对两者家谱图的分析,获知两者

为三代以内的旁亲血亲，最后探究合作得出结论：两者不能结婚。

合适的情境可以使学生在学习中变被动为主动，充满自信，主动探索，勇于创新。教师要注重在课堂中创设情境，根据学生的需求来激发学生自主探究的兴趣。

2. 基于问题引导，启发式的自主探究学习方式

问题引导教学是通过一个"问题—探究"的过程来激起学生的学习兴趣。问题是思维的起点，学生有疑惑才会去主动探究。学生能否积极地参与整个教学过程，发挥自主探究的积极性，关键是教师如何真正做到巧设问题。问题设置得科学合理，符合学生的实际水平，就能调动学生的积极性，开拓他们的思路。

"问题探究"学习的第二个层次则是从由教师提问逐渐转变为学生提问，虽然有时学生提出的问题是杂乱的，但说明学生已经在主动构建这些知识，这时教师引导学生紧紧围绕提出的问题进行思考、交流、体验、感悟，并进一步运用深化，把理性的认识具体化，才能深刻体悟知识的内涵与外延。

在高中数学立体几何中，平面与平面平行的判定的教学，高中数学於老师打破传统的做法，从问题出发，来培养学生的自主探究能力，收到了良好的效果。

於老师先请同学们根据两个平面平行的定义思考：

问题1：如果一个平面内任何一条直线都与一个平面平行，那么这两个平面是否平行？

由此引出可通过线面平行来判定面面平行，师生进一步共同探讨：

问题2：如果一个平面内有一条直线与一个平面平行，那么这两个平面是否平行？

问题3：如果一个平面内有两条直线与一个平面平行，那么这两个平面是否平行？

问题4：如果一个平面内有无数条直线与一个平面平行，那么这两个平面是否平行？

问题5：如果一个平面内有两条相交直线与一个平面平行，那么这两个平面是否平行？

提出这5个问题，既给学生引导了思考问题的方向，同时又拓展了学生思维的空间，通过问题的提出加强了学生对判定定理的条件的认识，同时提高了学生分析问题、解决问题的能力。

高中思想政治的蔡老师，在新授课《量变与质变》的课堂中也运用了"问题

探索"的方法。虽然哲学离学生比较远,但是蔡老师的问题设计由易到难、由简到繁,使学生能够回答,帮助学生建立了学习的信心。

【自主探究】问题一:量变与质变的含义

问题1:班里哪名同学的脚最大?

问题2:你出生时脚多大?

问题3:你的脚长到现在的大小是不是一蹴而就、一夜之间长成的?如果不是,是怎样的?

问题4:为什么人的脚要长大?

问题5:是不是长到那么大,你的脚就不会再发生变化了?

设计意图:从婴儿的"小脚"到现在的"大脚"经历了事物发展量变到质变的过程。从而引出量变与质变的概念,并指出量变到质变这个过程是一个循环往复、无限交替的过程。

【自主探究】问题二:量变与质变的辩证关系

量变是质变的必要准备。

事物数量的变化引起质变。

问题1:班里哪名同学的胃口最大?

问题2:如果敞开吃,一顿最多能吃几个汉堡?

问题3:如果吃到第n个汉堡能饱,那么前面的几个汉堡能不能不吃?

设计意图:哲学是抽象的概念,通过生活中形象的例子,引发学生的自主思考与探索,用已有的生活经验来总结知识点,明确事物变化从量到质的过程。

疑问是学生获得知识、自主探究知识的前提。探究教学本身就是一个不断发现问题、提出问题、解决问题、产生新问题的螺旋式上升的过程。学生学习的过程是一个发现问题、提出问题、解决问题的过程。问题由学生提出,也要由学生解决。学生在尝试解决问题的过程中,遇到暂时的困难是非常正常的,教师不用急于替学生解决,而应注重疏、引、拨,用不同的方法引导和激励学生自己去分析问题、解决问题。

3. 基于动手操作,体验式自主探究的学习方式

动手操作是自主探究学习中经常采用的重要方法。学生可以运用已有的知识和技能,通过实验探索和发现新问题,并解决问题,从而获得成功的体验,并激发起学习的兴趣。

学生在操作时,教师应该为学生提供必要的探索、猜测和发现的载体,使每个

学生都参与到探求和运用新知识的活动中去，最终达到学会知识、理解知识、运用知识的目的。为此，教师要根据不同的教学内容，尽可能地让学生动手操作，精心引导学生最大限度地参与操作过程，使他们的手、眼、口、耳多种感官并用，积累丰富的感性材料，让他们在探索过程中，自己发现规律或验证结论，并在经历知识的形成与应用的过程中提高探究能力。

初三化学咸老师的一节《物质的溶解性》实验课，寻求在化学启蒙阶段通过定量实验帮助学生构建量化意识，学会定量分析和解决问题，体验科学思想，提升科学素养，感受学习的乐趣。在教学过程中师生互动，教师以对比实验的操作方法训练为序展开，学生学会以"控制变量法"探究影响物质溶解性的因素。从拓展主题"如何定量地比较食盐和白糖的溶解性"展开，实验1：向盛有50 g冷水的烧杯中加入食盐，向盛有50 g热水的烧杯中加入白糖，都至饱和状态；实验2：相同温度下，向盛有50 g水的烧杯中加入食盐，向盛有100 g水的烧杯中加入白糖，都至饱和状态；实验3：相同温度下，向盛有50 g水的烧杯中加入一定质量的食盐直至饱和，向盛有50 g水的烧杯中不断加入一定质量的白糖形成不饱和溶液。教师提出问题：比较实验条件，以上实验能否在该条件下"定量"地比较出两者的溶解性？若不能，你怎么设计实验比较出两者的溶解性？

实验就是通过学生的实际操作，在自主探索中慢慢领会到知识点。溶解度比较中，什么条件控制不变，什么条件改变。意识到只有通过控制溶剂的种类、溶剂的质量和温度，改变溶质的种类，才能进行溶解度的比较，从而使学生逐步体会到控制变量是科学探究的重要方法之一。这样的教学处理，既满足了教学内容的需求，又有所侧重地渗透了"定量"意识，加深了学生对定量实验的理解与认识，同时很好地提升了学生的科学探究能力。

实验课的自主探究，注重猜想与假设、鼓励自主设计实验方案，逐步提高学生观察能力、发现和提出问题的能力、预设结果的能力、实验设计能力等综合能力。它们是科学探究能力在实验学习中的具体化，是中学生科学素养发展程度的重要体现和标志。

4. 基于内容拓展，融合式的自主探究学习方式

任何教学活动都离不开生活，生活教学理论是陶行知先生在长期的教育实践中形成的观点。理论联系实际是学习的本质，将教学活动置于现实生活的背景中，更能使学生易于理解，并可以提高学生自主探究的自觉性。

新课改下的新教材更贴近学生的生活，因而教师可以把学生的学习辐射到其生活的各方面，引导学生从课内学习延伸到课外实践，做到课内外有机结合。

物理蔡老师在《探究平面镜成像》一课中，以光的直线传播和光的反射定律等知识，以及学生在生活中的经验和感受为认知基础，同时将正确使用刻度尺，规范测距等相关的实验操作作为技能储备。由学生观察活动，引入课题，学生分组实验，逐一得出平面镜成像特点，并指导平面镜成像原理和虚像的特点，设计了如下的平面镜成像的探究过程：

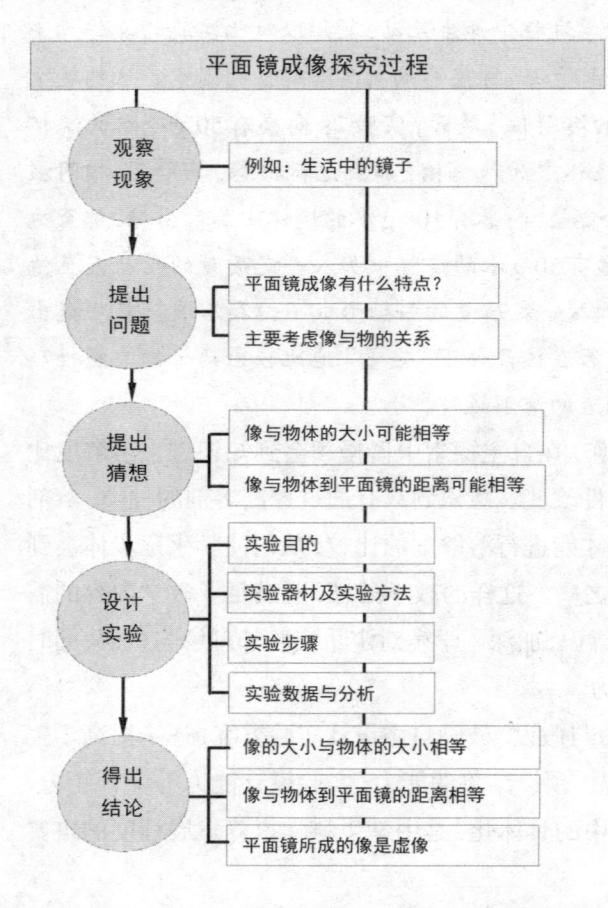

```
平面镜成像探究过程
│
├─ 观察现象 ── 例如：生活中的镜子
│
├─ 提出问题 ── 平面镜成像有什么特点？
│              主要考虑像与物的关系
│
├─ 提出猜想 ── 像与物体的大小可能相等
│              像与物体到平面镜的距离可能相等
│
├─ 设计实验 ── 实验目的
│              实验器材及实验方法
│              实验步骤
│              实验数据与分析
│
└─ 得出结论 ── 像的大小与物体的大小相等
               像与物体到平面镜的距离相等
               平面镜所成的像是虚像
```

以生活经验为出发点，自主探究不仅是课堂操作的一部分，更应当融入学生学习常态，拓展学生学习的时间和空间，充分调动学生自主学习的积极性，可以提高学生的学习能力，扩展学生的视野，增长学生的知识，使学生真正成为一个自主的探究者，在探究未知领域的过程中，真正体验到学习的乐趣。

自主探究是一种我们重点关注的教学方法和学习方法，实施过程中每个环节的具体策略，还需要教师在实践中不断探索、总结和完善。教师本着"以人为本"的教学思想，在课堂上以学生为主体，充分发挥学生群体学习的作用，充分体现课堂的自主性、开放性、拓展性。教师要让学生自主探究，为他们动手、动脑、动口提供足够的素材、时间和空间，为他们的个性发挥和相互之间的交流提供多样的机会，让他们多种感官并用，积极探究，自主发展。

5. 体现学科个性的自主探究学习方式

各学科教研组依据课题研究要求，围绕教研组研究的专题，关注课堂教学的自主探究，结合学科特点与教学内容，从教师的教与学生的学的角度，在备课组研究产生的成果基础上，通过教研组内的研讨、梳理、提炼和总结，形成了一批具有学科个性化特点的学习方式与操作策略。如：

- 初中语文学科组的"基于提高阅读理解能力的初中古诗文学习法"。
- 思想政治学科组的"基于构建知识结构的辩证思维训练学习法"。
- 物理学科组的"基于优化设计的物理学生实验探究学习法"。
- 高中语文学科组的"基于写作能力有效提升高中语文自主探究学习法"。
- 地理学科组的"基于地理学案导学与笔记记载的探究性学习方法"。
- 高中数学学科组的"基于优化教学活动，促进学生探究学习的方法"。
- 信息劳技学科组的"基于教学预设的引导学生自主探究方法"。
- 艺术学科组的"基于趣学乐动的艺术自主探究学习法"。
- 体育学科组的"基于即时评价的引领式自主探究学习法"。
- 初中英语学科组的"基于英语词汇学习的探究学习法"。
- 生命科学学科组的"基于有效教学策略生命科学学科自主探究学习法"。
- 高中英语学科组的"基于英语基本技能培养的读促写探究学习法"。
- 化学学科组的"基于化学定量实验的实验探究学习法"。
- 初中数学学科组的"基于强化思维过程的初中数学探究学习法"。
- 历史学科组的"基于构建史学时空意识的自主探究学习法"。

下面列举其中几例：

（1）基于提高阅读理解能力的初中古诗文学习法（初中语文学科）

作为中华民族文化之精髓、中国人文精神之结晶，在中学教材中古诗文的篇目也占有很大的分量，学好古诗文是语文教学中提高学生语文能力重要部分，为提高古诗文教学的有效性，初中语文组初步形成一套特色化的教学方法和学生的学习方法。

A. 音画配诗学习法

初中的学生，他们的求知欲最强，大部分学生在小学阶段已经能熟读很多古诗，为了激发兴趣，帮助学生理解字、词、诗句的意思，体会诗的意境，感知诗的表现手法，初中语文组采用了古诗配画法、音乐配诗法进行教学。如：

杜甫的《绝句》，全诗一句一景，合起来则宛如一幅浑然一体的画卷。其中对景物色彩的描绘有鹂之"黄"、柳之"翠"、鹭之"白"、天之"青"、雪之"白"，还有暗含诗中的江之蓝、船之褐等。让学生通过填色游戏，把枯燥的诗词化成色彩绚丽的景物，变成一派春和景明、令人赏心悦目的景象，能有效地提升学生的记忆。

运用古诗配画教学法，有利于发展学生的形象思维，又能够加深学生对诗意的理解，强化记忆，培养了审美的情趣，收到事半功倍的效果。教师在古诗文教学中创设各种情境：一段有感染力的背景音乐，制作精美的多媒体素材等，都可以使学生处于积极、亢进的情感之中，身临其境地主动学习。

B. 古诗文诵读学习法

把课堂还给学生，把时间还给学生，把生命发展的主动权还给学生，让课堂充满活力，古诗文教学中，"还琅琅书声于课堂"，是给予学生自主探究空间的好方法。

"书读百遍，其义自现""读读背背，了解大意"，不管是古人读古书的传统经验，还是现行课标的时代要求，都将朗诵定格为诗文教学的重要环节。要让学生达到"我口说我心"的语言表达能力和"我手写我心"的书面表达能力，有效培养语感能力的"诵读法"当然更不可少。

诵读学习法的教学策略是：

● 教师对诵读的指导至关重要

教师应该注意诵读时课堂情感的注入、境域气氛的渲染、言语速率的控制和具体作品风格的把握等方面的示范性。可以说，通过对文言诗文的诵读，学生很容易唤醒作品字里行间沉睡着的意蕴和情感。所以，在把学生有效引入古诗文的情境之后，应不断地引领学生进入诵读的氛围。

● 以形象读与感悟读的方式，读出诗文情感美

在读中寻找情感的交会点，或是在情感指导下寻求朗读的切入点，都是寻求美与展示美的过程。目视其文，口发其声，耳闻其音，心通其情，意会其理，想其神态，仿其语气，品其心态，在这样的情感下，又怎能不神思飞扬，沉浸在与作者的情感的交融与共鸣之中呢？

如学习《卖油翁》一文时，语文王老师设计的关键教学环节是"分角色朗读"，七年级的学生跃跃欲试。学生读陈康肃公时或盛气凌人、傲慢无礼，或怒目圆睁、严词厉色；读卖油翁时或心平气和、不亢不卑，或沉着镇定、面带微笑。且不说内容上的理解与感悟，仅凭这两人的语气语调，就已将人物的内心世界展示得活灵活现。学生的表现给了我一个惊喜，伴随着琅琅读书声，他们其实已经完成了对两个人物性格的自主探究，这比教师把两个人物性格告诉他们要有效得多。

● 用"诗歌吟诵会"形式来提高对古诗文的理解

可以让学生四人为一组，明确分工，在音乐、背景、画面、道具、服饰等方面进行创意策划，在班级中朗诵、吟唱，看哪一个小组把诗词的意境表演得最淋漓尽致。这样的形式，学生很喜欢，积极性颇高。

C. 探究性学习法

在六七年级的学习古诗文的基础上，八年级可以重点进行探究性学习法。八年级的学生生活经验相对多一点，而对画画、朗诵等学习方式的兴趣有所下降，这时探究性学习法就能激发他们的创造力，让他们获得新的体验。初中语文形成一些特色化的教学方法：

● 用想象式探究学习扩大学生创造想象的空间

古诗文讲究含蓄，以少胜多，以有限传达无限，以极少量的内容表现丰富的思想内容，因而会给学生带来无穷的想象空间。在教学中，教师挖掘古诗文中隐性想象资源，让学生补白，体会言外之意，弦外之音，韵外之致。

如讲杜甫《江南逢李龟年》时，推断想象式加以追问："岐王宅里寻常见"，见到什么？"崔九堂前几度闻"，"闻"到什么？"正是江南好风景"，景致如何好？"落花时节又逢君"，在什么季节遇到谁？如此来加深对诗境的理解，训练想象思维。还有不少古诗文省略了大量的细节，如《曹刿论战》中的曹刿形象，《愚公移山》中的愚公形象，都可让学生"完形"。

● 用活动式探究学习培养学生的创造实践能力

古诗文教学过程中，教师把学生的学习辐射到其生活的各方面，引导学生从课内学习延伸到课外实践，做到课内外有机结合。

活动式的探究方法具有趣味性、主体性、实践性、个别性和动作性等优点。在古诗文教学中运用这种方法，既符合学生学习文言文的心理特征，又有利于调动学习兴趣，开阔视野，培养学生实践能力。开展活动式的探究方式多样：可全班参与、分组操作、个人实践，方法可个体收集资料、集中交流、分组讨论、推荐个人讲演、设计表演等优化组合。总之，不拘一格，只要能调动兴趣，完成活动内容，实现活动目标即可。

如学过《鲁提辖拳打镇关西》一文后，让学生阅读《水浒传》，列举出与鲁达性格相类似的人物，再抓住学生课余有收集《水浒传》中人物卡片的兴趣，引导学生开展"看脸谱说好汉""说绰号讲来历"等活动，再让学生根据自己对人物赞赏的程度创造性地将梁山好汉重新排列座次,如此来激发阅读名著的兴趣,培养学生的创造能力。

● 用课题式探究学习培养学生的鉴赏能力

课题式探究具有集中性、系统性等特点,大量古诗文分散于各册语文课本中,为了使其系统化,让学生对某一作家某一风格有系统的了解,在八年级时可采用此法。

如学过李白的诗文后,要求学生收集、阅读李白的作品,摘抄名言佳句,以"走近李白"为课题探讨"诗仙"的浪漫主义创作风格,研究诗人的"大胆新奇的想象夸张"的表现手法,探寻李白追求自由、蔑视权贵的思想轨迹。经过一段时间的阅读、探究,学生们一定能写出许多有价值的课题论文。

对同类主题的思想情态相似的古诗文,我们用课题的形式归类、探究、学习。如为归纳古诗文中送别诗,体会诗人不同的思想感情,可用"离愁别绪话送别"为课题进行研究,推荐的篇目有李白的《送孟浩然之广陵》《赠汪伦》,岑参的《白雪歌送武判官归京》,王维的《送元二使安西》,王勃的《送杜少府之任蜀州》,杨万里的《晓出静慈寺送林子方》等。

通过课题式探究教学激发了学生学习古诗文的兴趣,提高了鉴赏古诗文的能力。

(2) 基于构建知识结构的辩证思维训练学习法(思想政治学科,复习课)

学科事实、学科概念与学科方法是思想政治学科知识的基本要素,它们之间相互作用与联系,构成学科的知识结构。政治教研组以知识结构教学作为思想政治学科课程实施策略,通过"建构""解构"和"重组"等操作,能有效推进课程实施,落实课程中的高阶认知目标,完成思想政治学科教学从"被动教学"到"自主思辨"的转变。

所谓知识结构教学,就是以掌握学科知识结构为主要目的教学,其关键在于在事实、概念与方法之间建立多重联系的构造。政治教研组还借助思维导图让学生在具体的情境中把握知识的复杂变化,使学生的学习走向辩证思维的自主化、具体化。

运用知识结构的辩证思维训练学习法基本教学策略:

A. 从学科结构、特点、功能与价值的整体出发来设计教学,而不拘泥于具体的知识点

例如,在"国家政权机关"这一知识结构的再现中,不再采取机械的一个个

知识点的默写，而是需要学生用知识结构或者思维导图的方式将我国的"权力机关""行政机关""司法机关"三者的关系构画出来，学生在理解三者的关系之后，自然而然地就能把三者所对应的知识搞清楚了。在考试过程中，他们也不再需要死记硬背，而是通过自己曾经画过（实践表明，自己亲自动脑设计的图形在记忆中再现的正确率和持久性都更高）的知识结构图再现，就能轻松解题。

B. 选择范例用作学习，注重课堂生成，促进学生的思维

通过提供学科核心概念与知识结构，支撑个性化的自主学习，促使认知成果能不断生成。课程的预设与生成之间应该适度，教师少讲，学生多学，才能为学生的研究性学习和辩证思维能力发展留出足够的课时资源。

例如，在《劳动者的就业、择业和创业》一课的课堂教学中，原先教学设计的目标是想通过学生调查、网络搜索、小组合作等教学手段，使同学们了解我国的就业现状、择业的必备要求和自主创业的相关知识。学生如教师预想，非常积极，也做了充分准备。在"了解我国的就业现状"授课中，学生根据查找的资料踊跃分析了我国的就业情况、现在的热门行业，讨论十分热烈，对于自己将来期望的职业跃跃欲试。此时，教师顺势提出了一个敏感的话题——"请问同学们，你们在进入高等学府深造之后毕业找工作，第一份工作的薪酬希望是多少？""3500""4000""6000""10000"……大多数同学认为3000元以上是一定的。在孩子们的想法中，工作似乎是很好找的。但事实上不是如此。所以针对这个问题，教师放弃了原先的教学进程，着重用一些数据和一些就业图片及时地展现在学生面前，在学生们"啊""咦"的一片嘘唏中，直面社会现状，有了一定的危机意识。随即教师话锋一转，引导同学，这样的局面并不可怕，如果能认真地对待现阶段的学习，使自己的能力和综合素质不断提高，那么应对严峻的就业压力就并不困难。

当学生看到就业形势严峻的现状后，自然而然地联想到可以自主创业以代替就业。在这个阶段的授课过程中，让学生以小组形式自主提出问题、探讨问题、解决问题。有一个小组的成员说"想开一家宠物商店"，当其他小组提问时说"你们的占地、先期资金是多少？"，他们的回答是"300 m^2 的市中心占地，2000万元先期资金投入"。"300 m^2 的市中心占地，2000万元先期资金投入"，在生意场上看似正常的一个数据，但从这些孩子嘴里吐出的时候，着实把教师吓了一跳。其实在他们的思维意识中，说不定连300 m^2 是怎样一个概念都未必知道，更别说300 m^2 的市中心占地的月租金了。所以，教师及时地追问了学生300 m^2 和2000万元的概念是从何而

来。他们说，因为父母是做生意的，这些数据都是从他们那里听来的。可见，他们并不理解其中真正的含义。于是，适时地跟同学们一起分析了 300 m² 的市中心占地的价值和 2000 万元资金的"庞大"，使其了解父母赚钱的不易和自己创业的艰辛。同时，又结合创业者必须具备的一系列素质，让学生明白了，就业是辛苦的、创业是艰难的。但是，只要有扎实的功底和踏实的态度，在任何岗位都会创造人生的辉煌。

C. 基于知识的结构联系，借助合作化的学习任务，将有限的教学资源更多地用于"理解""分析""评价""创造"等高阶认知目标的实践体验和完成

举例而言，简单的知识累加，对要参加考试的学生来说，是远远不够的。于是，为了激发学生综合学习的自主思辨能力，教师让学生以小组为单位，进行知识点的前后串联整理，每个小组整理一个不同的知识结构。

如：哲学常识就将其分为辩证唯物论、认识论、唯物辩证法、人生价值观等几个模块，让每组学生分组挑选、整理其中一个结构，然后别组的学生对其他组的知识结构整理进行修改，最后由教师将其完善。这样我们就用了最短的时间，整理出了知识结构图，而且由于学生是自己参与整理的，这样他们的理解也比较深刻、记忆也比较牢固。以"哲学常识认识论"思维结构图为例，我们就经历了以下的一步步清晰过程：

第一小组学生整理如下：

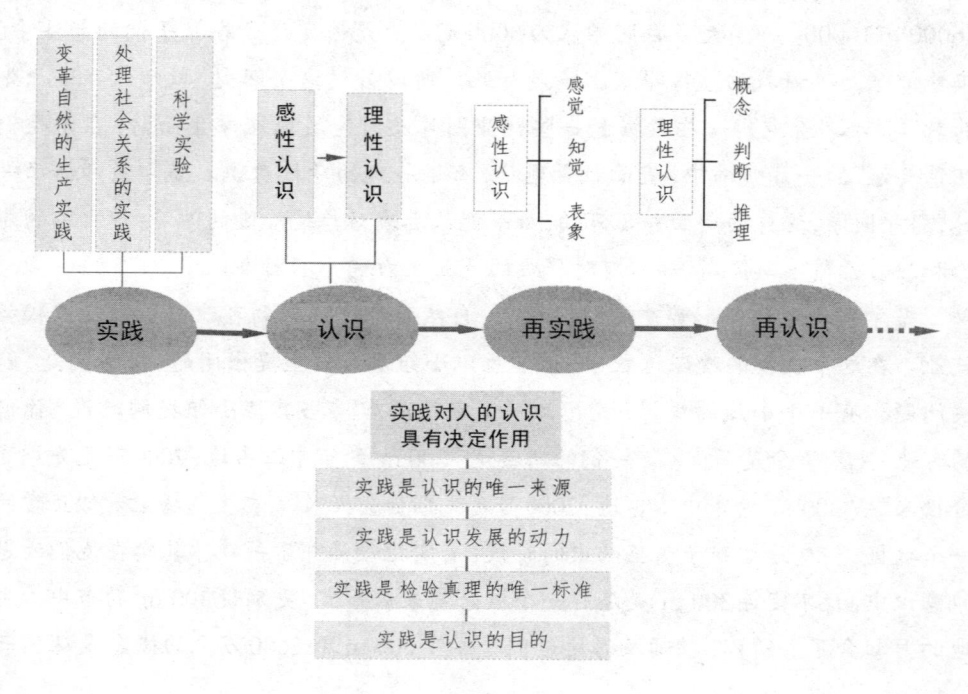

其他小组学生修改。

教师指导下,同学们最终整理如下:

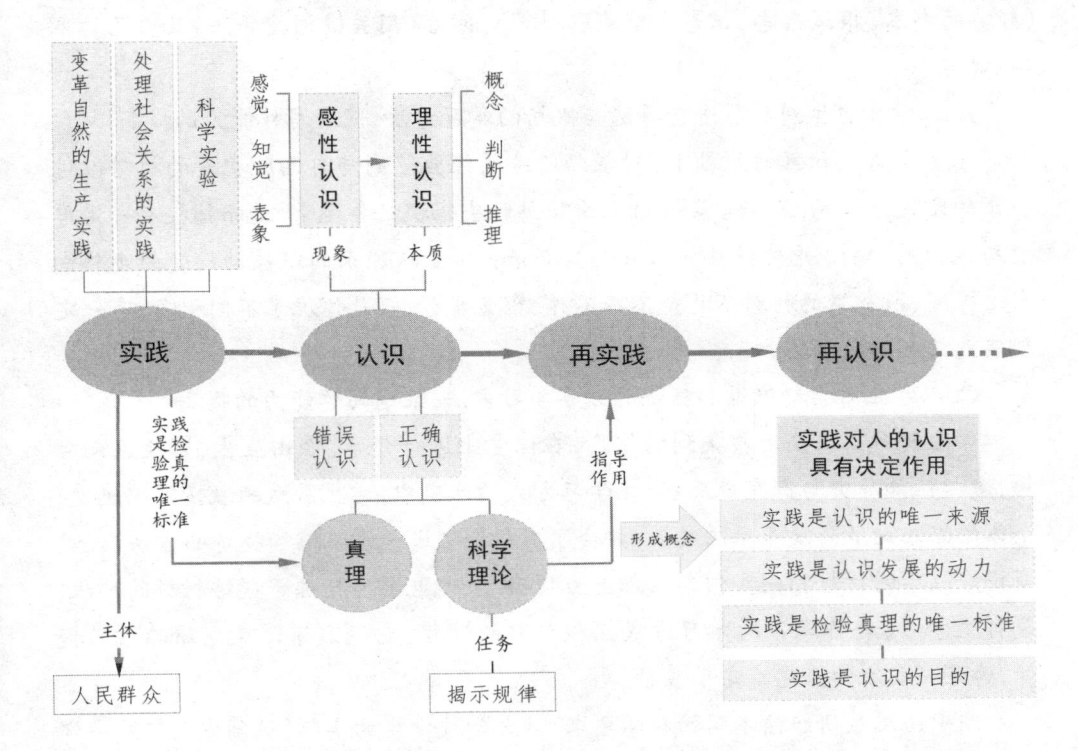

```
                感觉                      概念
变  处  科      知觉   ┌─────┐  ┌─────┐   判断
革  理  学             │ 感性│  │ 理性│   推理
自  社  实      表象   │ 认识│→ │ 认识│
然  会  验             └─────┘  └─────┘
的  关                    现象     本质
生  系
产  的
实  实
践  践

    ┌──────┐     ┌──────┐      ┌──────┐      ┌──────┐
    │ 实践 │ →   │ 认识 │  →   │再实践│  →   │再认识│ ----→
    └──────┘     └──────┘      └──────┘      └──────┘

   实践是                                    实践对人的认识
   检验真                错误   正确  指导   具有决定作用
   理的唯               认识   认识  作用
   一标准                                    实践是认识的唯一来源
                         真    科学  形成概念
                         理    理论           实践是认识发展的动力
    主体                                      
                                任务          实践是检验真理的唯一标准
   人民群众
                              揭示规律        实践是认识的目的
```

在这样一个过程中,学生不仅可以把已经背过的知识点系统地整理成应有的知识理论框架体系,而且能在整理、互动、总结的过程中,完善知识、提升能力,将知识点融会贯通,成为自己得心应手应用知识的内在力量。

(3) 基于写作能力有效提升高中语文自主探究学习法(高中语文学科,作文课)

高中语文的写作历来是学生一个相对薄弱的环节,学生在写作学习的过程中往往会出现不少问题,尤其表现在材料作文上,学生难以参透材料的本质意义,抓不住材料中的关键词,偏题、脱题现象较为严重。行文过程中不少学生不懂得分层清晰地表述观点,或是分层表述时每一层面不会提炼概括性的中心句,议论文写作所必须具备的逻辑力量和思辨性是我们学生的短板。语文教研组为解决上述存在的问题,通过探索实践形成了一套有效的高中语文自主探究学习法,促进了学生写作能力的有效提升。

A. 以学生自主积累材料的学习方法,促进写作能力的提高

自主材料积累的初始阶段,学生先学习和揣摩教师所给出的几个经典的材料

范例,初步领悟高中作文材料积累的基本要求;在此基础上尝试自主地积累材料,经由一个阶段的自主积累体验,逐渐找到了材料积累的主要途径:传统纸质媒介(经典的书本、报纸杂志、试卷上就地取材等)、网络(用关键词搜寻法)及自己的见闻,等等。

B. 以学生自主对材料进行筛选与概括的学习方法,促进写作能力的提高

学生在自主积累的基础上,对教师所给的经典范例与自己所积累的材料做进一步的比较与探究,逐渐学会了独立地用慧眼去审视社会现象,进而捕捉有一定厚度与张力的材料,并对材料加以筛选和概括。学生从原来的以被动接受为主转向自主探究,所积累的材料不再是不痛不痒、审美疲劳,而是体现了不同视角,有一定现实意义和思考意义。

C. 以学生对材料浓缩和提炼的分享学习方法,促进写作能力的提高

学生将独立自主地搜集到的信息,在课堂上进行分享,经由生生、师生互动碰撞,激起认知冲突与探究性反射,在学习方式的改变中,学生潜藏的激情得以迸发,个体的思维向多角度深层次发展,学会了对材料做进一步浓缩和提炼的方法,经过多轮修改后的材料指向和信息点都更为明确,表述也更为精练。提炼材料的过程,是自主学习、合作学习的学习方式互相交融的过程,它促成了学生思维品质的提升,为深一层次的探究奠定了基础。

高中语文教研组按不同的教学要求,结合学校学生的实际,编制完成了有一定借鉴意义的《高中作文材料集锦》六个主题系列。编写的《比乐高中作文材料集锦》在区级层面进行了交流与分享,获得了一致好评。教研组成员相关案例论文有:《高考作文的审题立意指导案例》《高中作文教学培养学生自主探究能力实践的理论基础》《高二第二学期作文教学探究性方法研究》《高中作文教学完善学生学习方式,培养学生自主探究能力的思考》。

附:《高中作文教学完善学生学习方式,培养学生自主探究能力的思考》案例片断:

① 在探究"快节奏中的缺失"这道作文题时,学生甲分享的是这样的思路:

快节奏的生活使我们的身体缺失了健康。

快节奏的生活使我们的心灵缺失了宁静。

学生乙想到的是:

快节奏的生活使我们缺失了欣赏自然之美的情趣。

快节奏的生活使我们缺失了品读文学精品的耐心。

快节奏的生活使我们缺失了聆听优美旋律的雅兴。

学生丙的思路是：

"快"使我们缺失了对父母的关心。

"快"使我们缺失了对他人的热心。

"快"使我们缺失了对自己的关注。

上述三名学生都能分层清晰地表述自己的观点，都有各自内在的逻辑关联，但视角、立意又有各自的局限，经由课堂上的分享探讨，大家兼收并蓄，触类旁通，对同一问题就形成了更为全面和深刻的思考：

首先，快节奏的生活，或者说生活方式的非正常之快，对我们自己而言，首先是缺失了身心的健康。

（花一辈子时间赶时间。身体每况愈下，心灵越来越焦虑浮躁。）

其次，快节奏的生活，还使我们缺失了应有的生活情趣：缺失了欣赏自然之美的情趣；品读文学精品的耐心；聆听优美旋律的雅兴。

（我们感知不到星光的璀璨、月光的神秘，也听不到梦里花开的声音……没有机会精心地闻茶香。龙井在角落无意义地散发淡香，可乐披着闪亮的罐头高高在上……）

最后，对他人而言，快节奏的生活，还使我们缺失了关注、感恩身边人和事的情感。

（熙熙攘攘的地铁，面无表情的人们下了又上。）

我们还有很多缺失，快节奏的生活甚至使我们的心灵缺失了反思的能力——反思我们到底缺失了什么的能力。

结论：现在是寻回我们缺失的时候了。

"自主探究"就是这样一种"多维"互动的过程，在动态发展的交互活动和交互影响的过程中，促成教学信息传递的多渠道局面的出现。

② 再比如关于"骂坛"现象盛行的思考，个体自探时学生的思路难免单一、片面，缺乏层次感，经由课堂上下的合作共探，他们对这个问题形成了相对理性的几点思考：

首先，不可否认，骂，说明当今社会确实还有需要改善的问题存在，人们也需要一些出口来宣泄一下情绪。所谓爱之深，责之切。

其次,"骂坛"现象也从一个侧面反映出当今社会有一个相对宽松、可以各抒己见的氛围。

再次,不能有问题就否定一切,还是要理性看待我们所处的时代,正确看待社会问题,提供正能量。

最后,我们更不能动辄批评外界,却很少反思自己。

(怨天尤人,骂天骂地骂社会,却忘了自己也是这个社会的一分子。我们怎样,这个社会就怎样。创作《珍妮的画像》的意大利著名画家,他的画有一个共同的特点:画中人只有一只眼睛。在画家看来,"人最大的劣根性,就是双眼都用来盯着别人和外界,难以自检"。罗曼·罗兰说,真正的英雄主义是看透了这个世界却依然爱它。泰戈尔说,生活以痛吻我,要我报之以歌。)

这几个层面,学生的思维在向多角度深层次发展,否定中有肯定,肯定中有否定,呈现出相对缜密的思辨性。在互动过程中,学生的思维往往呈现出少有的活跃状态,达到"胸有所积,不吐不快"的理想状态。

事实上生活中的一些问题,尤其是一些"两难"问题,并不单单相对于学生而存在,也是相对于教师而存在的,是师生双方共同面对的。师生共同提出问题,平等地思考探究问题,从不同层面实现思想境界和思维品质的提升,此过程可谓不亦乐乎。

作文教学中完善学生学习方式,激活学生的问题意识,敢于让出时间和空间,给学生个体自探和合作共探以充分的机会,在学习方式的改变中,学生潜藏的激情就会迸发,即使是普通的灵魂也能实现生命的绽放。

重要的是,教师要心甘情愿地走出舞台中央,不要去争抢镜头。别让学生唱了太久别人的歌,忘了自己谱曲的能力。

(4) 基于趣学乐动的艺术自主探究学习法(艺术学科)

音乐教育的目标是以审美为核心,音乐课堂教学中运用"以生为本""静学乐动"的教学理念与方法,通过创设各种音乐活动,让学生在丰富的、生动的、具体的音乐活动中,通过主动体验、探究、合作、综合等方式来完成审美过程。

艺术组在"静学乐动"教学方式,通过音乐课堂教学,培养学生主动地去体验音乐、参与音乐,从而通过自主探究的方式去表现音乐、创造音乐,感受音乐之美。

A. 动静相济,多样教学,引导学生快乐学习音乐教育以审美为核心,让学生在体验音乐、感知音乐过程中学习音乐,用多彩的音乐唤起学生的审美体验,引导学生步入五彩缤纷的音乐世界是音乐教育的最高目标。在音乐课堂教学过程中,每次的备课,教师以学生为中心,以调动他们的积极性,激发他们的灵感为目标,希望学生在优美流畅的演唱和聆听音乐的过程中,体验到旋律的起伏、节奏的张弛、力度的强弱、音色的变化、结构的布局等,感受到音乐所抒发的美好情感,从音乐的形式与内涵的完美结合中领悟到音乐中所蕴含的思想、艺术和美。

比如在普罗科夫耶夫《彼得与狼》这个作品欣赏课上,教师将整个作品分成了好几个单元,每一个单元就讲一个知识点,以免超出学生的接受能力,而使其一无所得。比如在"认识打击乐器"这节课中,教师改变了以往过于注重知识传授的倾向的教学方法,强调形成学生的兴趣和经验,倡导学生主动参与、乐于探究、勤于动手,提高学生主动获取新知识的能力,分析和解决问题的能力,交流与合作的能力。这节音乐课首先请同学们边动手敲、边动耳听、边动脑想,看看自己手中的打击乐器都能发出哪些不同的声音。同学们在教师的引导下,开动脑筋,用各种办法去尝试、去分析、去记忆那些声音,然后教师引导学生根据乐器发声的特点进行分类,同学们在轻松的氛围中,有序地尝试与想象,根据声音和乐器制作的材质分好了类别,教师引导着学生为分好类别的乐器起了名字:木质类、皮革类、金属类等。最后在教师和同学的设计分配下,同学们愉快兴奋地奏起手中的打击乐器为《彼得与狼》中的一段"捕狼"片段创造打击乐伴奏,最后学生通过小组合作,整个课堂气氛活跃了起来,学生不但了解了静态型"打击乐"器乐的概念,还动态体会了一把打击乐创造的乐趣。

音乐教学中的愉悦性可以构成一种审美的本质力量,恰恰是音乐教学的这种愉悦性,使学生在轻松的课堂氛围中放松自己的心灵,自始至终充满着激情,保持着愉快的心情参与教学活动,从而激发学生的学习兴趣。这种以学生为主的自主学习方式,不但使知识掌握得更牢固,还使学生充分获得音乐审美的体验,并享受了成功的欢愉。

B. 融合生活,真情投入,使学习充满生命力

音乐离不开生活,生活是学生学习探索的巨大源泉。"引生活于音乐,融音乐于生活",能更好地让音乐课堂充满活力,以至提高学生音乐素质,最终达到育人的目的。音乐与生活的密切联系,每个人都有很深的体会。音乐课程应以学生

的生活经验为线索来组织学生的音乐学习,引导学生发现身边的音乐,把自己的生活经验和音乐经验相联系,并尝试用自己喜爱的音乐方式表达出自己的体验和感受。

例如在综合创作课"音乐在我身边"课堂教学中,教师请同学们利用课余时间去搜集日常生活与音乐有关的音像资料和图片资料,让同学们在课堂踊跃地展示和体会"音乐在我身边"这一主题。学生带来了五花八门的材料,有闹钟的音乐录音、有音乐会的海报,等等。这一活动真正发挥了学生的主动积极性,真正使学生广泛参与、体验、感受各种生活中的音乐,进而引发学生学习音乐的兴趣,获得感受、鉴赏和创造美的能力,从而发展自我的个性,珍视生活、热爱生活。在表演和创作环节,教师引导学生创编了以校园和日常生活为内容的音乐小品,再配上自己喜爱的、自己认为合适的音乐,有滋有味地进行表演。通过亲身的体验,丰富的想象,具体的音乐实践活动,同学们感受到了音乐的巨大魅力。

音乐是情感的艺术,因发于心,故能动心。在音乐课堂中,牢牢把握情感这条主线,以学生的情感体验为重点,不断丰富学生的情感体验,提升学生的情感强度,使人的情绪、情感同音乐情绪、情感和谐的沟通与交流,达到那种摄人心魄、强烈震撼的艺术效果与境界。音乐新课程改革重视音乐感受和情感体验,把它看作整个音乐学习活动的基础。音乐是听赏的艺术,更是情感的艺术,只有从感受入手,通过对音乐的情感体验,才能达到音乐教育"以美感人,以美育人"的目的。

在"迷人的晨曲"这节欣赏课中,教师注重让学生去聆听音乐,通过聆听的方式让学生体验和感受音乐。如导入新课时,教师播放《苗岭的早晨》引子部分,要求学生仔细聆听音乐,回答感受到什么。学生从音乐的旋律、小提琴的模拟性演奏的音色中,仿佛听到小鸟的歌声、闻到清新的空气、看到晨曦中的太阳等,这些都是聆听的过程中感受到的,是体验音乐后获得的美感。在欣赏格里格作曲的《培尔·金特》组曲《朝景》时,让学生聆听音乐并通过音色、速度、力度、旋律等音乐要素分析音乐如何表现海上冉冉升起的旭日。学生非常投入地去聆听和想象音乐所描绘的意境,被音乐所表达的情感感染。音乐是用耳朵去聆听、用心灵去感受的艺术,当学生陶醉在优美迷人的纯音乐中,他们的体验和感受是深刻的,是净化的,他们的情感体验是升华的,是美好的……

C. 创设平台，自主创新，拓展学生个性张扬的空间

在学生的心灵深处，都希望自己是一个发现者、研究者、探索者，在中学生的精神世界里，这种需要也很强烈。我校每年都会举行大型艺术节活动，从一开始的教师作为主导者，到现在无论是艺术节的策划、编排、删选到最后成为一场大型演出，学生全程参与，并在中间的比重越来越大。他们在参与编排节目时，勇于展示自身的艺术才华和组织能力，他们往往对自己策划的节目有着很强烈的积极性，他们乐于去证明自己和展示自己的特长，学生们在轻松快乐的氛围中，你追我赶地主动参与，既学会了自主探究的方法，又体验了创新展示的愉悦。

学生的快乐创编是无止境的，是一个长期的循序渐进的过程，教师要面向全体学生，随时激发学生的创造潜能，鼓励学生按着自己的设想去探索和创造，揭开音乐创编的神秘面纱，不断丰富学生的艺术想象力，培养他们的形象思维和创新意识，让他们张开自主创新的双翅，在无限广阔的音乐天地之间自由自在地飞翔。

三、"学习训练个性化"项目研究——学科训练系统的开发

1. 对学科作业基本现状分析

追求新课程理念指导下的有效教学，是课改重要的价值取向之一，在教学过程中，学生的作业问题，长期以来是课改关注的焦点。随着新课程实施推进，与新课程配套的作业练习，尚无法做到满足不同层次学生发展的需要。为此，加强对学科作业系统的研究与建构显得尤为重要，着力研究作业的有效性问题，让作业走出"低效"的泥沼，切实减轻学生的课业负担，更好地促进学生的发展，有一定的现实意义。

（1）作业的意义与现状的思考

作业是教学过程不可缺少的重要组成部分。它是教学各个环节的连接核心，是课堂教学的延伸和补充，是对课堂教学要求目标是否完成的评价。

作业是学生最基本的学习活动，是促进学生知识、能力、情感全面发展的载体。作业对教师而言，是了解与反馈教学目标完成效果的重要途径，同时又是改进课堂教学与跟进个性辅导的重要参考依据。由此可见，作业是连接"教"与"学"的重要桥梁，缺失作业环节就等于拦腰切断了教学的连贯过程，这样教学质量将无法得

到保证。

当前，由于学校面临着中高考的升学压力，我们有些教师往往会借用社会上的各种教辅材料，通过单纯地增加作业的数量，来提高学生的学习成绩，这样做产生的结果：一是作业布置具有较大的随意性。二是作业与教学目标有时会不一致，作业训练缺乏针对性。三是教师过度依赖教辅材料，导致教师对试题研究意识的淡化和命题能力弱化。效度低下的作业，切断了教学的连贯过程，使教学反馈与辅导跟进缺少有效衔接，制约了教学质量的提高。低效的教辅材料泛用，也是当前学生学业负担过重的直接原因之一。造成现在作业环节这种现状的原因，主要是对作业环节的重要性缺乏深入的系统思考，有些教师宁可在批改作业上花费大量的精力，也不愿在作业的源头"作业设计"上投入事半功倍的精力。

（2）校本学科训练系统认识与开发

学校为进一步加强国家课程的建设，把"学习训练个性化"项目研究作为重点，要建立新型作业，必须以新课程的视角对作业功能进行重新审视，我们认为，新型学科作业的功能主要是"夯实基础，发展素养，增强学力，改进教学"，并将学科作业视为学生学习的一个子系统，称为"学科训练系统"，拓展学科作业功能，集知识点拨、方法指导、学习训练、自我检测等为一体。

学科训练系统就学生而言，通过高效的学科训练活动，可以进一步拓宽学生的学习渠道，完善学习方式，帮助学生更好地理解知识、掌握技能和提高能力，形成积极进取的态度，以及良好的行为习惯和思维品质，在不加重课业负担的前提下，完成学业目标。

学科训练系统就教师而言，从高效的学习训练中反馈教学信息，准确了解教学效果，改进教学策略，形成一种"遵循认知规律，注重能力培养，提高训练效度，实现目标"的良好作业运作生态环境。

围绕学科作业设计，学校开展了三方面的实践研究：

- 建立各学科作业的基本规范要求；
- 开展与作业相关课型的主题实践研究；
- 建设个性化的校本学科作业，这种经过系统规划与研究后编写出来的学科作业，我们称之为"学科训练系统"。

围绕"学习训练系统"的建设，我们经历如下的实施过程：通过统筹规划、目标定位、制订方案、操作实施、评价反馈和经费保障等过程,完成了初高中各年级,共计42个学科训练系统开发。

2. 学科训练系统的优化设计

木桶原理、金刚石结构理论启示我们,学科训练系统必须统筹兼顾,要有科学的结构和优化的设计。为此,在制订各门学科训练系统设计方案时,我们提出了"四个关注"的指导思想,即关注学生学业基础扎实的提高、关注学生科学学习方法的形成、关注学生学科核心素养的形成和关注学生各种学力协调的发展。

在操作实施过程中,提出了基于课程目标的优化设计的策略:

(1)基于教学目标的完成,使学习训练系统更具针对性,促进学生基础性学力的发展。

教学目标是学科训练系统设计的出发点与归宿点,是学科训练系统设计的核心和灵魂,不同的教学内容、不同教学课型、不同的教学阶段都有不同的教学目标,我们以教学目标为依据,先制定训练目标,再对习题进行重新设计与组合,编写出相应的学科训练系统,这样的学科训练系统,其训练目标与教学目标是对应的,有很强的针对性,其训练的效度和目标完成度大大提高,有利于学生基础性的知识和技能获得,促进基础性学力的发展。

(2)基于学生的个性差异,使学科训练系统更具选择性,促进学生发展性学力的发展。

学科训练系统的设计充分关注学生的个性差异,重视学生之间在个人需求、能力倾向、认知表现等方面存在的差别,在统一基本要求的基础上提供学生自主选择的余地,以适应不同学生的兴趣爱好和能力发展水平,满足学生个性发展的需要。因此,学科训练系统在设计时,可将习题分为基础题和拓展题,或者分为必做题和选做题,基础题或必做题面向全体学生,在指定的时间内完成,拓展题或选做题由学生自主决定是否选做、自主决定选做作业的数量和完成时间,这样使学生能获得更多发展性的知识,促进学生发展性学力的发展。

(3)基于综合能力的提升,使学科训练系统更具多样性,促进学生创造性学力的发展。

学科训练系统在设计时必须关注学生的综合能力的提升,要提高学生的综合能力,可以采取多样的训练方式和训练内容来实现,在训练方式上,把知识构建、技能掌握的基础性训练和问题解决、过程体验的发展性训练结合起来；把理性思维的书面表达的训练与操作、考察、动手"做"、口头"说"的训练结合起来；把个体研习与群体合作结合起来。在训练内容上，更新知识技能性训练内容，充实开放实践性训练内容，引进质疑评价型训练内容。这样有利于学生问题性知识的获得，从而逐渐形成一定的创新实践能力，使学生创造性学力得到一定的发展。

3. 学科训练系统的规划与实践

在学校对学科训练系统建设的整体部署和统一规划的基础上，我校各教研组针对各自学科的特点，对学科训练系统进行了具有个性化的实践研究，例如：物理组根据基于课程目标的学科训练系统设计思想，制定了学科训练系统训练目标要求、文本内容要求和习题选题要求的框架。其基本的结构与内容是：

学习训练的目标——遵循《高中物理课程标准》中的学业质量水平2级（合格考要求）与学业质量水平4级（高考要求）设定的学习目标。

知识结构内容呈现——重点能呈现出物理学科的"知识框架结构"，同时关注物理知识的"细化训练内容"的呈现。既关注"整体"又重视"细节"。

学习板块——由两部分组成，"学习指导板块"通过知识点拨、方法指导和实践示例为学生提供全方位的学习指导。"学习训练板块"根据学生学习的阶段过程，设置新课训练、复习训练和检测评价三个学习维度的训练题。

学习训练组合——针对上述学习维度的训练题，根据它们训练的特性而制定不同的训练题形式的组合，例如：新课训练强调个性分层，设置基础训练类（共同要求习题）与能力提高（个性要求习题），以此满足不同学习水平的学生需求，充分体现学科训练系统的选择性。

通过上述对学科训练系统的精心设计，从中充分体现了学科训练系统的三个优化设计策略，即针对性、选择性和多样性。

以下是物理学科训练系统的结构框架：

通过学科训练系统的建设与研究，我们感受到其具有的现实意义和研究价值。

从学校管理层面来看，学科训练系统的建设，是促进有效教学和提高教学质量的有效途径，是提升学校课程团队课程领导能力的重要实践载体，更重要的是把"减负增效"真正地落到了实处。

从教研组建设的层面来看，学科训练系统的建设，就其研究的内容，是促进学

学科训练系统框架图

学习训练目标	学业质量水平2级（合格考要求） ／ 学业质量水平4级（高考要求）
知识结构内容呈现	"知识框架结构"呈现 ／ "细化训练内容"呈现
学习指导板块	知识点拨板块 ／ 方法指导板块 ／ 实践示例板块
学习训练板块	新课训练板块 ／ 复习训练板块 ／ 检测评价板块（平时训练量控制在45分钟内）
学习训练组合	基础训练类（共同要求）／能力提高类（个性要求）／知识博览类（选学内容）；单元学习、专题学习、期中复习、期末复习（共同要求）、假期学习（共同+个性）；随堂检测评价、单元检测评价、专题检测评价（共同要求）
	面向全体学生 ／ 满足个性需求；教学内容 章/节；教学阶段 平时/期中/期末；教学课型 新授/复习/实验；教学单元 主题/专题；训练方式：知识构建、技能掌握、过程体验、问题解决
训练系统设计原则	凸显 选择性 → 促进 发展性学力的提高 ／ 提高 针对性 → 促进 基础性学力的加强 ／ 加强 多样性 → 促进 创新性学力的发展

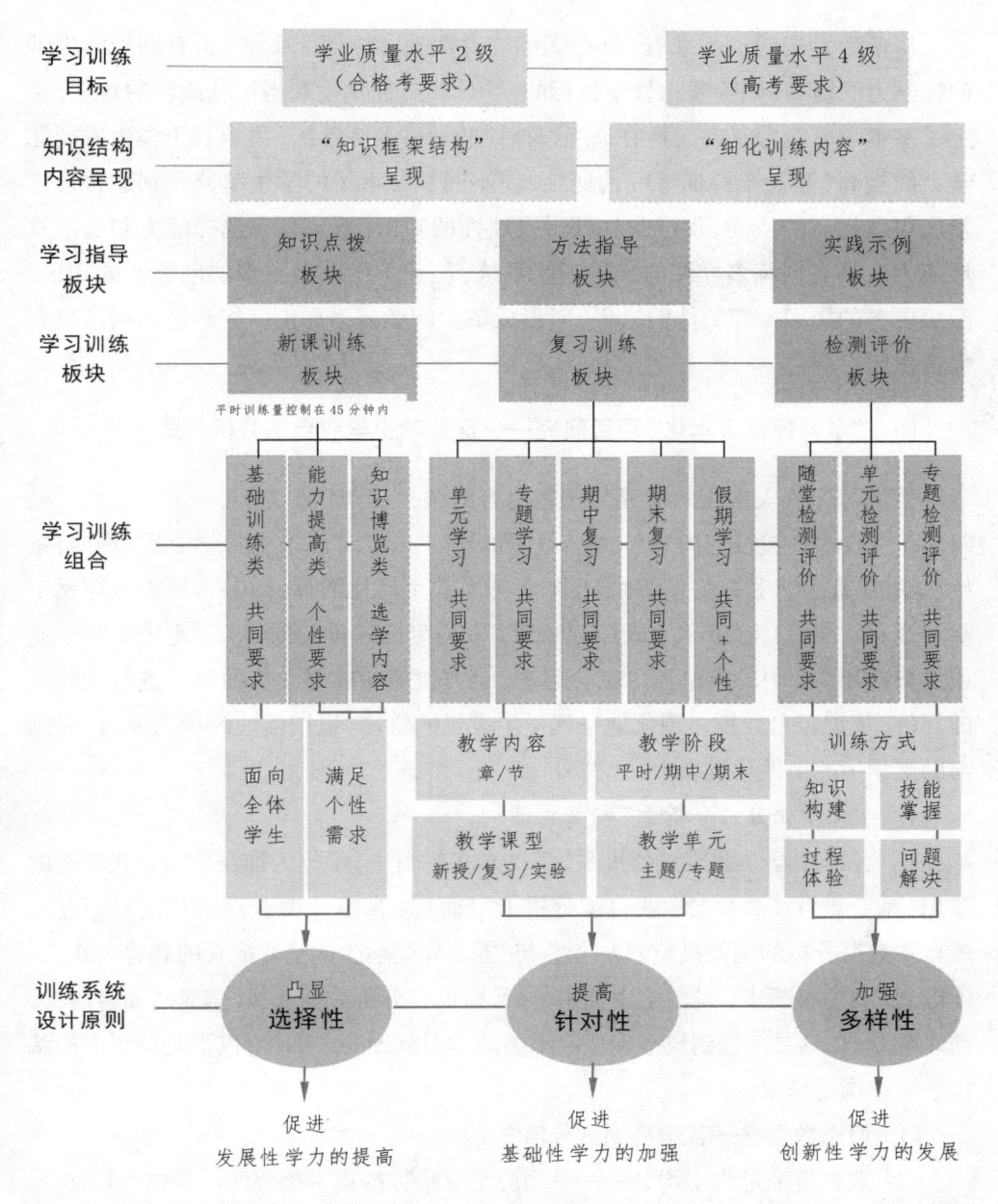

科建设重要组成部分，就其研究的过程而言，它又是开展有效教研的"有效载体"。

从教师发展的层面来看，学科训练系统的建设，就其本质是教师最日常的教学工作之一，是教师完全能够驾驭和演绎的对象，通过持之以恒的深入研究，能促使教师的专业能力明显提升。

从学生发展的层面来看，具有训练针对性的学科训练系统，更有利于学生基础性学力的提高，因为紧扣教学目标的学习训练，使学生获得了基础性的知识，奠定了基本学习能力基础。具有训练选择性的学科训练系统，更有利于学生发展性学力的提高，因为学科训练的选择性，使不同学习水平的学生都能找到适合自己发展得以提高的空间，促进学生获得发展性的知识，形成自我选择能力和自主发展能力。具有训练多样性的学科训练系统，能让学生获得更多的问题性的知识，经历更多的知识探究的体验过程，对形成解决问题能力和创新实践能力提高具有促进作用。

四、"学习评价人本化"项目研究——探索学生学业自主分析方式

就学习评价人本化的研究与实施内容的选择，学校是以《上海市学生成长记录册》中的评价项目与内容作为学习评价导向，结合"比乐中学学业质量分析系统"，充分关注学生的差异，对学生的学习实施个性化的评价，并将评价贯穿整个学习过程。将《上海市学生成长记录册》中的定性评价的项目与"比乐中学学业质量分析系统"中的定量评价结合起来，全方位多角度对学生的学习进行个性化的评价，依据定量数据可视化地呈现学生成长的轨迹，以增值性评价为导向，激励与助推学生的个性化发展。

1. "学生学业自主分析卡"的数据结构

在"比乐中学学业质量分析系统"的众多栏目中，学校为加强学生自我管理的意识，精心设计了"学生学业自主分析卡"（简称：自主分析卡），由学生对学业成绩自主数据分析的图像描绘，以"数"与"形"勾勒学生的学业成长的趋势与状态，考虑到"自主分析卡"是由学生自主分析，所以其分析数据选择，应简洁和通俗，无须非常专业，只要能达到较准确反映学生的学习状况要求即可，以下是分析卡的基本数据结构与呈现：

（1）原态数据——各学科测试分值

（2）数据特征量为平均分——平均分是反映数据集中趋势的定量描述特征量

（3）数据转换特征量

- 学科排位——是该学科分值在年级范围内由高到低的序次。
- 总分排位——是总分值在年级范围内由高到低的序次。
- 相对百分差——是借用实验测量中的相对误差的定义，用于体现学科分值

高于或低于均值的百分比值。利用"相对百分差"可以实现将各次考试数据放在一起比较。

- 相对百分差定义：A=(某分数−均分)/均分

    如果A是+5%，表示该分数高于均分5%；

    如果A是0%，表示该分数位于均分位置；

    如果A是−2.%，表示该分数低于均分2%。

（4）"自主分析卡"的数据呈现方式

　　特征图线——折线图像呈现

　　统计数据——表格分析呈现

　　分析说明——文字表述呈现

2. "学生学业自主分析卡"的呈现样态

下图是"学生学业自主分析卡"数据记录与增值性图线分析。

第一层，是每次考试"年级位次图线"——用来跟踪定位学业总体水平与反映增值情况。

第二层，是每次考试"语数外考试成绩"的跟踪图线，判断学生每一门学习水平与增值状态。

第三层，是每次考试成绩与相对百分差的表格数据记录。

第四层表格数据末位几层，分别是自我简评、教师建议、解决方案、总结性分析、高考志愿定位分析等文字表述评价。

"学生学业自主分析卡"通过图线、数据与文字等多样方式，让学生实施自我评价。

3. "学生学业自主分析卡"作用与意义

"自主分析卡"的意义与作用在于，它是体现学校"自主发展"的重要环节与载体。学校通过"自主分析卡"来提高学生的自主管理的意识和能力，通过"自主

学生学业自主分析卡

素养为核　学力为钵　课程为途

比乐中学XXXX届学生学习成绩自主分析

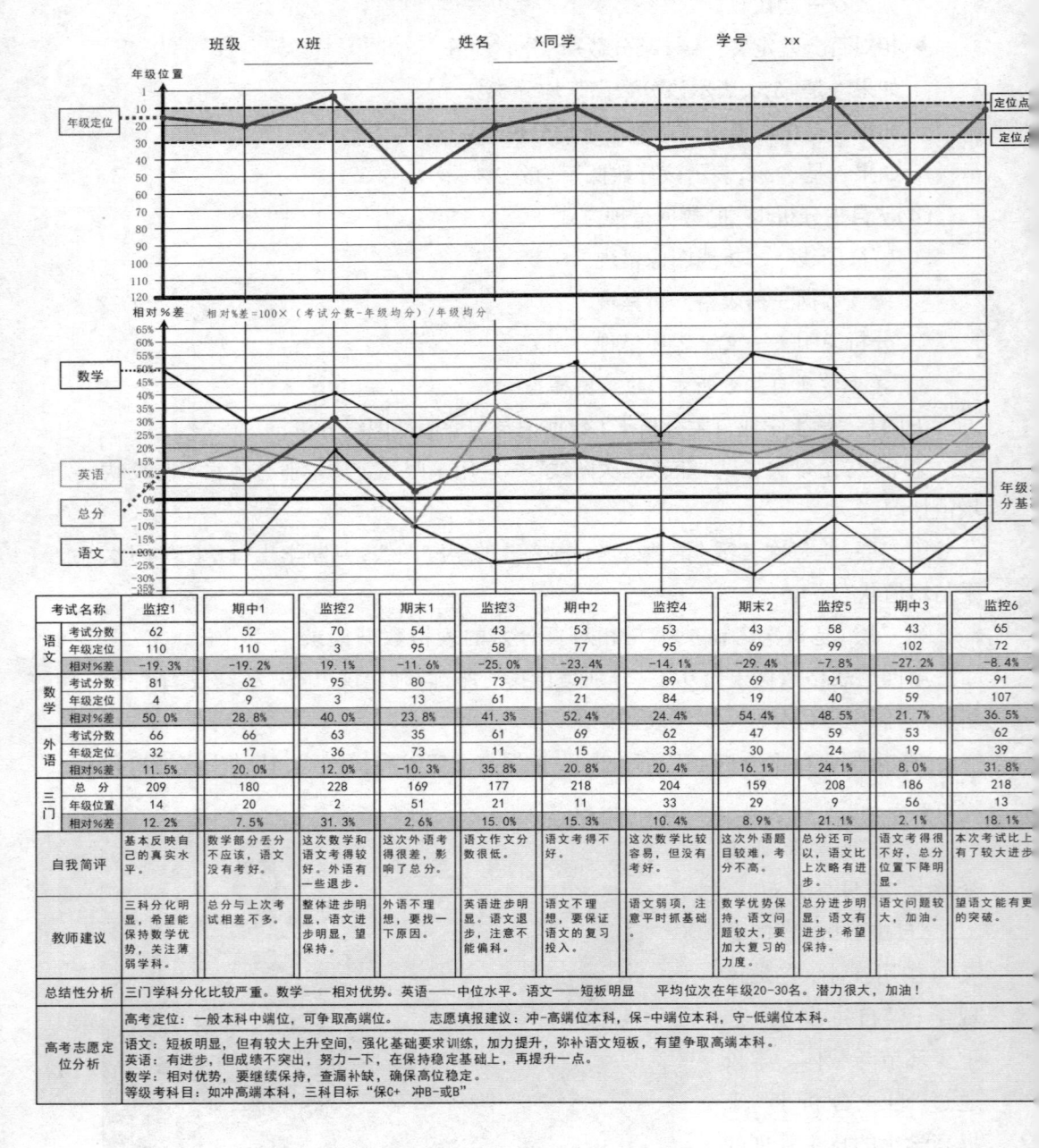

班级 ___X班___　　姓名 ___X同学___　　学号 ___xx___

考试名称		监控1	期中1	监控2	期末1	监控3	期中2	监控4	期末2	监控5	期中3	监控6
语文	考试分数	62	52	70	54	43	53	53	43	58	43	65
	年级定位	110	110	3	95	58	77	95	69	99	102	72
	相对%差	-19.3%	-19.2%	19.1%	-11.6%	-25.0%	-23.4%	-14.1%	-29.4%	-7.8%	-27.2%	-8.4%
数学	考试分数	81	62	95	80	73	97	89	69	91	90	91
	年级定位	4	9	3	13	61	21	84	19	40	59	107
	相对%差	50.0%	28.8%	40.0%	23.8%	41.3%	52.4%	24.4%	54.4%	48.5%	21.7%	36.5%
外语	考试分数	66	66	63	35	61	69	62	47	59	53	62
	年级定位	32	17	36	73	11	15	33	30	24	19	39
	相对%差	11.5%	20.0%	12.0%	-10.3%	35.8%	20.8%	20.4%	16.1%	24.1%	8.0%	31.8%
三门	总分	209	180	228	169	177	218	204	159	208	186	218
	年级位置	14	20	2	51	21	11	33	29	9	56	13
	相对%差	12.2%	7.5%	31.3%	2.6%	15.0%	15.3%	10.4%	8.9%	21.1%	2.1%	18.1%
自我简评		基本反映自己的真实水平。	数学部分丢分不应该，语文没有考好。	这次数学和语文考得较好。外语有一些退步。	这次外语考得很差，影响了总分。	语文作文分数很低。	语文不理想，要找一下原因。	这次数学比较容易，但没有考好。	语文考得不好。	这次数学题目较难，考分不高。	总分还可以，语文比上次略有进步。	语文考得很不好，总分位置下降明显。
教师建议		三科分化明显，希望能保持数学优势，关注薄弱学科。	总分与上次考试相差不多。	整体进步明显，语文进步明显，望保持。	外语不理想，要找一下原因。	英语进步明显，语文退步明显，不能偏科。	语文弱项，注意平时抓基础投入。	数学优势保持，语文问题较大，要加大复习的力度。	总分进步明显，语文有进步，希望保持。	语文问题较大，加油。	望语文能有更大的突破。
总结性分析		三门学科分化比较严重。数学——相对优势。英语——中位水平。语文——短板明显　　平均位次在年级20-30名。潜力很大，加油！
高考志愿定位分析		高考定位：一般本科中端位，可争取高端位。　　　　志愿填报建议：冲-高端位本科，保-中端位本科，守-低端位本科。 语文：短板明显，但有较大上升空间，强化基础要求训练，加力提升，弥补语文短板，有望考取高端本科。 英语：有进步，但成绩不突出，努力一下，在保持稳定基础上，再提升一点。 数学：相对优势，要继续保持，查漏补缺，确保高位稳定。 等级考科目：如冲高端本科，三科目标"保C+ 冲B-或B"

分析卡"的有效数据，实现学生学业水平有效的增值性评价，从而激励学生学业水平的稳步提升。

其主要的意义与作用可以体现在以下这几方面：

对学生而言，"自主分析卡"是自我认识、自主分析和自主管理的重要载体。学生通过自主绘制"自主分析卡"上数据的图线，对呈现出的图线形态，能直观地自我诊断，从而收获促进自主发展的方向与动力。

对班主任而言，"自主分析卡"是班级学业质量的管理帮手。班主任通过"自主分析卡"可以全面精准地掌握每一个学生的学习水平状态、趋势、优势与缺陷情况，为制订学生个性化的成长方案提供了可靠依据。

对家长而言，"自主分析卡"是全程和整体了解和判断孩子学业状况的窗口。家长对孩子的学习水平与发展趋势，很多时候是依赖班主任和任课教师提供的信息，而班主任和任课教师提供的信息以碎片化的居多，家长无法准确全面地掌握孩子的学习状况，而"自主分析卡"为家长展示出了一张孩子学习状况的"全景图像"，无须教师太多的解释与说明，家长自己就可以解读出孩子学习状况的信息。

对任课教师而言，"自主分析卡"是整体了解学生各学科水平和引导个性化辅导的有效工具。任课教师对学生学习水平的认识大都只停留于本学科的层面，而且很多时候会用本学科的学习水平来判断学生整体的学习水平，从而造成误判，这种误判会影响教师个性化辅导效度。而"自主分析卡"为任课教师准确全面了解学生各学科学习水平，提供了一个简捷有效的工具，特别在升学考试的"总分效应"模式下，准确全面掌握学生各学科学习水平，有利于对学生的升学定位，同时可以准确地发现学生的"短板学科"，提升任课教师精准个性化辅导的效度。

总之"自主分析卡"是基于人本化的理念而设计的，在设计应用中，对学生在国家课程的学习评价中起到了积极有效的作用，这也是我们"学习评价人本化"项目推进的初衷与归宿。

第四节　校本课程的实施与范例

依据新课程的课程结构，校本课程属于选修课程，是国家课程必修与选择性必修核心课程的拓展与延伸，同时也是学校特色发展的重要载体，校本选修课程涉及的学习领域与范围较为宽泛，这也在课程内容选择上给予了更大的自由度。

一、校本课程管理遵循基本原则

1. 课程定位的统整性

价值定位上，围绕"比优乐学，自主发展"的办学特色，以提高学生学科核心素养为价值取向。在课程定位上，以学力协调发展为指向进行规划设计，着力体现必修与选择性必修国家课程的拓展与延伸的课程特点。

2. 课程设置的合理性

在课程设置上，充分考虑初高中学段，用组合课程形式进行合理课程配置。

3. 课程选择的自主性

利用校园网平台指导学生了解课程和选择课程，采用问卷调查和学生访谈等多种渠道了解学生对课程的需求。

4. 课程设计的规范性

校本课程开发遵循一课一纲要原则，即每一门校本课程都必须有其课程纲要，课程纲要应包含如下要素：课程名称、课程类型、学习领域、授课年级、课程简介、课程目标、内容目录、实施要求和评价方式等。

5. 课程管理的过程性

明确校本课程的基本实施流程，严格遵循每一环节实施要求，提高校本课程的实施质量。

6. 课程资源的整合性

积极调动各方课程资源建设校本课程，如：市区成熟课程资源、区共享资源、项目资源、学生资源、教师资源、家长社区资源等，丰富校本课程。

7. 课程评价的有效性

通过制定校本课程的教学评价标准，积极引导，激励教师完善课程和改进教学，提高校本课程的质量。

二、校本课程开发实行统一程序

校本课程的开发是在各教研组完成学科课程群规划的基础上操作实施，学科

课程群"课程纲要"由课程开发的教师撰写,教师依据"课程纲要"向课程教学部提出申请,下面是校本课程开发程序图:

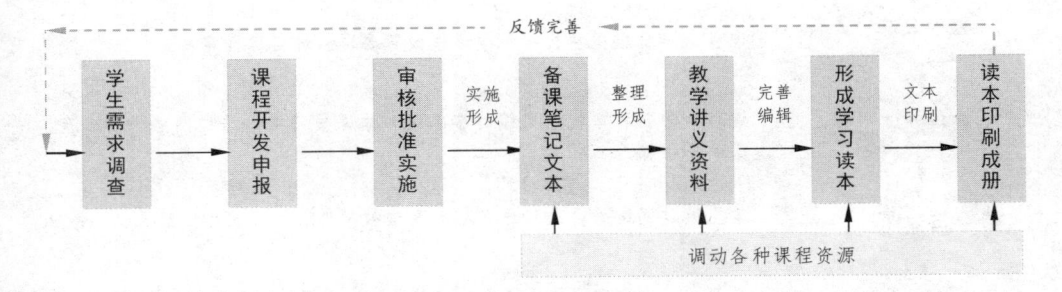

```
学生需求调查 → 课程开发申报 → 审核批准实施 →实施形成→ 备课笔记文本 →整理形成→ 教学讲义资料 →完善编辑→ 形成学习读本 →文本印刷→ 读本印刷成册
                                        ↑反馈完善↑
                              调动各种课程资源
```

三、校本课程实施遵循规范流程

针对校本课程的开发与实施,课题组与课程教学部共同制定了规范的课程实施流程与操作过程细化要求,见下页校本课程实施流程图。

四、校本课程设置采用多样组合

依据学生与教师问卷调查的反馈结果,从学力协调发展的角度,对课程群课程进行了合理配置,使学生能接触与了解更多的各学习领域的知识,满足学生的个性需求。其中,我们对"课程形式"进行了探索,在保证总课时数不变的前提下,采用组合式方式实施,具体做法如下:

国家课程的学科科目其课时数配置严格按照学科课程标准的要求进行设置。校本课程的课程设置,依据学校的实际,由学校自主设置,我们校本课程的课程设置,采用"组合式"课程设置方式:

1."组合式"课程设置的特点

根据年级的特点与对应课程特点,高中课时数为每周2~4节,初中课时数为每周2~4节。

根据课程内容数量与课程目标要求,采用长课程、短课程和微课程的"组合式课程"配置:

长课程8~18课时,适用于课程学习内容容量比较大的课程。

短课程4~8课时,适用于课程学习内容短小精悍的课程。

微课程2~4课时,适用于学科知识小专题。

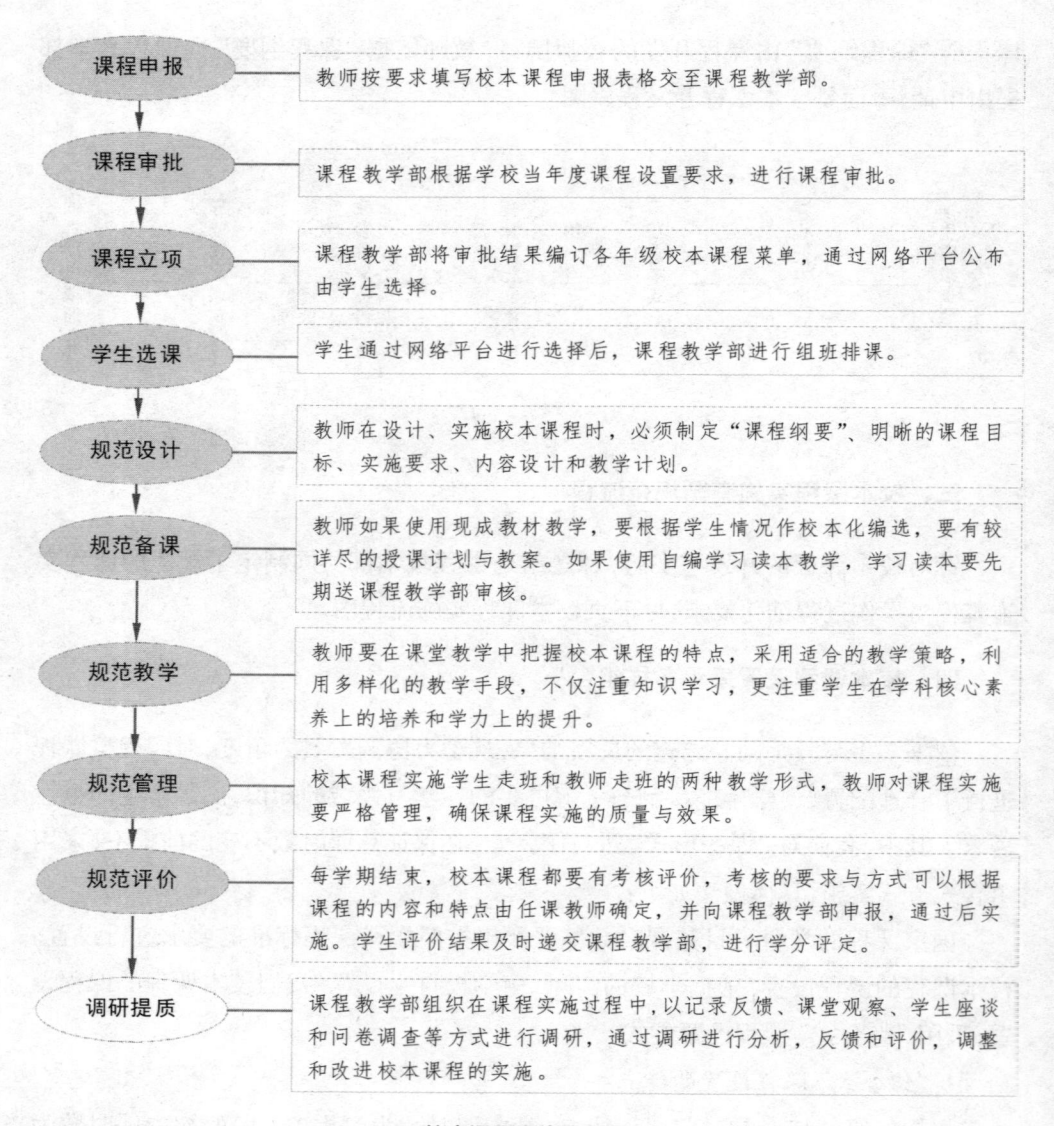

课程申报	教师按要求填写校本课程申报表格交至课程教学部。
课程审批	课程教学部根据学校当年度课程设置要求，进行课程审批。
课程立项	课程教学部将审批结果编订各年级校本课程菜单，通过网络平台公布由学生选择。
学生选课	学生通过网络平台进行选择后，课程教学部进行组班排课。
规范设计	教师在设计、实施校本课程时，必须制定"课程纲要"、明晰的课程目标、实施要求、内容设计和教学计划。
规范备课	教师如果使用现成教材教学，要根据学生情况作校本化编选，要有较详尽的授课计划与教案。如果使用自编学习读本教学，学习读本要先期送课程教学部审核。
规范教学	教师要在课堂教学中把握校本课程的特点，采用适合的教学策略，利用多样化的教学手段，不仅注重知识学习，更注重学生在学科核心素养上的培养和学力上的提升。
规范管理	校本课程实施学生走班和教师走班的两种教学形式，教师对课程实施要严格管理，确保课程实施的质量与效果。
规范评价	每学期结束，校本课程都要有考核评价，考核的要求与方式可以根据课程的内容和特点由任课教师确定，并向课程教学部申报，通过后实施。学生评价结果及时递交课程教学部，进行学分评定。
调研提质	课程教学部组织在课程实施过程中，以记录反馈、课堂观察、学生座谈和问卷调查等方式进行调研，通过调研进行分析，反馈和评价，调整和改进校本课程的实施。

校本课程实施流程图

2."组合式"课程设置的优点

从实施情况反馈来看，"组合式"课程收到了较好的效果，这是因为它具有以下优点：

"组合式"课程中的"短课程""微课程"课时相对比较短，可以解决校本课程门类多和课时不够的突出难题，采用"组合式"课程的形式，学生可以在有限的时间内,学习更广泛的课程内容,经历更多的学习体验,"组合式课程"为学生学力协调发展提供了相对充足的时间与空间。

"组合式"课程有利于提高"课程群"课程的效益。教师可以根据自己课程情况,选择适合课程类型,避免出现因课程课时与课程内容不配套,教师不得已拼凑或删减课程内容的现象。同时"组合式"课程给予了教师更多课程开发的自由空间,短小精悍的课程,可以进一步降低教师课程自主开发的难度,同时更容易凸显课程内容的精华,提升课程品质。

"组合式"课程有利于加强"课程群"课程内容的广度与深度,促进学力的协调发展。"长课程"相对课时长,内容丰富,更有利于挖掘知识的深度。"短课程""微课程"课时短门类多,更有利于拓展知识的广度。

对学生来说,"组合式"课程中的"短课程"或"微课程",课程的内容精练、学习周期短和教师经常轮换,更容易提高学生对课程兴趣和学习专注度,促进课程学习质量的提高。

五、学校"课程群"范例

由于各"课程群"案例篇幅较大,下列案例做了摘选处理。

文化浸润　精神得心　运用应手
——高中语文学科"课程群"(摘选)

一、课程群定位

高中语文学科课程群力求体现语文学科的工具性和人文性,以不同的课程形式组合,拓宽学生语文学习内容,满足学生多元需求,引导学生在真实的语言运用情境中,通过自主的语言实践活动,积累言语经验,把握祖国语言文字的特点和运用规律,加深对祖国语言文字的理解与热爱,培养运用祖国语言文字的能力;同时发展思辨能力,提升思维品质,培育社会主义核心价值观,培养高尚的审美情趣,积累丰厚的文化底蕴,理解文化多样性。

语文课程群的核心价值是学习祖国语言文字的运用,培育学生精神成长。语文课程群中课程的有机整合,不仅着眼于培养学生语言文字运用基础能力,更充分顾及问题导向、跨文化、自主合作、个性化、创造性等因素,也关注语言文字运用的新现象和跨媒介运用的新特点,从而实现学生基础性学力、发展性学力和创造性学力的协调发展,提升学生综合素养,为学生终身学习和全面而有个性的发展奠定基础,为传承和发展中华文化、增强民族凝聚力和创造力发挥应有的作用。

二、课程群的结构

为了体现新课程的学力协调发展思想,课程群的架构采用"国家课程"+"校本课程"的形式。依据新课程标准,必修课程与选择性必修课程为国家课程,选修课程为校本课程,并分别阐述下列课程:

1. 语文课程群的国家课程

从祖国语文的特点和高中生学习语文的规律出发,以语文学科核心素养为纲,以学生的语文实践为主线,依据《语文课程标准》课程内容中学习任务群,着眼于培养语言文字运用基础能力。

语文必修课程:"整本书阅读与研讨""当代文化参与""中华优秀传统文化""语言积累、梳理与探究""文学阅读与写作""思辨性阅读与表达""实用性阅读与交流"学习任务群。

语文选择性必修课程:"整本书阅读与研讨""当代文化参与""跨媒介阅读与交流""语言积累、梳理与探究""中华传统文化经典研习""中国革命传统作品研习""中国现当代作家作品研习""外国作家作品研习""科学与文化论著研习"学习任务群。

国家课程以任务为导向,以学习项目为载体,整合学习情境、学习内容、学习方法和学习资源,引导学生在运用语言的过程中提升语文素养。这些学习任务群构成普通高中语文课程目标、内容的基本框架,体现高中阶段对每个学生基本、共同的语文素养要求。

2. 语文课程群的校本课程

基于培养学生的语文学科的核心素养,充分关注语文学科的育人价值,校本三类选修课程是在国家课程基础上的逐步延伸、拓展、提高和深化。

三类校本选修课程,即学科选修课程、学域选修课程和跨学域课程,在阅读、写作、口语交际和综合学习等方面实施教学,不仅着眼于培养语言文字运用基础能力,更充分顾及问题导向、跨文化、自主合作、个性化、创造性等因素,并关注语言文字运用的新现象和跨媒介运用的新特点,以满足学生对不同发展方向、不同发展水平语文素养的追求。

这对学生学科核心素养的培养更均衡,学力发展更协调,同时在课程开发过程中,也提升了教师对学科核心素养的实施能力,增强了关注意识。

三类校本选修课程按类型分为"学科选修课程""学域选修课程"和"跨学域课程"。

语文学科选修课程——主要内容与高中语文必修、选择性必修课程内容关系较直接较密切,是必修、选择性必修课程内容的延伸。课程通过知识内容结构的转化,完善学生的认知结构与能力。学科专题拓展更关注帮助学生建立该学科新旧知识之间、新知识各部分之间、新知识与学生生活实际的相互关联,帮助学生形成对知识的整体性认识,更关注学生学习方式的完善,更关注学生潜能的开发和兴趣的陶冶。课程内容更强调该学科知识之间的逻辑性和系统性,强调章节与章节之间,单元与单元之间的联系,构建学习内容的知识网络,构成知识的整体单元结构教材。如"咬文嚼字"话成语、唐诗宋词赏析、《悲惨世界》整本书阅读、文学评论等课程。

语文学域选修课程——课程通过学科知识领域的拓展延伸,完善和补充学生学科领域的知识内容与结构,课程具有更强开放性,学生通过学习获取发展性的知识。该课程更关注培养学生的主体意识,提高学生选择学习的能力和自主学习方式的形成,更关注学生研究的意识培养。如中国传统文化探微、汉字古俗观奇、《三国演义》中的说话策略等课程。

跨学域课程——与本学科领域有关,同时涉及其他学习领域,但其他学习领域比重较大。学生依托"学科专题拓展"和"学域拓展"课程的学习,获取发展性的知识,形成一定的自我选择和自主学习的能力,促进发展性学力的发展。如心理访谈、影视作品欣赏、戏剧表演等课程。

三、课程群的设计

1. 语文学科核心素养与细化维度分析

学科核心素养是学科育人价值的集中体现,是学生通过学科学习而逐步形成的正确价值观念、必备品格和关键能力。语文学科核心素养是学生在积极的语言实践活动中积累与构建起来,并在真实的语言运用情境中表现出来的语言能力及其品质;是学生在语文学习中获得的语言知识与语言能力,思维方法与思维品质,情感、态度与价值观的综合体现。主要包括"语言建构与运用""思维发展与提升""审美鉴赏与创造""文化传承与理解"四个核心素养方面。

(1) 语言建构与运用

语言建构与运用是指学生在丰富的语言实践中,通过主动地积累、梳理和整合,逐步掌握祖国语言文字特点及其运用规律,形成个体语言经验,发展在具体语言情境中正确有效地运用祖国语言文字进行交流沟通的能力。

（2）思维发展与提升

思维发展与提升是指学生在语文学习过程中，通过语言运用，获得直觉思维、形象思维、逻辑思维、辩证思维和创造思维的发展，以及深刻性、敏捷性、灵活性、批判性和独创性等思维品质的提升。

（3）审美鉴赏与创造

审美鉴赏与创造是指学生在语文学习中，通过审美体验、评价等活动形成正确的审美意识、健康向上的审美情趣与鉴赏品位，并在此过程中逐步掌握表现美、创造美的方法。

（4）文化传承与理解

文化传承与理解是指学生在语文学习中，继承和弘扬中华优秀传统文化、革命文化、社会主义先进文化，理解和借鉴不同民族和地区的文化，拓宽文化视野，增强文化自觉，提升中国特色社会主义文化自信，热爱祖国语言文字，热爱中华文化，防止文化上的民族虚无主义。

语文学科核心素养的四方面是一个整体。语言是重要的交际工具，也是重要的思维工具；语言的发展与思维的发展相互依存，相辅相成。语言文字是文化的载体，又是文化的重要组成部分；学习语言文字的过程也是文化获得的过程。语言文字作品是人类重要的审美对象，语文学习也是学生审美能力和审美品质发展的重要途径。语言建构与运用是语文学科核心素养的基础，在语文课程中，学生的思维发展与提升、审美鉴赏与创造、文化传承与理解，都是以语言的建构与运用为基础，并在学生个体语言经验发展过程中得以实现的。

语文学科三类课程（必修、选择性必修、选修）的关系。

国家课程和校本课程构成课程群。整体设计，统筹安排，体现层次性与差异性。三类课程体现不同的学习要求：必修、选择性必修的学习任务群构成普通高中语文课程目标、内容的基本框架，体现高中阶段对每个学生基本、共同的语文素养要求；校本课程的学习任务则是在此基础上的逐步延伸、拓展、提高和深化，以满足学生对不同发展方向、不同发展水平语文素养的追求。

2. 课程群三类校本课程的"学习板块"的设计

三类校本课程按内容分为"品读与情怀""写作与思维""口语与交际"和"应用与创造"四个学习板块。这四个板块，分别从阅读、写作、口语、综合四个维度，使学生开阔知识视野,丰厚人文素养;注重审美怡情,优化思维品质;提升思想境界,健全崇高人格;勇于反思批判,建设现代文明。

(1)"品读与情怀"学习板块

课程名称:"咬文嚼字"话成语、唐诗宋词赏析、《悲惨世界》整本书阅读。

● "'咬文嚼字'话成语"

本课程旨在引领学生夯实基础,感受成语所蕴藏的内涵与深意,唤醒深藏在炎黄子孙心中而在键盘时代久已淡忘了的汉字情结。成语所承载的人文内涵非常丰富而深邃,大量成语出自经典作品,而如今一些笔画简单而高频出现的成语往往令许多人"汗颜""举白旗"。本课程将通过对与高中课文有一定关联的成语的音、形、义的辨识,帮助学生领略源远流长,回味无穷的成语之美,摆脱"语塞词穷""提笔忘字"的窘境,实现对经典、对母语的价值传承。

● "唐诗宋词赏析"

本着美学和历史相统一的原则,以唐诗和宋词的发展历程为线索,精选其各个发展阶段中的具有代表性的杰出作家及典范作品,多角度、多层次、多侧面进行有序而系统的教学。让学生初窥古代文化艺术的殿堂,在一定程度上了解古典文学的精粹,从而扩大知识视野,陶冶审美情操,开拓思维空间,锻炼思维品质,增强艺术鉴赏力,这不仅有益于学生人格素质的提高,而且对弘扬中国传统文化,建设现代精神文明,有着积极的意义。在赏析的过程中形成较强的知识运用能力和发展性学力。

● "《悲惨世界》整本书阅读"

《悲惨世界》是法国著名作家维克多·雨果的长篇巨著,该小说具有极强的思辨色彩和巨大的人道主义力量。这是一本对学生终身发展极有益处的图书,尤其适合高中阶段的学生阅读。它的思辨色彩有助于促进学生批判性思维的发展,它的人道主义力量可以丰富学生的情感体验。课程尝试从思辨读写的角度,探讨推进《悲惨世界》整本书阅读的路径和方法。

(2)"写作与思维"学习板块

课程名称:文学评论、应用文写作、思辨写作、诗歌评论。

● "文学评论"

采取情境写作"聚焦选点""搭建支架""有效评价"的思路,可以使文学评论写作教学循序渐进。根据教材、试卷等资源炼制文学评论写作知识,做到精要、好懂、管用,学生能够快速"入格",写成质量较高的文学评论。经过纸笔测试等形式的教学评价，可以确定学生学得了较高的文学短评写作技能和素养。

- "应用文写作"

是通过日常文书写作训练，培养学生处理职业生涯及日常生活应用文的写作能力，激发学生的自主学习能力，让学生具备未来职业生涯的可持续发展能力。

- "思辨写作"

是通过了解思辨性文字理性的语言特点，让学生运用复杂句子呈现文字纵深的逻辑性，是思辨性写作入门课的重要教学内容。强化学生的"情感—意志"倾向，培养学生形成基本的理性思辨写作能力，为提高议论文写作水平打好坚实的基础。

- "诗歌评论"

诗歌是一种抒情言志的文学体裁。写诗歌评论可以帮助我们更好地欣赏诗歌，了解诗人的创作意图和独特的表达方式。本课程引导学生在对诗歌主题、情感、语言、意象、结构、韵律分析与评论的基础上，表达自己感受和观点，以此促进学生创造性学习的提高。

(3) "口语与交际"学习板块

课程名称：《三国演义》中的说话策略、我们都是朗读者。

- "《三国演义》中的说话策略"

本课程基于学生对三国这段历史和对《三国演义》中一些经典的英雄人物的喜爱，通过学生自主阅读《三国演义》中的经典片段，运用自主探究、实践体验和合作交流的学习方式，精读《三国演义》中文本片段的人物对话，结合具体的历史背景，探寻经典人物的说话策略。让学生在发现问题和解决问题的过程中，逐步提高自己表达和交流的能力，展现和增强自己的创新精神和实践能力。

- "我们都是朗读者"

朗读是学习语文的重要途径之一。本课程通过朗读文学作品，培养学生的语感，提高学生的语言能力与审美能力。学生根据作品的体裁与内容，学会选择不同的朗读方式，从而促进对作品更深刻的理解和提高对语文学习的兴趣。

(4) "应用与创造"学习板块

课程名称：汉字古俗观奇、中国传统文化探微、心理访谈、影视作品欣赏、戏剧表演。

- "汉字古俗观奇"

本课程从民俗学角度，以汉字与古文化的联系为对象，结合先民的衣食住行，研究古汉字所潜存的文化内涵。从对古汉字的解析中，认识古汉字雏形的形成和来历，它与人民生活的密切关联，它对传播中国传统文化所起的作用，以及汉字的演变轨迹和发展历史，汉字约定俗成的文字定型等，这些饶有兴味的问题，都可从中得到领悟。

- "中国传统文化探微"

课程内容："圆"文化、汉字文化——汉字特点与演变、传统节日——元旦、春节等，文化基本精神——天人合一。教师通过这门课程，使学生可以初步了解有哪些属于民俗文化的东西，能够在生活现象中辨认出其文化象征，进而对自己民族的生存经验智慧和独特的思维方法建立起一种民族情结，关注生活背后的深厚文化内涵。强化对生活背后存在的深厚民族文化内涵的关注，学会辨认文学作品和日常生活中的文化现象，探究民族传统文化的现实意义。

- "心理访谈"

以现场个案访谈为表现形式的心理栏目，本课程是为面临种种社会生活压力，处于心理危机、心理困境中的学生提供解决方案。重要的是怎样通过有效的心理疏导、心理引导和心理矫正，以积极的心态树立积极、健康、向上的人生观、价值观，从而化解心理压力，走出心理困境。

- "影视作品欣赏"

21世纪，影视已经成为人们日常生活的有机组成部分。它以先进的科技作为传播媒介，具有崭新的艺术语言和丰富的表现功能，使之在审美教育方面较之其他艺术门类有着自己显著的特点。影视能把教育、认识、审美、娱乐融为一体，而这对于开阔学生的生活视野，发展审美能力，培养健全的文化心理结构起着其他艺术形式所难以企及的作用。

- "戏剧表演"

本课程是以戏剧表演作为学习活动的载体，通过戏剧表演形式，让学生感受与体验作品中人物的情感和经历，帮助学生更深刻地理解作品，提高学生的演讲、沟通和表达的技能，提升学生的自信力与创造力。

语文课程群中国家课程加校本课程的课程设计，形成课程群之间相辅相成统整关系，因此，将以上各个课程，归入三类校本课程的分类下，其从局部看是语文学科核心素养的有效提升，从整体看学生通过课程群的学习，使自身的基础性、发展性和创造性学力得以均衡协调地发展，以全面提高学生的综合素养。

3. 课程群三类校本课程的课程归类

根据上述四个学习板块确定的各学习课程，将按照这些课程的学习内容、学习方式和学习目标的层次与差异，定位这些课程分别归属于学科选修、学域选修和跨学域选修三类校本课程。具体分属的课程类别如下：

学科选修课程（7门）："咬文嚼字"话成语、唐诗宋词赏析、诗歌评论、《悲惨世界》整本书阅读、文学评论、应用文写作、思辨写作。

学域选修课程（4门）：我们都是朗读者、汉字古俗观奇、中国传统文化探微、《三国演义》口的说话策略。

跨学域选修课程（3门）：心理访谈、影视作品欣赏、戏剧表演。

依据课程群三类校本课程的要求，课程类别不同，其学习方式、学习目标也略有差异，其目的就是通过这种差异性的学习结构来实现"学力的协调发展"的目标。

四、课程群目标

1. 品读与情怀

能综合运用归纳、演绎、类比和比较、质疑等方法正确理解阅读作品的内容，能独立分析文章的主旨、思路、结构和写作特点，能自主地梳理阅读中获得的知识；有文学鉴赏水平，能感受和体验作品主题、社会意义及表现手法，并能结合自己的生活积累和知识积累评论作品的思想性和艺术性。能借助注释和工具书读文言诗文，了解古代文化常识。能在课外有选择地阅读古今中外的经典作品，感受作品的魅力。从而继承和弘扬中华优秀传统文化、革命文化、社会主义先进文化，理解和借鉴不同民族和地区的文化，拓宽文化视野，增强文化自觉，提升中国特色社会主义文化自信，热爱祖国语言文字，热爱中华文化。

2. 写作与思维

能综合运用叙述、描写、说明、议论、抒情等表达方式，抒发对生活中的人、事、物的感情，并能针对某些现象或观点发表见解；能说明事物或事理特点；能根据需要写常用的应用文。有写作的热情，通过语言运用，获得直觉思维、形象思维、逻辑思维、辩证思维的发展，以及深刻性、敏捷性、灵活性、批判性等思维品质的提升。

3. 口语与交际

能尊重他人发言，及时把握他人发言的要点；有收听、收看广播和影视新闻的习惯，能概括视听内容的中心。能敏锐地感受文本或交际对象的语言特点和情感特征,迅速判断其表达的正误与恰当程度,察觉其言外之意和隐含的情感倾向。能根据不同场合和不同需要即时发表自己的意见,能进行即兴演讲或辩论。

4. 应用与创造

能主动参与语言文化问题的讨论和相关的社会实践活动,能综合运用所学的知识,对自己感兴趣的某些语言、文学、文化现象及社会热点问题进行专题探究,尝试撰写相关调查报告或专题研究报告,发展自己的文化理解与探究能力。能依据自己的兴趣爱好和发展趋势,进行学习和探究。具有实事求是、崇尚真知的科学态度,学习科学的思想方法,培养创新意识、创新精神。

五、课程群图谱

以学科为中心根据知识的内在逻辑关系而进行多维拓展与延伸,形式为"放射整合形式"。

1. 课程群的学力协调发展的维度

学力协调课程群的课程结构,使原来各自为政和缺少有机联系的各类课程,通过学力五个维度协调发展的思考,架构起以语文学科为单位的课程群,学生通过课程群的学习,使自身的基础性、发展性和创造性学力得以均衡协调地发展,以全面提高学生的综合素养。这学力协调发展的五个维度分别是:

(1)学习领域的趋同一致——课程群内的各个课程都属于语言学习(语文)领域。

(2)学习科目的有机关联——在同一学习领域里具体的学习科目,无论是主题内容,还是学习课时等都做统一的规整,使课程群中的各个学习科目成为有机统一与关联的整体。

(3)学习内容的拓展延伸——课程群中的各个课程的内容呈现一定的层次性,三类校本课程学习内容是核心课程的拓展或延伸,这样就有助于学生核心课程的学习质量和学科学业水平的进一步提升。

(4)学习方式的多样互补——依据三类课程的学习方法各有侧重或不同的原则,学生在同一学习领域里就形成了多样的学习方式,这样就有效地促进了学生的基础性、发展性和创造性学力的协调发展。

(5)学习目标的多元组合——课程群中的各个课程学生的学习内容和学习方式都不尽相同,因此其课程目标也各不相同,各有侧重、互补或提升,并形成一种彼此联系的组合关系。

2. 课程群的统整性与生长性

上述学力协调发展的五个维度，既有整体结构的统整性考虑，又有递进发散等层次性的考虑。以下是课程群的统整性与层次性的示意图，示意图说明的是：统整性体现于课程群以"学习祖国语言文字的运用，培育学生精神成长"的学习主题与语文学科性质"聚"的形态上。层次性体现于课程群以内容、方式和目标"散"的形态。内容包括"品读与情怀""写作与思维""口语与交际"和"应用与创造"四个学习板块；分别从阅读、写作、口语、综合四个维度，使学生开阔知识视野，丰厚人文素养。注重审美怡情，优化思维品质；提升思想境界，健全崇高人格；勇于反思批判，建设现代文明；培养"语言建构与运用""思维发展与提升""审美鉴赏与创造"和"文化传承与理解"的语文学科核心素养。

统整性与层次性的这种"聚"与"散"形态，构成了高中语文课程群的基本特质，课程群的学习主题与语文学科性质的聚焦，板块内容与方式的发散，更有利于课程群的内涵与质量的提升。以下是高中语文学科的课程群图谱：

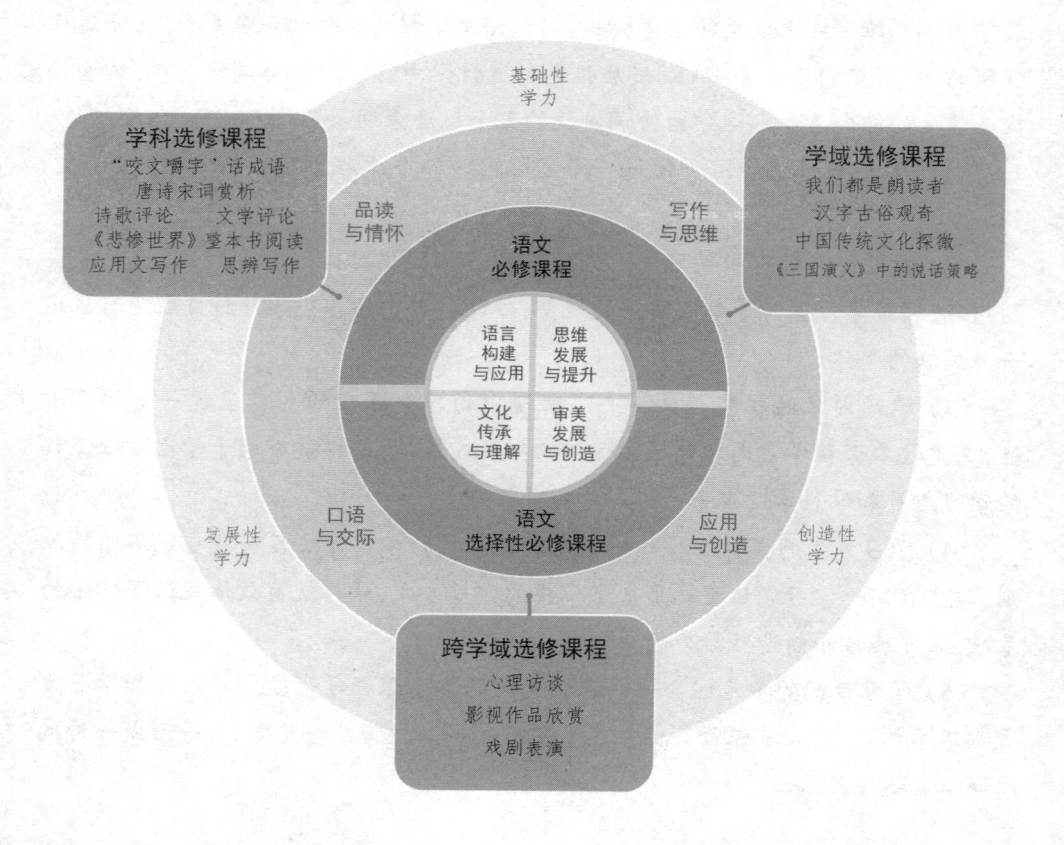

六、课程群设置

1. 课程群设置表（学习板块、课程名称、课程类型、课程课时、实施年级）

实施年级		高一年级			高二年级			高三年级		
学习板块	课程名称	学科选修	学域选修	跨学域	学科选修	学域选修	跨学域	学科选修	学域选修	跨学域
品读与情怀	"咬文嚼字"话成语	4								
	唐诗宋词赏析				4					
	《悲惨世界》整本书阅读					4				
写作与思维	文学评论	4								
	应用文写作				6					
	思辨写作								6	
	诗歌评论	4								
口语与交际	《三国演义》中的说话策略		4							
	我们都是朗读者					4				
应用与创造	汉字古俗观奇		4							
	中国传统文化探微								4	
	心理访谈									4
	影视作品欣赏						4			
	戏剧表演			8						

2. 课程群设置的说明

语文课程群课程纲要与学习板块列举：

- "唐诗宋词赏析"课程纲要——品读与情怀

- "现代文赏析"课程纲要——品读与情怀
- "文学评论"课程纲要——写作与思维
- "《三国演义》中的说话策略"课程纲要——口语与交际
- "汉字古俗观奇"课程纲要——应用与创造

七、高中语文课程群(部分)"课程纲要"

"现代文赏析"课程纲要(摘选)

1. 课程背景

语文学科素养分为四个模块,即语言建构与应用,思维发展与提升,审美鉴赏与创造,文化传承与理解。在语文素养中思维的发展要通过语言的建构来实现,审美要通过语言的建构来实现,因而,语文核心素养中,最核心的模块是语言的建构。高三语文学习中,只有重视语言的品读及背后的情怀,才能更好完成学力协调发展。为此,本学期特开设选修课,课程名称"现代文赏析",授课年级:高三;课程基本内容:短篇现代文品读分析;课程类型:选修课;课时:6课时。

2. 课程目标

(1)总体目标

本课程实施分模块教学,学生通过基本学习领域和拓展学习领域的学习,一方面,提高学生现代文赏析基础知识和赏析阅读基本技能;另一方面,培养学生人文素养和审美等方面的能力,突出培养学生文学鉴赏能力,使学生能在未来的工作与社会交往中,具备学力协调发展能力。

(2)能力目标

- 培养学生现代文的阅读理解能力:了解语篇和段落的主旨和大意;掌握语段中的事实和主要情节;理解语段上下文的逻辑关系;对句子和段落进行推理;了解作者的目的、态度和观点;根据上下文正确理解词语的意思。
- 鉴赏能力:现代文鉴赏是阅读文学作品时的一种审美认识活动,通过语言媒介,获得对作品中的艺术形象及其艺术形式的具体感受和体验,引起情感反应,得到审美享受。
- 评论能力:现代文评论是提高学科素养的重要途径,评论的目的是通过对其思想内容、创作风格、艺术特点等方面议论、评价,提高阅读、鉴赏水平。
- 审美能力:审美能力是个人所具有的与进行审美活动相关的主观条件和心

理能力。后天生活条件和经验的不同，对感官的培养、锻炼的不同，更现实的是各人具有不同的审美能力，从而达到学力协调发展。

（3）知识目标
- 了解现当代文学是语言艺术、文学用语言塑造文学形象的基本特点。
- 掌握现代文学欣赏路径。
- 掌握现代文欣赏知识。

（4）素质目标
- 具备良好的传统文化道德修养。
- 具备善于与他人合作、交往、沟通的学力协调素养。
- 具备意志坚定、克服困难、勇于攀登、不畏艰险的素养。

3. 课程内容

现代文赏析包含：散文赏析模块、短篇小说赏析模块、社科现代文赏析模块。

4. 课程实施
- 学习读本开发：自编教材。
- 教学要求：设置三大模块共6课时。
- 课程资源：《上海考试手册》、高考真题模题。
- 学与教的活动与方式：课堂讲授。

5. 课程评价

过程性评价和终结性评价结合：过程性评价占学期总评成绩的40%，终结性评价占学期总评成绩的60%，即学生学期总评成绩＝过程性评价（40%）＋终结性评价（60%）。

6. 实施案例

在做题之前我们首先要做的就是读懂文章。实际上是先解文再解题，而如何读懂文章呢？一篇文章是一个有机的整体。读一篇文章如果没有着眼于全篇的眼光，没有整体把握的意识，那也只能是盲人摸象，大家都知道，几个盲人看不到大象，有的摸尾巴觉得大象就是一根鞭子大小，有的摸鼻子觉得大象就是一根鞭子，有的摸肚子觉得大象就是一堵墙。

如何把握文章的主旨呢？纵观文本、关注标题、理清脉络、划分层次、情感基调、把握主旨。有些学生走马观花看过一遍文章后，似懂非懂，就急于解答后面的问题，往往是答了一半，又要回头再看文章，结果是欲速则不达，不仅费时费力，而且答错后也难以涂改。俗话说，磨刀不误砍柴工。读懂文章，理清文脉，搞清层次后，再答考题，就会如顺风行船，事半功倍。

高考阅读题一般是从选文里有可能被学生忽略且又不一定真懂的地方抽出来编成各种形式的问题，用来考查学生的理解能力。因此，答案要从文本里找，我们只要细审题干，认真揣摩上下文义，准确抓住关键语句，大多数题目的答案在原文中是能够"抠"出来的。这里的"区域"，是指回答特定问题时所必须依据的文本的大致范围，区域确定得是否准确到位直接决定了答题的质量。

【例题回放】

是谁，在敲打我的窗

① 下次再来，她在自言自语几句之后，会用手指关节嘣嘣地敲响窗玻璃，那时，母亲抬起头，对着她笑笑，声音被表情回应，便是彼此打了招呼。禾苗喊我去外面玩，也会敲响我家的窗玻璃，嘣嘣，嘣嘣，嘣嘣嘣，就像电影里的电报密码一样，我很快就能听见并明白她说了什么，作为回应，也朝她一笑，跳下炕，穿了鞋推门出去，跟她跑出院子。

② 当然也有例外，那就是生病时。外面的风景也就窗格大小，方方正正，齐齐整整，仿佛小手帕上的景色，一块块移来动去。看久了，人便发困。昏昏沉沉一觉醒来，天色暗淡。盼望有谁的手指能敲响窗玻璃，嘣嘣，嘣嘣，嘣嘣嘣。来自身体内部和房屋外部的声音，总是惊人的相似，有克服和超越当下困厄的力量。但似乎不过是奢望。窗外渐渐起风了。风裹着尘沙，也会叩响窗户，啪啪啪啪，时急时缓，让人心里发毛。大人们早早收拾完，钻到被窝里，在狂风不停叩击窗棂和撕扯万物的碎裂声中，渐渐陷入梦乡。

③ 早晨，窗台上落下白白的鸟粪，但并没有见哪只鸟停下来过。母亲漫不经心地说好像房檐下住了麻雀，我一遍又一遍地抬头寻找，并无麻雀的踪迹。怀疑我们睡着时，鸟雀叩响过窗玻璃。那时，它们或许是在寻求救护，也或许只是想将一些惊人的消息带给人们。燕子每年夏天都会来房檐下，修补旧巢，孵育小燕，出出进进，颇为从容。过了几天，小燕子开始练习飞翔，有只小燕落在窗台上，它好奇地盯着窗玻璃看了又看，让我以为，它会用喙去叩响。但从来没有叩响过我家的窗户。

④ 窗口是世界的出入口，而一块窗玻璃就是一面荧幕或者反射镜，会将正在发生的一切，毫无遮掩地透露给你，让你惊喜和忧郁。对一个喜欢蜗居在家的人来说，窗口在他的生活中，无疑是最安全最保险的，同时也最具权威，它既能证明你的

猜测,也能驱散你的怀疑。

⑤如今我住六楼,窗户有九面之多,我既看到前面的世界,又可看到房子背后的一切,生出自己的身体内有无数双眼睛的错觉。房子越透明,人越封闭。楼房住起来颇为清净,但邻居之间却不会走动,即便有特殊的事件,也不会敲响彼此的门板。那年地震,邻居在楼下按响每家的门铃,而不是敲开你的门。这种自觉远离对方、制造距离、各人自保的姿态,已成为彼此的习惯。不打扰,不影响,也成为楼房住户基本遵从的规矩。家更像是一座孤岛,我们各自守卫和躲藏的地方,不接纳,不敞开,也不交融。

⑥有失有得,有天竟发觉六楼原来刚好是鸟雀们停驻的空间。它们喜欢立在厨房的窗户前,头朝着天空,背靠着我的目光,休息或者鸣叫。偶尔忘形,转头来会叩响窗户,又让人惊喜。喜鹊、斑鸠、燕子、鸽子、麻雀等好多种类好多只鸟,还不够,我自己又开始在露台上养鸟,小小的文鸟,通黑的红嘴雏鸟。如此这般,招得更多的鸟类前来,仿佛它们突然发现了一处根据地。恍惚又是早年间村里情形,人们过来串串门,然后各自去做自己的事。<u>它们在露台上走走停停,一缩一缩地伸着脖子踱步的情形,仿佛沉吟的诗人般悠闲而雅致。外面的鸟会对着笼子里的文鸟叫喊,试图鼓动文鸟,冲出牢笼,跟自己去往阔大的天空翱翔</u>。而有时,它们又跳到窗台上,敲我书房的窗户,嘣嘣,嘣嘣,嘣嘣嘣,发电报一样的声音,试图得到一些回馈的信号。几只鸽子走离鸽群,停在撒了小米的露台上,陡然生出自己的前世也曾是它们中一员的假想。我耐心而持久地训练红嘴鸟苏苏学飞翔,让它从我的手中飞到地面,再从我的头顶飞下来,后来,它就能飞到七楼楼顶了,再后来,它跟一群鸟飞到了田野和草丛,更远的河谷和森林中,再也没回来。

⑦夜里下雨了。雨声急急缓缓,虚虚实实,淋淋漓漓,叩着窗户,如更鼓,似木鱼,渐敲渐灭,渐沉渐寂,尘世的热闹和喧嚣不在,你的急躁和贪心也不在,天地间,只剩下了它们,它们的幻舞,它们的沉静,它们的坦荡。

⑧早上却被冰雹声惊醒了。风卷云动雨倾城,叩窗犹如瓦缶鸣。轻轻拉帘,雨后的天地,被朝阳照耀,崭新得让人欣喜,哪有什么冰雹?却原来是一只斑鸠正在啄我的窗户,我笑笑。隔着玻璃,第一次看清鸟的眼睛,那么专注,那么明亮,那么不设防。

● 讨论任务1:分组赏析在第⑥段画线句中,作者对鸟雀们的描写生动细腻,请对此加以分析。

讨论任务2:学生自主分析文中三次写"嘣嘣,嘣嘣,嘣嘣嘣"叩窗声音的表达效果。

● 明确：

有些阅读题要求学生用自己的话把答案写出来，且往往有字数限制。这种题对学生语言表达能力的要求比较高，题目难度也大。解答此类试题，就要吃透答案的内容要点，吃准表达的范围、角度和方式。这就需要筛选整合、归纳概括、规范语言，这就是我们所说的解题（多媒体显示一般做题步骤）：现代文阅读答题五种意识：整体意识、文本意识、审题意识、规范意识和顺序意识。

（高中语文教研组　周锦程　周艳红　执笔）

学"地"明理　综合思维　人地协调
——地理学科"课程群"（摘选）

一、地理课程群的定位

地理学是研究地球表层自然要素与人文要素及其相互关系和作用的科学，是一门兼有人文科学和自然科学性质的综合性学科。中学地理课程是使学生获得可发展的地理基础知识、技能和能力，体验地理学习的过程，掌握地理学习的基本方法，学会地理思维，了解研究（探究）地理问题的基本过程和手段，梳理地理环境伦理观念，形成全球意识和爱国情感，积累公民必备的科学素养和人文素养的一门基础课程。地理课程要为学生提供与其生活密切相关的地理知识和技能，使所学不仅对其现在的生活和学习有用，而且令其受益终身。

《普通高中地理课程标准2020年修订版》提出了四大地理核心素养，由传统的三维目标向核心素养转变，着力提高学生的综合素质，从而提高学生的综合学科素养。

地理学科的学力是地理学和素养的集中体现，基于提高学生地理学习力和地理综合素养，分别从基础性学力、发展性学力、创造性学力三个角度出发，依据课程需要及地理学科核心素养的要求，构建地理学科课程群。建设地理课程群能让学生更好地认识地理课程，并从地理课程中获取终身受益的学习。

本课程旨在使学生具备人地协调观、综合思维、区域认知、地理实践力等地理学科核心素养，学会从地理视角认知和欣赏自然与人文环境，懂得人与自然和谐共生的道理，提高生活品位和精神境界，为培养德智体美劳全面发展的社会主义建设者和接班人奠定基础。

二、地理课程群的结构

地理学科课程群是基于地理学科核心素养，通过对国家课程和校本课程的统整与融通，构建的一个结构合理、层次清晰、相互关联、彼此呼应的关联型课程集群。地理学科课程群以国家课程为基础，按照学段与学期进行划分，充分挖掘生活元素，注重从多种角度、采取多种方式进行多元的综合评价。依据新的高中地理课程标准，必修课程与选择性必修课程为国家课程，选修课程为校本课程。下面对这两类课程分别进行阐述。

1. 地理课程群的主课程——国家课程

高中地理课程群的主课程主要分两类：地理必修课程和选择性必修课程。地理必修课程是全体学生必须修习的课程，地理选择性必修课程是学生根据个性发展和升学考试需要选择修习的课程。必修课程主要分自然地理和人文地理两个模块，在高二学段完成修习，选择性必修课程主要分自然地理基础、区域发展及资源、环境与国家安全三个模块，主要为地理等级考做准备，在高三学段完成修习。

2. 地理课程群的延伸课程——校本课程

《普通高中地理课程标准（2017年版2020年修订）》中提出，地理选修课程是由学校根据学生的多样化需求，当地社会、经济、文化发展的需要，学科课程标准的建议以及学校办学特色等开发设置，学生自主选择修习。为了培养学生地理学科核心素养，培养综合能力，实现学生学力协调发展，促进综合素养更全面地提升，根据本校的学情及任课教师和学生的需求，在主课程的基础上，我们设置了符合本校情况的校本课程。

校本课程我们又称之为延伸课程，主要分三类：地理学科选修课程、地理学域选修课程、跨学域选修课程。

地理学科选修课程，是主课程的延伸，强调知识点之间的逻辑性和系统性，以地理课程选修教材内容作为参照。由教研组统一规划设计，每位教师负责一个或若干个内容或专题的开发与授课，最终由教研组集体研讨修改完成。

地理学域选修课程，是主课程的拓展，是地理学科知识领域的拓展延伸，为跨学科选修课程积累知识、经验、能力和方法。教研组统一规划，教师自行开发，教材引进与购买课程相结合。

跨学域选修课程，是各学习领域相融合而成的课程，旨在帮助学生关注学科之间的联系，找寻学科之间的关联，侧重培养创造性学力。课程根据学情而定，教师自行开发与教材引进相结合。

国家课程与三类校本课程之间并不是彼此孤立的，而是相辅相成的一个整体。国家基础课程是核心与基础，三类校本课程是国家课程拓展延伸，是与其他课程的融合，这种延伸融合更有利于学生综合学力的协调发展。

三、地理课程群的设计

（一）地理学科核心素养与细化维度分析

《普通高中地理课程标准2020年修订版》确定了人地协调观、综合思维、区域认知、地理实践力这四个地理学科核心素养。

1. 人地协调观——基本价值观

人地协调观是一种重要的自然观和发展观。人地协调观是现代地理学和地理教育的核心观念。从人地关系的角度看，可以概括为地理环境对人类的影响、人类对地理环境的作用、协调人类与地理环境的关系等三个重点。培养学生的人地协调观，旨在使学生面对不断出现的人口、资源、环境和发展问题时，理解并认识到，人类社会要想更好地发展，就必须尊重自然规律，协调好人类活动与地理环境的关系。因此，地理课程群学习内容取之于生活，强调人与自然之间的关系，增强学生对资源、环境的保护意识，增强社会责任感。

2. 综合思维——思维方式和能力

综合思维是一种认识地理环境整体性的思维方式和能力。有学者认为，思维方式包括知识、观念、方法、智力、情感、意志、语言、习惯等。综合思维作为地理学的一种思维方式，强调整体观念（要素关联）、时间观念（发展变化）和空间观念（区域特性）。培养和训练学生的综合思维，旨在使学生能够多要素、多角度而非孤立、绝对、静止地分析地理事物和现象；能够辩证地而非僵化地分析人地关系问题。因此，地理课程群设置中更多地要考虑到学生综合思维的训练，辩证地看待现实中的地理问题。

3. 区域认知——思维方式和能力

区域认知是一种认识地球表面复杂性的思维方式和能力。区域认知是人们运用区域的观点（或视角）和方法，认识地球表面复杂多样性的思维品质与能力，是地理教育的重要载体。通过区域认知，让学生懂得划分区域是认识、解释、概括空间的需要，是地理课程的一项重要教学任务，因为借助这种策略，可使地球表面的复杂多样性变得可以被理解。因此，地理课程群教学内容中大多以区域作为学习的载体，对区域的各要素进行整合，教学中教会学生运用综合分析、区域比较、区域关联等方法认识区域，简要评价区域现状和发展，最终达到人地和谐观，这恰恰是地理核心素养培养的基本步骤和集中体现。

4. 地理实践力——基本活动经验

地理实践力是在地理实践活动中表现出的意志品质和行动能力。地理实践力作为地理学科核心素养之一，既内化为隐形的素质，又外显为具体的行为。具体主要包括以下几方面：收集和处理地理信息的能力；设计地理实践活动方案的能力；实施地理实践活动的能力。地理实践力素养的培养，要求学生在真实的情境中运用所学知识和技能，观察、感悟地理环境及人地关系状况，是学生学以致用的能力。因此在地理课程群设置中，充分考虑到这点，尤其是在地理学域选修课程中，鼓励学生提出问题或地理现象，设计方案，实地考察，提出解决的措施或解释地理现象，培养学生创造性学力。

（二）地理学科三类课程的关系

根据《普通高中地理课程标准2020年修订版》中提出的地理学科三类课程关系，高中地理课程由必修、选择性必修、选修三类课程组成。地理必修课程是全体学生必须修习的课程，地理选择性必修课程是学生根据个性发展和升学考试需要选择修习的课程，地理选修课程由学校根据实际情况统筹规划开设，学生自主选择修习。三类课程有不同的定位，构成了既相对独立又相互关联的课程体系。

（三）课程群三类校本课程"学习板块"的设计

本课程群三类校本课程内容设计，是基于培养学生的地理学科的核心素养，突出地理学科的育人价值。将人地协调观作为一条重要的线索，串联起内容广泛的地理知识，使其"形散神聚"；要立足综合思维、区域认知和地理实践力的培养，展现地理学科在解决相关的科学和社会问题时的思想、方法、过程和效果。课程是核心素养的综合培养，而并非单一培养，我们从侧重某一核心素养的培养的线索，可以开拓课程规划的思路，使课程群的课程对学生各种学科核心素养的培养更均衡，学力发展更协调。

根据地理课程标准，结合本校学情，以学校主课题"基于学力协调发展的学校课程群的规划与建设"为依托，以提升学生地理学习力为研究目的，我们开设了如下课程：十二次行走、地图的语言、地理学与生活、上海人文地理、宇宙星空、气象与气候等。基于地理学科核心素养：人地协调观、综合思维、区域认知、地理实践力四方面，我们细化出以四种学习方式为主的学习板块，分别为项目、实践、拓展、应用。

1. "项目学习"板块

项目学习是师生共同实施一个完整的项目工作而进行的学习活动。它是"行为导向"学习法的一种。在地理课程群中，通过不同的课程内容，根据不同年级学生的特点，设计多维度的学习项目，或学生根据自身需求，抛出问题，设计项目，激发学生学习潜能，解决学习难点，侧重提升学生发展性学力。如：上海饮食研究、南北方饮食文化差异、旅游攻略、自制地球仪等。

2. "实践学习"板块

实践学习强调学生通过参与有目的的实践活动，掌握一定的技能，解决一定的地理问题，培养学生团队协作能力和问题探究的能力，侧重提升学生的创造性学力。如瞭望星空、地理实验实践等。

3. "拓展学习"板块

拓展学习是教学教育过程中，学生学习内容、学习方法、学习方式的扩容增加和优化发展，是对学生全方位的促进，是新课改背景下，学校创新学习的需要，是素质教育的重要内容。它是国家基础课程内容的延伸，侧重提升学生发展性学力。如：地球自然带判读技巧、气象与气候、地图的语言、上海人文地理、我们的太阳系等。

4. "应用学习"板块

地理课程要为学生提供与其生活密切相关的地理知识和技能，使所学不仅对其现在的生活和学习有用，而且令其受益终身。所学知识能够学以致用，会用综合思维的眼光看待事物，提升学生发展性学力。如人民币上的地理知识、地理学与生活、旅游文化地理等。

（四）按三类校本课程进行分类，分类如下：

1. 学科选修课程——与国家课程主课程内容关系较直接较密切，是国家课程内容的延伸。如地图的语言、气象与气候、地球自然带判读技巧等。

2. 学域选修课程——主要内容属于本学科领域范畴，是本学科领域内容的拓展。如苏州河昨天、今天、明天，上海建筑物的研究，上海饮食文化的研究，南北饮食文化差异的研究等。

3. 跨学域选修课程——与本学科领域有关，同时涉及其他学习领域，但可能其他学习领域比重较大。如地理实验实践、校园内植被生长自然环境、瞭望星空等。

地理课程群的课程结构，使原来各自为政和缺少有机联系的各类课程，通过三个学力维度协调发展的思考，架构起一个以核心学科为单位的课程集群，学生通过课程群的学习，使自身的基础性、发展性和创造性学力得以均衡协调地发展，以全面提高学生的综合素养。

四、地理课程群目标

地理课程的总目标是通过对学生进行地理学科核心素养的培养，从地理教育的角度落实立德树人根本任务。因此本课程群具体目标如下：

1. 学生能够正确看待地理环境与人类活动的相互影响，深入认识两者相互影响的不同方式、强度和后果，理解人们对人地关系认识的阶段性表现及其原因，认同人地协调对可持续发展具有重要意义，形成尊重自然、和谐发展的态度。

2. 学生能够形成从综合的视角认识地理事物和现象的意识，对地理各要素之间的相互作用关系有较强的分析能力，并在一定程度上解释地理事物和现象发生、发展的过程，从而较全面地观察、分析和认识不同地方的地理环境特点，辩证地看待地理问题。

3. 学生能够形成从空间—区域视角认识地理事物和现象的意识，对地理事物和现象的空间格局有较强的观察力，并运用区域综合分析、区域比较、区域关联等方法认识区域，简要评价区域现状和发展。

4. 学生能够运用所学知识和地理工具，在室内、野外和社会的真实环境下，通过考察、实验、调查等方式获取地理信息，探索和尝试解决实际问题，具备活动策划、实施等行动能力。

5. 学生通过课程群的课程学习，在全面提高人地协调观、综合思维、区域认知、地理实践力的学科核心素养的同时，能获得更多的发展性的知识和问题性的知识，形成较强的自主发展能力、解决问题能力和创新实践能力，实现学力协调发展。

五、地理课程群图谱

地理课程群不是多门课程的简单叠加，而是基于地理学科核心素养，通过对国家课程和校本课程的统整与融通，构建主题相通、内容相关、内在存在逻辑统一的课程体系，是给予学生的学力与地理学科核心素养的提升组合。地理学科课程群图谱是以地理学科为中心，根据知识的内在逻辑关系而进行多维拓展与延伸。形式为"放射整合形式"（如下图所示）。

模型的基本定义：以国家课程（必修课程、选择性必修课程）为主课程，围绕主课程，以地理学科核心素养为基础，延伸出四个学习板块，分别为项目、拓展、实践、应用。根据学生各学力侧重发展需求，分别构建三类校本课程，分别是学科选修课程、学域选修课程、跨学科选修课程。由此构成地理学科的学力协调发展课程群结构，将地理课程有机地统整在一个课程群结构中，成为一个有机整体。具体课程群的结构模型如下图所示：

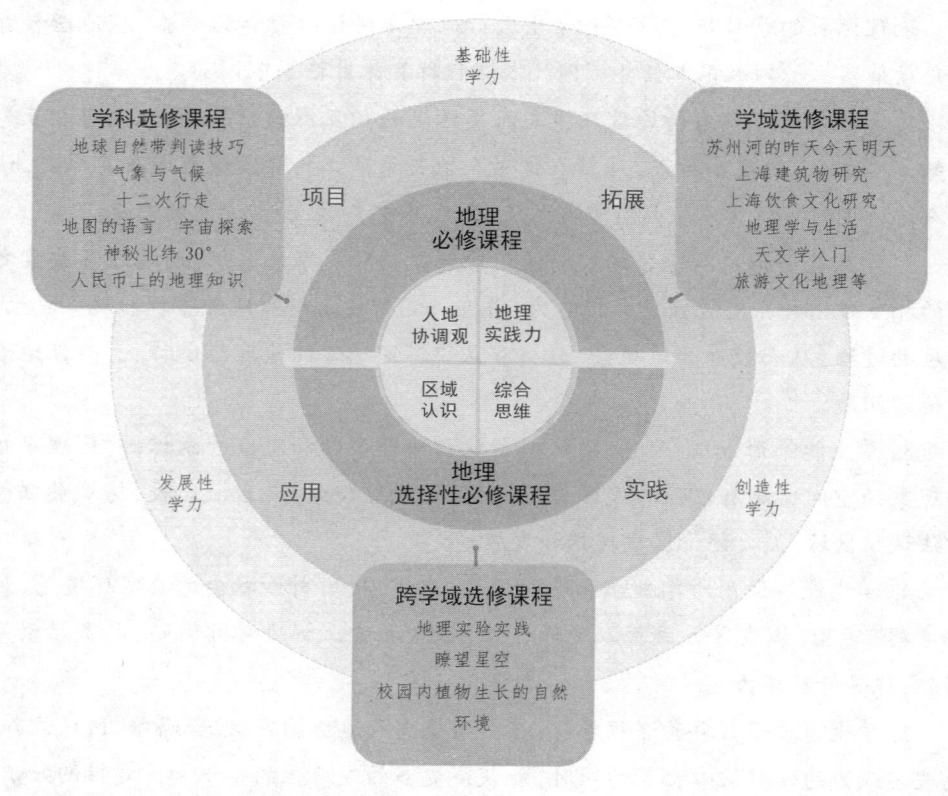

```
                            基础性
                             学力
    学科选修课程                              学域选修课程
   地球自然带判读技巧                         苏州河的昨天今天明天
   气象与气候                                 上海建筑物研究
   十二次行走           项目        拓展      上海饮食文化研究
   地图的语言 宇宙探索            地理         地理学与生活
   神秘北纬30°                  必修课程      天文学入门
   人民币上的地理知识                         旅游文化地理等
                         人地    地理
                         协调观  实践力
                         区域    综合
                         认识    思维
                            地理
                         选择性必修课程
   发展性     应用                  实践    创造性
    学力                                     学力
                       跨学域选修课程
                       地理实验实践
                        瞭望星空
                      校园内植物生长的自然
                            环境
```

六、地理课程群的课程设置

1. 课程群设置表（学习板块、课程名称、课程类型、课程课时、实施年级）

学习板块	课程名称	六年级			七年级			八年级			高一、高二年级		
		学科选修	学域选修	跨学域	学科选修	学域选修	跨学域	学科选修	学域选修	跨学域	学科选修	学域选修	跨学域
项目	苏州河的昨天、今天、明天								8				

续 表

学习板块	课程名称	六年级			七年级			八年级			高一、高二年级		
		学科选修	学域选修	跨学域	学科选修	学域选修	跨学域	学科选修	学域选修	跨学域	学科选修	学域选修	跨学域
项目	上海建筑物的研究		8										
	上海饮食文化的研究					8							
	南北方饮食差异的研究								8				
应用	人民币上的地理知识				4								
	地理学与生活											4	
	旅游文化地理							4					
	神秘北纬30°										4		
	十二次行走				4								
拓展	地球自然带判读技巧										4		
	气象与气候							4					
	地图的语言	4											
	宇宙探索	4											
	天文学入门											8	
实践	地理实验实践												4
	瞭望星空												4
	校园内植物生长的自然环境												4

2. 课程群设置的说明

根据不同年级学生学力发展的特点及需求，分别在不同年级开设校本课程。初中学生因初识地理，属于初步探索地理课程，因此校本课程的内容主要是国家课程的延伸，同时根据初中学生认知水平，学域选修课和跨学域课程都适当降低难度。高中学生因为有了两年地理学习经验，认知水平和学力发展都比初中学生更胜一筹，所以校本课程的内容主要为国家课程的拓展与跨学域内容。

无论初中还是高中，三类校本课程的课时都严格按照学校主课题下制定的课时进行。

七、地理课程群（部分）"课程纲要"

课程名称	天文学入门（摘选）			
适用学生	高一对天文有兴趣且具备一定观测能力的学生	课时	8	课程类型	学域选修课程
课程概况	天文学是人类认识宇宙的一门自然学科，观测研究各天体和天体系统，研究它们的位置、分布、运动、结构、物理状况、化学组成及起源演化规律。本课程适用于高一和高二对天文有兴趣的学生。课程围绕天文观测为中心开展一系列的教学，包括天文望远镜的使用及与天文测量相关的理论知识。课程开设的主要目的体现在两方面：一是适应时代发展的潮流；二是扩展学生的知识面，培养学生自主探究、团体合作的能力。				
课程背景	康德的墓碑上有一段铭文：世界上有两种事物能够深深地震撼人们的心灵，一件是我们心中崇高的道德标准，另一件是我们头顶上灿烂的星空。可见，人们对头顶上的蓝天、白云、繁星和皓月心驰神往。浩渺的天空无限深邃，吸引着人们不断地为之探索。千百年来，人们不断地进行探索，取得了丰硕的成果，宇宙逐渐被人们认识。在我国古代，人们主要靠观察天象来推测季节、时间和天气，进行农业生产，并积累了经验，制定了历法。从人类的发展史来看，正是由于人们对宇宙不懈地探索，推动了人类文明的发展。 天文学是六大基础科学之一，对人的素质提高和世界观的形成具有重要的意义。在国外，天文学课程的开设非常普及。长久以来，中国的教育重课本知识、轻实践能力。人们发现现有的教育不符合时代的发展。于是，教育改革应运而生。最新的地理课程标准要求激发学生的求知欲，培养学生地理实践力这一核心素养。目前，虽然在中小学课本中有零星的天文知识介绍，但远远不能满足青少年的求知欲望和地理科学实践的需要。同时，21世纪是人类走向太空的世纪，要紧跟世界科技发展的潮流，我们就必须大力普及天文学。中国未来的希望在青少年，因此，高中阶段基于基础性地理课程的天文学入门课程的开发显得极为迫切。 天文课的开设不能仅仅局限在理论上，而是要通过天文观测活动的开展去理解理论。同时，天文学课程的开设不能以教师的讲解为主，而是以学生活动为主。这两项标准就需要以天文观测和天文测量做支撑。				

续 表

课程名称	天文学入门（摘选）			
适用学生	高一对天文有兴趣且具备一定观测能力的学生	课时	8	课程类型 学域选修课程
课程目标	1. 熟悉四季星空、月相等天象；了解天文望远镜，并会使用天文望远镜进行天文观测；深刻理解太阳系的结构，熟悉八大行星及其卫星。 2. 了解天文测量的科学方法；掌握宇宙学的基本观测事实与大爆炸宇宙学。 3. 培养学生的科学兴趣，引导学生用地理理论去分析天文现象，让学生感受地理学与天文学的紧密联系。			
课程内容	本课程以观测活动为主，在观测的同时掌握、了解观测需要具备的条件和相关的理论。 "天文学基础"课程教学内容安排如下： 第一章　天文学导论 §1人类认识宇宙历程的回顾　§2天文学的含义 §3天文学研究的对象　§4天文学的分支学科和研究手段 第二章　天球坐标系统 §1天球坐标系　§2时间　§3历法 第三章　星空与星图 §1星空区划　§2四季星空　§3星空图的判读 第四章　太阳运动观测 §1日食　§2太阳高度角　§3日面　§4行星凌（冲）日 第五章　月球观测 §月球的观测 活动安排：在天气条件良好的情况下，组织学生进行月球、太阳等基本天体的观测；同时，遇到一些特殊的天文现象，在条件允许的条件下，组织学生进行观测。			
课程教学方法	教学方法：理论传授与动手操作相结合，即天文基础知识传授、天文望远镜的拆卸、天文望远镜的操作、天文观测、天文摄影等。 体现新课程改革的理念：以学生为主，教师为辅，培养学生的探究能力。 组织形式：围绕观测开展教学。			
课程评价	学生学业的评价：对于学生学业的评价主要通过两方面： （1）平时表现：上课出勤情况、课堂纪律情况、学生团体合作状况。 （2）期末表现：天体观测作业。			
实施案例	天文学入门课程案例——正午太阳高度的测量 一、教学目标 1. 让学生在测量某地某日的正午太阳高度的活动中，进一步体会正午太阳高度的变化规律。 2. 通过圭表的理论研究和实地制作，培养学生的创新精神、探索精神和实践能力。 3. 通过研究两幢楼的间距与地理纬度的关系，培养学生科学的研究和学习态度。 4. 通过小组合作学习，培养学生互助协作的团队精神和社交能力、提高综合素质。			

续 表

课程名称		天文学入门(摘选)			
适用学生		高一对天文有兴趣且具备一定观测能力的学生	课时	8	课程类型	学域选修课程
实施案例	二、教学准备 1. 成立活动研究小组,明确活动任务、活动背景、活动意义、活动步骤、研究内容、研究方法、研究成果展示方法等,小组讨论分工合作,责任到人。 2. 资料的收集与整理,活动记录表设计。 3. 设计测量的方案。 4. 实验器材的准备。杆:一定要直,有一定分量,不能被风吹动摇摆。最好准备一个重物悬挂在绳子上,检验杆子是否立得竖直。表:提前在中央电视台对准时间,精确到秒。尺:能够测量2米以上,刻度精确到毫米。绳子:用来画圆弧。粉笔:地面标记。计算器:能够计算反三角函数。 5. 实地测量。 6. 数据的整理与分析,分析数据存在差距的原因。 7. 完成实践活动报告。 三、教学过程 课程导入:我们通过查询地图可以知道一个地方的地理坐标,当我们想知道自己的所在的地理位置时,可以借助GPS信号接收机来获取,但假如我们没有精确的地图和现代化的技术装备,我们如何利用我们日常生活中的一些简单工具来获取比较精确的地理坐标呢? 学生讨论: 结论:可以利用该地地方时12时与北京时间的时差计算出该地的经度。 只要用测量的方法测出该地的正午太阳高度,再查出当日太阳直射的地理纬度,就可以计算出该地的地理纬度。 新课学习:教师讲授 学生活动:利用正午太阳高度测量计算当地的地理经纬。 1. 于夏至日前一天,选定一处开阔的地方将杆竖直立于地面,在正午之前大约两小时,记录时刻 t_1,画出杆影,并以杆影长为半径画出一段圆弧。 2. 在正午之后大约两小时前观测杆影的顶点,当顶点再次与圆弧重合时,记下杆影位置,并记录时间 t_2,做两次杆影的角平分线,该线就是当地的经线,即指示正南正北方向。 (以上两步为前一日准备活动:目的是找到正北方向。) 3. 在夏至日时,在正午前观测杆影,当杆影与角平分线重合时,记录杆影顶点位置和北京时间,测出杆长和影长,并计算当日正午太阳高度。 实验记录表一:地理坐标计算表 数据测量时间(北京时间)杆长L(cm)影长l(cm) 正午太阳高度(H)(H=arctg L/l) 4. 测量的精度问题。 课堂总结:如何看待实验中的测量误差 四、教学思考及评价 本次实践活动通过典型案例有针对性地进行研究讨论,引导学生从个别到一般、从具体到抽象,在实际案例中进一步学习理解。本次活动具有如下优点:

续表

课程名称	天文学入门（摘选）				
适用学生	高一对天文有兴趣且具备一定观测能力的学生	课时	8	课程类型	学域选修课程
实施案例	1. 本次实践活动是克服传统教学模式弊端的有益尝试。实践活动教学利于调动学生的积极性和学习热情，利于活跃他们的思维和拓展创新能力；以学生为主体，通过一个真实的案例，让学生身临其境，通过对案例认真分析研究，提出比较有见地的观点，并参与辩论，这对培养学生分析问题和解决问题的能力是大有好处的。 2. 本次实践活动有利于创新型人才的培养。实践活动教学有利于营造创新型人才培养的良好文化氛围。树立"以学生为本"的教育观，倡导尊重个性，鼓励冒尖，因势利导，因材施教，创造有利于学生个性发展的文化环境，最大限度地发挥学生的创造潜能。尊重学生的差异和个性，使学生真正参与教学，参与科学研究。				

（地理教研组　孙璐　钱志钢　执笔）

把握方向　晓理达情　守正成长
——思想政治学科"课程群"（摘选）

一、课程群定位

政治以立德树人为根本任务，以培育社会主义核心价值观为根本目的，是帮助学生确立正确的政治方向、提高思想政治学科核心素养、增强社会理解和参与能力的综合性、活动型学科课程。

（一）从上位概念来讲，学科课程群要充分展现学生发展核心素养的内涵。学科核心素养是学科育人价值的集中体现，是学生通过学科学习而逐步形成的正确价值观、必备品格和关键能力。思想政治学科核心素养，主要包括政治认同、科学精神、法治意识和公共参与。

（二）从中位概念来讲，思想政治学科课程群要充分体现学力均衡，这种体现主要表现在以下几方面：

- 学力均衡体现1——基础知识结构化
- 学力均衡体现2——基本学习能力过程化
- 学力均衡体现3——学习的态度竞争化
- 学力均衡体现4——发展性的知识多元化
- 学力均衡体现5——自我选择和自主学习的能力渗透化

● 学力均衡体现6——问题性的知识合作化

为建立核心素养与课程教学结构的内在联系，充分挖掘各学科各类课程教学对全面贯彻党的教育方针、落实立德树人根本任务、发展素质教育的独特育人价值，思想政治学科基于学科本质提炼的本学科的核心素养，充分明确学生学习该学科课程后应具有的正确价值观、必备品格和关键能力，以及对知识与技能、过程与方法、情感态度价值观三维能力目标进行的整合。

（三）从下位概念来讲，依据新课程标准必修课程、选择性必修课程和选修课程的三类课程基本课程框架，我们认为新课程在重点凸显学科核心素养的同时，要高度关注基础性学力、发展性学力和创造性学力三种学力的协调发展。三类课程所关注的课程学习内容各有特点与侧重，从"三种学力协调发展"的角度进行学校课程统整，其中一个值得探索与研究的方向，就是用思想政治学科课程群的思想架构本学科课程群和学校课程集群课程框架，从而使各种相关相近的课程有机整合到一个系统中，为培养学生的核心素养培育良好的课程土壤。

思想政治学科课程群的设计、建模、实施和发展应该满足以下条件：

1. 课程群应充分关注学科核心素养的培养，满足学生多元发展需求；
2. 课程群应凸显基础性、发展性、创造性三种学力的协调发展；
3. 课程群应聚合新课程的三类课程，形成一个统整结构。

二、课程群的结构

国家课程是必修课程和选择性必修课程，校本课程是学科选修课程、学域选修课程和跨学域选修课程。

1. 思想政治课程群的国家课程

● 思想政治必修课程

初中——道德与法治（六年级1课时、七年级1课时、八年级2课时、九年级2课时）

高中——思想政治（共计4册必修内容）

《习近平新时代中国特色社会主义思想学生读本》（初中、高中）必修1：中国特色社会主义。着眼于人类社会的发展历程，立足于中国特色社会主义的伟大实践，明确中国特色社会主义是科学社会主义理论逻辑与中国社会发展历史逻辑的辩证统一，中国特色社会主义已进入新时代，帮助学生树立为共产主义远大理想和中国特色社会主义共同理想而奋斗的信念。

必修2：经济与社会。依据习近平新时代中国特色社会主义经济思想的基本原理，讲述我国社会主义基本经济制度，解析社会主义市场经济的基本特征，阐释指导我国经济社会发展的新理念，帮助学生理解全面深化改革的意义，提升在新时代参与社会主义现代化建设的能力。

必修3：政治与法治。以党的领导、人民当家作主、依法治国有机统一为主线，讲述党的领导是人民当家作主和依法治国的根本保证，人民当家作主是社会主义民主政治的本质特征，依法治国是党领导人民治理国家的基本方式，奠定学生政治立场与法治思维的基础。

必修4：哲学与文化。阐明马克思主义哲学是科学的世界观和方法论，讲述辩证唯物主义和历史唯物主义基本观点，坚持实践的观点、历史的观点、辩证的观点、发展的观点，在实践中认识真理、检验真理、发展真理；讲述社会生活及个人成长中价值判断、行为选择和文化自信的意义；为培育学生思想政治学科核心素养，奠定世界观、人生观、价值观基础。

《习近平新时代中国特色社会主义思想学生读本》（初中、高中）：初中在初二年级开设，高中在高一年级开设。

- 思想政治选择性必修课程

选择性必修1：当代国际政治与经济。引导学生"放眼看世界"的重要内容，有助于引导学生在拓宽国际视野的过程中，坚持总体国家安全观，坚定不移地走中国特色社会主义道路，积极贡献中国智慧和力量，推动构建人类命运共同体。

选择性必修2：法律与生活。为学生提供日常生活中所需的法律常识，可以进一步提高学生的思想政治学科素养，增强其法治意识。

选择性必修3：逻辑与思维。培养学生思维，引导学生通过课程学习，把握逻辑思维和辩证思维的方法，提高创新思维能力，进而为他们在学习和生活中提升认识水平提供帮助和指导。

2. 思想政治课程群的校本课程

- 学科选修课程

课程1：财经与生活；课程2：法官与律师；课程3：历史上的哲学家。[依据《普通高中思想政治课程标准》(2017年版，2020年修订)选修课程模块设定]

- 学域选修课程

课程1：漫游礼仪王国（开设年级为六年级）；课程2：交通红绿灯（开设年级为七年级）；课程3：党史教育初中版微课程（开设年级为八年级）；课程4：职业规

划指导（开设年级为九年级）；课程5：KAB创业基础；课程6：这就是中国；课程7：党史教育高中版微课程；课程8：今日关注（课程5—8开设年级为高中年级）。

- 跨学域选修课程

课程1：注意力训练；课程2：沙盘游戏；课程3：待定课题等。

三、课程群的设计

1. 思想政治学科核心素养与细化维度分析

与原有的三维课程目标创新整合，所形成的思想政治学科核心素养，主要包括政治认同、科学精神、法治意识和公共参与。

- 了解中国共产党是中国特色社会主义事业的领导核心，理解坚持党的领导是实现社会主义现代化的根本保证。
- 理解建设中国特色社会主义经济、政治、文化和构建社会主义和谐社会的基本观点，了解有关社会科学的基本知识。
- 理解当代中国公民道德建设和法治建设的基本要求。
- 了解辩证唯物主义世界观和科学的人生观、价值观的基本观点、基本方法，理解建设社会主义核心价值体系的基本要求。
- 学会应用现代信息技术收集、筛选各种信息，提高获取和处理信息的能力。
- 学会探究社会生活，提高辩证思维能力，形成正确的价值判断和价值选择能力。
- 初步学会运用马克思主义基本观点和方法，提高分析和解决现实生活中的实际问题的能力。
- 提高主动参与现代经济、政治、文化和社会生活的实践能力。
- 增强依法办事、依法律己、依法维护自身合法权益的能力。
- 热爱祖国，热爱人民，热爱中国共产党，增强新时代中国特色社会主义道路的信念，逐步树立新时代中国特色社会主义的共同理想。
- 树立社会主义民主法治、公平正义理念，增强公民意识，认同改革开放的基本国策和中国特色社会主义制度。
- 培养尊重实践、求真务实的科学态度。

思想政治课程标准对于学科核心素养从政治认同、科学精神、法治意识和公共参与四方面做了详细的说明：

政治认同

我国公民的政治认同，就是拥护中国共产党的领导，坚持和发展中国特色社会主义，认同中华人民共和国、中华民族、中华文化，弘扬和践行社会主义核心价值观。

中国特色社会主义是改革开放以来中国共产党的全部理论和实践的主题，是党和人民历尽千辛万苦、付出巨大代价取得的根本成就。社会主义核心价值观是当代中国精神的集中体现，凝结着全体人民共同的价值追求。认同中国特色社会主义和社会主义核心价值观，才能形成全国各族人民团结奋斗的共同思想基础，坚持中国道路、弘扬中国精神、凝聚中国力量，为实现中华民族伟大复兴的中国梦而奋斗。青少年的政治认同是他们创造幸福生活的精神支柱、价值追求和道德准则；发展政治认同素养，才能牢固树立中国特色社会主义理想信念，成为社会主义合格建设者和可靠接班人。

科学精神

我国公民的科学精神，就是在认识世界和改造世界的过程中表现出来的一种精神取向，即坚持马克思主义的科学世界观和方法论，能够对个人成长、社会进步、国家发展和人类文明做出正确的价值判断和行为选择。

当代中国正经历广泛而深刻的社会变革，正进行宏大而独特的实践创新。在这一社会变革和实践创新的过程中发扬科学精神，必须坚持辩证唯物主义和历史唯物主义基本观点，领会习近平新时代中国特色社会主义思想，认清社会发展规律和阶段性特征，解放思想、实事求是、与时俱进、求真务实，在全面深化改革的进程中，把握发展机遇，应对各种挑战。培养青少年的科学精神，有助于他们形成正确价值取向和道德定力，提高辩证思维能力，立足基本国情、拓宽国际视野，在实践创新中增长才干。

法治意识

我国公民的法治意识，就是尊法学法守法用法，自觉参加社会主义法治国家建设。

建设社会主义法治国家，是推进国家治理体系和治理能力现代化的必然要求；全面依法治国，必须坚持党的领导、人民当家作主，依法治国有机统一，坚持依法治国和以德治国相结合，实现科学立法、严格执法、公正司法、全民守法，在全社会树立法治意识。增强青少年法治意识，有助于他们在生活中依法行使权利、履行义务，严守道德底线，维护公平正义，做社会主义法治的忠实崇尚者、自觉遵守者、坚定捍卫者。

公共参与

我国公民的公共参与，就是有序参与公共事务，勇于承担社会责任，积极行使人民当家作主的政治权利。

广泛的公共参与，彰显人民主体地位，是公民行使知情权、参与权、表达权、监督权的表现，有助于更好地表达民意、集中民智，提高国家立法和政府决策的科学性、民主性；有助于鼓励人们热心公益活动，激发社会活力，提高社会治理水平。培养青少年公共参与素养，有益于他们了解民主管理的程序，体验民主决策的价值、感受民主监督的作用，增强公德意识和参与能力，追求更高的道德境界。

2. 思想政治学科三类课程（必修、选择性必修、选修）的关系

课程结构依据基础性与选择性相统一的原则，设置必修、选择性必修和选修三类课程。必修课程是全体学生必须完成的学业。选择性必修课程是选择本课程作为学业水平等级性考试的学生应完成的学业，也可供对该课程有兴趣的学生选修。选修课程是学生自主选择修习的课程，涉及个人生活和职业体验等方面的内容，可根据学生个性化发展的需求和本地经济、科技、文化发展的特点开设，如何选择取决于学生的志趣。

3. 课程群校本课程的设计

● 思想政治学科选修课程

课程1：财经与生活

本课程目的是帮助学生在中国特色社会主义新时代，更好地立足于社会主义市场经济运行和社会主义现代化建设的需要，了解经济生活的基本概念和原理，提升学生正确理解和积极参与经济生活的能力，帮助学生进一步树立正确的财富观与人生观，坚持公正、法治的价值取向，践行敬业、诚信的价值准则。本课程设置四个主题：货币与市场、收入与支出、投资与理财、企业与就业。

课程2：法官与律师

本课程目的是帮助学生更多地了解法官和律师这两种有代表性的法律职业的不同职责和共同使命；理解法官和律师对于维护公平正义、推动社会进步、满足人民美好生活需要的作用；在建设社会主义法治国家的实践中，不断增强法治意识，进一步提高法治思维和用法、护法能力。本课程设置4个主题：法官的职责、审判的程序、律师的职责、辩护和代理。

课程3：历史上的哲学家

本课程目的是帮助学生更多地了解中外历史上的唯物主义与唯心主义哲学流派的代表人物及其核心思想；通过对不同哲学观点进行比较、鉴别和评价，看到哲学的时代价值及其影响历史进程的作用；每一个时代的理论思维，都是历史的产

物，学习哲学史可以帮助我们提高理论思维水平，更加自觉地理解和掌握马克思主义哲学原理。本课程设置4个主题：百家争鸣的时代、理学与心学的演变、西方哲学的起源、西方哲学的发展。

● 思想政治学域选修课程

课程1：漫游礼仪王国（开设年级为六年级）

中国是一个有着五千年文化历史的文明古国，有着丰富的文化内涵和灿烂的文明历史，还被誉为礼仪之邦。礼，是中华文化之宝；礼，是民族精神之魂。荀子说："人无礼则不立，事无礼则不成，国无礼则不宁。"学生是学校教育的主体，大部分时间是在校园中度过的，因此校园礼仪在礼仪教育中就显得尤为重要。本课程以校园礼仪为主，通过学生在学校生活中涉及的课堂上、活动中、集会等不同的场所，进而延伸到校外其他公共场所的情境，让学生了解礼仪是在人际交往中，以一定的、约定俗成的程序、方式来表现的律己、敬人的过程。礼仪涉及穿着、交往、沟通、情商等内容，它是一个人内在修养和素质的外在表现。通过学习，使学生在与教师和同学相处中，能自觉遵守一定的礼仪。希望我们同学继承和弘扬中华民族几千年的传统美德，让"礼"字绽放出更多的光芒。

课程2：交通红绿灯（开设年级为七年级）

对七年级学生来说，基本的交通法规在小学和日常的生活经验中已经习得，但由于这个年龄段的学生处于生长发育最快的时期，容易产生过激、过勇的交通行为，如容易发生抢道、闯红灯等违章行为。因此要努力增强学生的法律意识与交通安全意识，培养自觉遵守交通法规的良好习惯。针对学生中抢道闯红灯、乱穿马路等交通行为，以交通事故的重大危害为切入点，引发学生认识遵守交通规则的重要性。为了增强学生对交通法规具体内容的了解，增强学生养成遵守交通法规习惯的自觉性，教学中采用体验性学习、探究性学习与接受性学习相结合的学习方式，引导学生联系自身日常生活中交通行为的实际状况，进行思辨和探讨，从中掌握交通法规的具体行为要求，认识自觉遵守交通法规的重要意义。

课程3：党史教育初中版微课程（开设年级为八年级）

第一部分：没有共产党就没有新中国。回顾中国共产党党史的光辉历程，特别是对其中关键事件及其关键人物的解读，帮助初二学生在全景呈现那段精彩而坎坷的历史过程中，身临其境地了解党走过的峥嵘岁月，理解和体会党在革命和奋斗中的艰难历程。通过充分利用上海的红色文化资源加强"爱党、爱国、爱社会主义"的教育引导,鼓励广大青年学生坚定理想信念,增强学习动力,把握时代特征,履行时代使命。第二部分：只有中国共产党才能发展新中国。通过课堂探究活动,教师引导、问题追问,带领学生通过了解中国共产党在中华人民共和国成立初期和改革开放及社会主义现代化建设时期面临的重要任务,探讨为什么只有中国共产党才是中国特色社会主义事业的坚强领导核心,新中国是如何在中国共产党的领导下强大起来的。

课程4：职业规划指导（开设年级为九年级）

课程旨在通过学习,使学生在明确自身爱好和特长的基础上,对未来的职业选择从感性深入理性,从模糊变成清晰,帮助学生对自己适合的未来职业有针对性地选择,初步形成自己的未来职业规划。

课程5：KAB创业基础

我校2007年引进创业课程,是学校特色拓展课程之一,课程旨在通过学习使学生对"创业"认知从感性深入理性,从片面上升到较为全面,澄清一些学生对创业的简单化或神秘化的认识偏差,培养学生的创业兴趣与意识。

课程6：这就是中国

该课程以一些热播的纪录片为载体,讲述随着中国的崛起与发展,对于中国的各种评论越来越多,我们的学生要学会正确看待中国的发展、中国的事情,用中国自己的话语说清楚、说透彻,让中国的崛起更加顺利、更加精彩。

课程7：党史教育高中版微课程

第一部分——开天辟地：中国共产党在新民主主义革命时期完成救国大业；第二部分——改天换地：中国共产党在社会主义革命和建设时期完成兴国大业；第三部分——翻天覆地：中国共产党在改革开放和社会主义现代化建设新时期推进富国大业；第四部分——惊天动地：中国共产党在中国特色社会主义新时代推进并将在本世纪中叶实现强国大业。深情回顾党的奋斗历史,热情讴歌党的光辉业绩,继承和发扬党的光荣传统和优良作风,进一步激发高中学生的爱党、爱国热情,切实增强学生的历史责任感和使命感。以习近平新时代中国特色社会主义思想为指导,聚焦中国共产党百年奋斗历程主题,围绕党史、新中国史、改革开放史、社会主义发展史、中华民族发展史和新时代中国特色社会主义建设伟大实践,学史明理、学史增信、学史崇德、学史力行。

课程8：今日关注

时事政治是政治教学中非常重要的一个要素,利用每节课上课前的三五分钟时间和每天的"引力播"广播推送播放,带领学生闻窗外事,用所学的知识来分析时事政治。

● 跨学域选修课程

课程1：注意力训练

注意力是将心理活动指向和集中于一定对象的能力，是学习知识的门户。注意力的好坏直接决定学习成绩的优劣。俄国教育家乌申斯基曾把注意力比喻为"一扇门"，凡是外界进入心灵的东西都要通过它。如果这扇门半开半闭或者没有开启，外界的东西也就只能够进来一部分，甚至一点都没有进来。这样就一定会影响学生的学习效果。本课程通过注意力的训练，来帮助学生更好地打开这扇"门"。

课程2：沙盘游戏

中学生通过亲手摆放沙盘、解读沙盘中的潜意识心理，让中学生了解心理治疗的三大理论流派之一的精神分析学派，扩大高中生对心理学的兴趣，增加他们有意识学习心理学的机会，为培养中学生的职业倾向和自我探索起到一定的积极意义。本课程通过理论讲解和游戏实践相互结合，在动脑动手和思考中不断提高学生的自我认识和心理健康知识，有效促进学生心理健康。

自选课题：心理探秘、人文环境的保护与延续探究、我们生活社区的垃圾分类问题调查、共同探寻美丽世界、中国货币的变迁研究、如何有效利用零用钱——中学生投资、理财理念和技巧研究、解读刑事辩护律师的辩护词……

4. 将课程群中的各个课程，归入"三类"校本课程的分类思路

选修课程规划思路：选修课程是学生自主选择修习的课程，涉及个人生活、职业体验、大学先修课等方面的内容，根据学生的多样化需求，社会、经济、文化发展的需要，思想政治课程标准的建议，以及学校办学特色等开发设置。2020年修订版课程标准进一步明确，选修课程不属于国家课程，开发主体是学校，纳入校本课程管理。思想政治课程标准中的选修课程分别为"财经与生活""法官与律师""历史上的哲学家"，是对相关必修课程和选择性必修课程的进一步拓展。选修课程在课程标准中的呈现方式不同于必修课程、选择性必修课程，该部分仅呈现了内容要求，教师可根据学生兴趣、选修情况、教学进度组织教学。

学域选修课程规划思路：本学域选修课程内容设计，是基于培养学生的思想政治学科的核心素养，充分关注思想政治课程紧密结合社会实践，引导学生经历自主思考、合作探究的学习过程，理解中国特色社会主义进入新时代的历史方位，了解新时代中国特色社会主义经济、政治、文化、社会、生态文明建设和党的建设进

程，培育政治认同、科学精神、法治意识和公共参与等核心素养，逐步树立共产主义远大理想和中国特色社会主义共同理想，坚定中国特色社会主义道路自信、理论自信、制度自信、文化自信，基本形成正确的世界观、人生观、价值观。其实许多课程是核心素养的综合培养，而并非单一培养，但上述我们从侧重某一核心素养的培养的线索，可以开拓课程规划的思路，使课程群的课程对学生各种学科核心素养的培养更均衡，学力发展更协调。同时，在课程开发过程中，教师对学科核心素养的关注意识和实施能力也不断提升。

跨学域选修课程规划思路：本教研组集合了初中道德与法治、高中思想政治、心理学学科内容，同时，教师综合素质及能力较强，故从不同的跨学科领域提供了相应的跨学域课程供学生选择，并在学校课程设置中带领学生一起进行跨学科的研究性学习。

从整个思想政治课程群学习的视角阐述，对基础性学力、发展性学力、创造性学力的协调提升。

思想政治课程群国家课程加校本课程的课程设计，形成课程群之间相辅相成统整关系，其效应：从素养视角看是学科核心素养的有效提升，从能力层次看是三种学力的协调发展。

四、课程群目标

第一，改变纯粹概念式、口号式的意识形态教育，逐步把意识形态渗透到生活、学习和文化知识之中，使政治要求和生活规范、文化素质结合起来，形成思想教育与人生成长、品德养成及公民道德教育相结合的课程教育模式。

第二，改变过去方法单一的思想政治教育模式，在要求实现统一的教育目标的同时，充分注意了学生的个性特点和学生自身的发展兴趣，把统一的要求与学生的差异性特点结合起来。

第三，改变过去不分年龄和身心发展阶段差异的思想政治教育模式，减少单纯的宏大概念叙事，尽力把主流的社会价值观与青少年成长过程结合起来，把政治要求和青少年生活特点、学生视角结合起来实施教学。

第四，改变过去单纯灌输的教育方法，逐渐形成思想教育、价值观教育与学生自我体验、自我反思相结合的教育方法，与过去相比更强调自觉、自省、自主、自律和自我教育。

第五，强化了实践内化的要求，不仅需要渗透学科核心素养的概念，而且还需要留出更多的时间，让学生通过实践提升思想政治核心素养。

五、课程群图谱

依据上述的规划形成了思想政治学科的课程群图谱，具体如下：

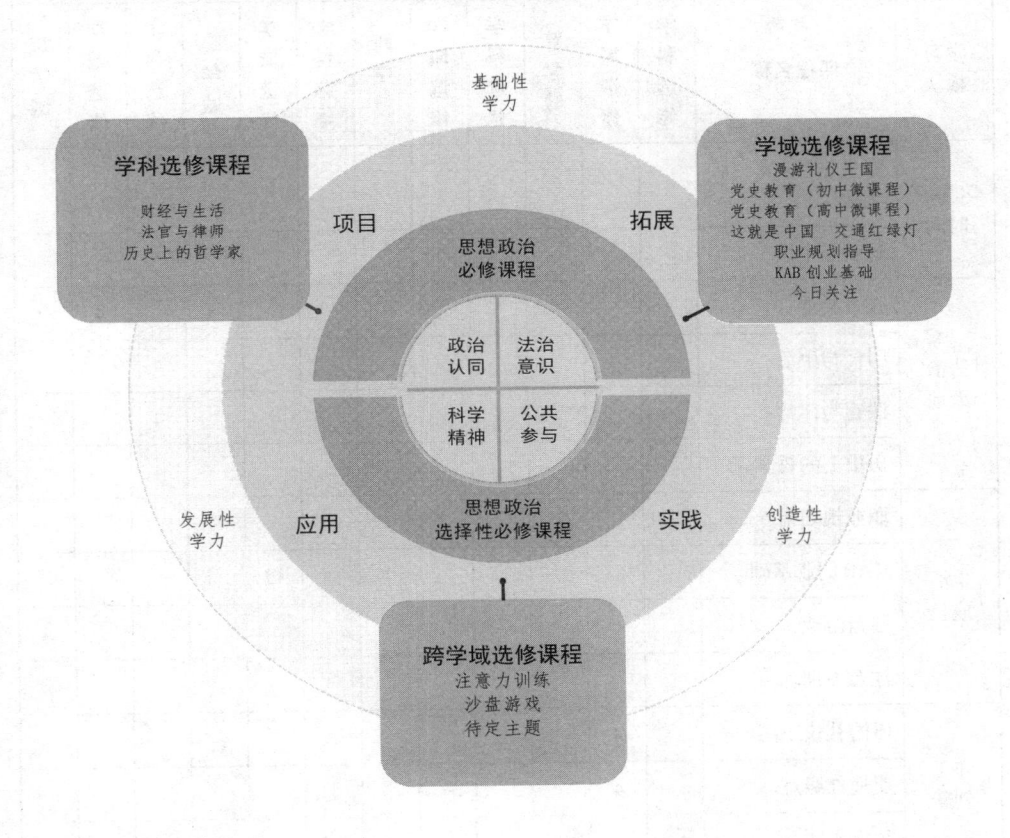

学科选修课程
财经与生活
法官与律师
历史上的哲学家

学域选修课程
漫游礼仪王国
党史教育（初中微课程）
党史教育（高中微课程）
这就是中国 交通红绿灯
职业规划指导
KAB创业基础
今日关注

思想政治必修课程
政治认同　法治意识
科学精神　公共参与

思想政治选择性必修课程

跨学域选修课程
注意力训练
沙盘游戏
待定主题

基础性学力　拓展　项目　应用　实践　发展性学力　创造性学力

六、课程群设置

1. 课程群设置表（学习板块、课程名称、课程类型、课程课时、实施年级）

学习板块	课程名称	六年级 七年级			八年级 九年级			高一年级			高二年级 高三年级		
		学科选修	学域选修	跨学域	学科选修	学域选修	跨学域	学科选修	学域选修	跨学域	学科选修	学域选修	跨学域
学"习"时间	党史教育（初中版微课程）					8							

续 表

学习板块	课程名称	六年级七年级			八年级九年级			高一年级			高二年级高三年级		
		学科选修	学域选修	跨学域	学科选修	学域选修	跨学域	学科选修	学域选修	跨学域	学科选修	学域选修	跨学域
学"习"时间	党史教育(高中版微课程)								8				
	这就是中国											8	
法治天地	今日关注											4	
	财经与生活										4		
	法官与律师										4		
	历史上的哲学家										4		
生活成长	职业规划指导						4						
	KAB创业基础								12				
	沙盘游戏												4
	注意力训练					8							
守正创新	漫游礼仪王国		4										
	交通红绿灯		4										
	待定主题			4			4						

2. 课程群设置的说明

根据已有和拟开设的课程设置课程群,配合学校总体课程设计,进行相关课时的设置与调整。有些年级设计多门选修课程,学生可以进行自主选择。

七、思想政治课程群(部分)"课程纲要"

"KAB创业基础"课程纲要(摘选)

1. 课程背景

"KAB创业基础"是学校的引进课程,是学校特色选修课程之一,课程旨在通过学习使学生对"创业"认知从感性深入理性，从片面上升到较为全面，澄清一些学生对创业的简单化或神秘化的认识偏差，培养学生的创业兴趣与意识。

2. 课程目标

对学生的就业观念进行科学指导，培养他们的创业意识，帮助他们正确认识企业在社会中的作用，了解创办和经营企业的基本知识和实践技能，从而提升创业能力和就业能力。目标是注重培养学生的创业思想和综合素质。

3. 课程内容

（1）对创业的认识

通过学习，学生对课程内容从一无所知到有一定的了解，到最后积极投入其中。KAB课程，首先使中学生对"创业"的认知从感性深入理性，从片面上升到较为全面，澄清了一些学生对创业的简单化或神秘化的认识偏差。比如在学生的反馈中，最常看到的就是："我原来觉得创业只要有钱就可以了。现在才发现，原来创业是一个远比我们想象的要复杂得多的过程。"

（2）企业家精神的培养

其实KAB课程在中学，更多的是传播一种精神和理念。因此在课程中，学生通过游戏、讨论、情境参与等，能够了解到作为一个企业家需要具备的各方面素质，从而使学生能够正确认识自身的主观条件，从自身出发客观分析自己的目标，制订初步的人生规划。

（3）激发学生潜能

有学生在反馈中也提到"我可能在未来不会有创业的打算"。其实，KAB课程的理念，并不是提倡每一个人都要成为创业者，中学课程设置的最终目的在于使学生能够认识自我，激发潜能，挑战自我。如果通过这门课程，使学生认识到他并不适合创业，说明他对自身有了更客观的认识，那么我们的课程也是成功的。

当然，创业作为就业的一种形式，如果通过这门课程能够激发学生创业的兴趣，使有创业想法的学生能够有良好定位，坚定梦想，那就更上一层楼了。

（4）综合素质的提升、自主发展意识得到增强

在授课过程中，使学生不仅收获"创业"的相关知识内容，更培养多方面的能力。KAB采用参与式的教学方法，激发学生在课程中的参与性、积极性，使他们不感到枯燥，学生对小组讨论、辩论、角色扮演、创业任务访谈等活动环节的参与度很

高,加强了学生交流、沟通、协作等方面的能力。

4. 课程实施

课程在高一年级开设,课程实施情况为每周一个课时,一学期共10个课时。根据KAB课程的授课要求,实行轮班学习。同时,严格按照课程要求,准备专门的场地,将桌椅排成U字形,并配备多媒体设备、磁性白板、记号笔(黑色、红色)、彩色海报纸等必备辅助工具。

在授课过程中,采用参与式的方法,通过情景模拟、分组讨论、辩论、创业人物访谈、团体游戏、纸笔练习、小组项目完成、小组成果分享、案例讨论等形式来完成教学过程。KAB创业基础课程的形式生动活泼,特色在于以学生为中心的教学模式,体现出更多的参与特点,故每次授课时间约为1小时。在教学过程中有自测、演示、小组活动、案例分析、头脑风暴、角色扮演、嘉宾访谈、模拟游戏等多种形式,具有很强烈的实践效果。学生通过这些活动,把理论和实践相结合,把创业的一些基本知识运用到具体的案例中,能让学生了解更多课外的知识。

5. 课程评价

课程的最终考核实行课堂教学和项目实践相结合的方法,项目实践的操作方式是给学生一定选择范围,让学生运用KAB中关于创业与商业的相关知识,以小组为单位联合制作商业计划书。以小组答辩形式,对于答辩合格的学生进行打分。

(思想政治教研组　周佩君　蔡灵琳　执笔)

领略历史　撷智求真　家国情怀
——历史学科"课程群"(摘选)

一、历史学科课程群定位

中学历史课程是在马克思主义唯物史观指导下,叙述和阐释人类历史进程及其规律的学科。探寻历史真相,总结历史经验,认识历史规律,顺应历史发展趋势,是历史课程重要的社会功能。

历史课程基本的教育理念是以立德树人为根本任务,坚持正确思想导向和价值判断,以培养和提高历史学科核心素养为目标,通过对唯物史观、时空观念、史料实证、历史解释和家国情怀五大素养的培育,达到立德树人的要求。

通过历史课程的学习，能拓宽历史视野，发展历史思维，提高历史学科核心素养，能够从历史发展的角度理解并认同社会主义核心价值观和中华优秀传统文化，认识并弘扬以爱国主义为核心的民族精神和以改革创新为核心的时代精神，具有广阔的国际视野，树立正确的世界观、人生观、价值观和历史观，为未来的学习工作生活打下基础。

普通高中历史课程由必修、选择性必修、选修三类课程构成，采用通史与专题史相结合的方式。必修课程采取通史方式，旨在让学生掌握中外历史发展大势；选择性必修课程和选修课程采取专题史方式，旨在让学生从多角度进一步了解人类历史的发展。其中，历史选修课程是学生自主选择修习的课程，是在必修与选择性必修课程基础上设置的拓展、提高类课程。

以中外历史发展大势为中学历史课程主线的呈现方式，决定了历史学科知识的特点是"由远及近"的时序性和过去性，导致历史知识远离现实和学生的生活，学生的学习无法在完全真实的情境中体验；但是，现实生活中又处处有历史的身影，现有生活经验是激发学生学习兴趣和动力的触发点，学生的学习是在此基础上"由近及远"进行的。基于这一认识，我们的历史学科课程群的开发，以核心素养的提高程度作为具体目标，在课程结构设计上，本着促进学生学力协调发展的宗旨，为学生提供多视角、多类型、多层次的学习内容，帮助学生拓宽历史视野，发展历史素养，增强历史洞察力。通过设置"走进历史，撷智求真"历史课程群，增强了现实生活的内容，加强了历史学习与学生经验和学生生活的联系，让学生通过对身边历史的感悟来走进历史，撷智求真。

二、历史学科课程群的结构

1. 历史学科课程群的国家课程
- 历史学科必修课程："中外历史纲要"
- 历史学科选择性必修课程："国家制度与社会治理""经济与社会生活"和"文化交流与传播"

必修课程采取通史方式，旨在让学生掌握中外历史发展大势；选择性必修课程采取专题史方式，旨在让学生从多个角度进一步了解人类历史的发展。体现了历史课程由基础型向拓展型和研究型发展的层递结构。

2. 历史学科课程群的校本课程
- 历史学科选修课程："史学入门"和"史料研读"

选修课程相比必修课程的着重历史知识基础，更具准专业化特征，从史学和史料两个角度入手，让学生懂得历史认识需要多种材料的互证和多个视角的参照，有利于引导学生进行探究学习与深度学习，深化历史学科核心素养的培养。

● 历史学科学域选修课程："走进历史，撷智求真"课程群

历史学科"走进历史，撷智求真"课程群是"必修课程"的延伸，通过对学科知识领域的拓展，完善和补充学生的学科领域的知识内容与结构，使课程具有更强开放性，课程的选题考虑的是学生需要什么、学生能够学什么，怎样让学生去学历史，致力于拓展学生的知识，学生通过学习获取发展性的知识。更关注培养学生的主体意识，提高学生选择学习的能力和自主学习方式的形成，更关注学生研究意识的培养，从而更有效地实现学生学力协调发展，促进综合素养更全面的提升。

● 跨学域选修课程

该课程旨在不受历史"必修课程"和学习领域的限制，学习内容跨历史学科跨学习领域，学生通过这类课程的学习，可以融通各学科知识，掌握各种学习方法与技能，对学生综合素养的培养有很好的提升作用。

三、课程群的设计

1. 历史学科核心素养与细化维度分析

学科素养是学科育人价值观的集中体现，是学生通过学科学习而逐步形成的正确价值观念、必备品格和关键能力。历史学科素养包括唯物史观、时空观念、史料实证、历史解释、家国情怀五方面。

唯物史观是揭示人类社会历史客观基础及发展规律的科学的历史观和方法论。人类对历史的认识是由表及里、逐渐深化的，要透过历史的纷繁表象认识历史的本质，科学历史观和方法论是非常重要的。唯物史观使历史学成为一门学科，只有运用唯物史观的立场、观点和方法，才能对历史有全面、客观的认识，唯物史观是诸素养得以提高的理论保证。

时空观念是在特定的历史时间联系和空间联系中对事物进行观察、分析的意识和思维方式。任何事物都是在特定的、具体的时间和空间条件下发生的，只有在特定的时空框架中，才能对史事有准确的理解，是诸素养中学科本质的体现。

史料实证是指对获取的史料进行辨析，运用可信的史料努力重现历史真实的态度与方法。历史过程是不可逆的，认识历史只能通过现存的史料。要形成对历

史正确、客观的认识，必须重视史料的搜集、整理和辨析，去伪存真，是诸素养得以提高的必要途径。

历史解释是指以史料为依据，对历史事物进行理性分析和客观评判的态度、能力与方法。所有历史叙述在本质上都是对历史的解释，即使是对基本事实的陈述也包含了陈述者的主观认识。人们通过多种不同的方式描述和解释过去，通过对史料的搜集、整理，客观地理解历史事物，不仅要将其描述出来，还要揭示其表象背后的深层因果关系。通过对历史的解释，不断接近历史真实，是诸素养中对历史思维与表达能力的要求。

家国情怀是学习和探究历史应该具有的人文追求，体现了对国家富强、人民幸福的情感，以及对国家的高度认同感、归属感、责任感和使命感。学习和探究历史应具有价值关怀，要充满人文情怀并关注现实问题，以服务于国家强盛、民族自强和人类社会的进步为使命，是诸素养中价值追求的目标。

五个核心素养是一个相互联系的整体。唯物史观是学习和探究历史的核心理论和指导思想；时空观念是了解和理解历史的基础，是认识历史所必备的重要观念；史料实证是学习历史和认识历史所特有的思维品质，是理解和解释历史的关键能力与方法；历史解释是在形成历史理解和认识的基础上叙述历史的能力，是检验学生的历史观和历史知识、能力、方法等方面发展水平的主要指标；家国情怀是学习历史和认识历史在思想、观念、情感、态度等方面的重要体现，是实现历史教育育人功能的重要标志。

2. 历史学科三类课程（必修、选择性必修、选修）的关系

高中历史课程由必修、选择性必修、选修三类课程构成一个整体，具有关联性、递进性和提高性。其中，历史必修课程是共同基础，学生通过学习，掌握中国史和世界史的重要史事和发展脉络，基本形成对历史的整体认识；选择性必修课程是必修课程的拓展和深化，它从三个主要领域呈现更为丰富多彩的历史内容，提高学生的学习兴趣，引领学生从多个角度认识历史的发展和变迁；选修课程是在必修课程和选择性必修基础上的进一步延伸，通过专业理论和职业技能的学习，学生强化史学专业基础，提高历史学习兴趣。通过这三类历史课程的学习，使学生的历史学科核心素养不断得到提高。

3. 历史学科课程群"三类"校本课程"学习板块"的设计

学习历史的途径是多种的，学习的媒介也是多样的，历史学科课程群旨在通过

创设多样的学习媒介，引导学生走进历史，在历史学习的海洋中，撷取历史的智慧，探求史事的真相，按照不同学习板块设计了如下课程：

- 走近文物——台北故宫、走近国宝、与国宝对话、上海近代红色资源研究、中国古代书法艺术形成与发展、丝路史话探究。
- 走进生活——民俗文化初探、佛教在中国的发展和传播、居住形式的历史演变、生活中的历史、邮票中的历史、寻访上海的根。
- 走进典籍——中国古代政治制度之专制主义中央集权的演变、儒家文明的起源和发展、三十六计与处世智慧、近代中国政治民主化进程。
- 走进影视——溥仪的传奇人生、大国崛起、中国特色社会主义道路、重要历史事件及战争、多极化趋势下中国和世界。

课程群中的各个课程在"三类"校本课程中的分类如下：

- 学科选修课程——"大国崛起""中国特色社会主义道路""重要历史事件及战争""多极化趋势下中国和世界""中国古代政治制度之专制主义中央集权的演变""儒家文明的起源和发展""近代中国政治民主化进程"。
- 学域选修课程——"上海近代红色资源研究""中国古代书法艺术形成与发展""丝路史话探究""佛教在中国的发展和传播""居住形式的历史演变""生活中的历史"。
- 跨学域课程——"台北故宫""走近国宝""与国宝对话""民俗文化初探""生活中的历史""邮票中的历史""寻访上海的根""三十六计与处世智慧""溥仪的传奇人生"。

新课程关注基础性学力、发展性学力和创造性学力三种学力的协调发展，但三类课程所关注的内容是各有侧重的。选修课程更侧重于方法、过程、态度与情感等方面的体验。根据我们学校学生的实际能力及普遍的学生认知规律和学习心理特点，历史学科课程群将学习与学生的生活经验有机结合，设计各历史阶段的重要片段，创设贴合学生生活实际的历史学习情境，通过不同专题的拓展，发展学生应当具备的历史学科核心素养，满足学生不同的兴趣和需求，从整体上促进学生的基础性学力、发展性学力和创造性学力的协调发展。

历史学科课程群"三类"校本课程的"学习板块"的设计，是基于培养学生的历史学科的核心素养，使学生通过学科学习逐步形成正确的价值观念、必备品格和关键能力。课程结构的设计、课程内容的选择、课程的实施等，始终贯穿发展学生历史学科核心素养这一任务。在结构设计上,在体现基础性的同时,构建多视角、多类型、多层次的课程体系。在内容选择上,精选基本的、重要的史事。在课程实施上,进一步改进教学方式、学习方式和评价机制,将教、学、评有机结合,促进学生的自主学习、合作学习和探究学习,提高实践能力,培养创新精神。

四、历史学科课程群目标

基于历史学科核心素养的培养,《历史课程标准》确立了如下课程目标:

1. 了解唯物史观的基本观点和方法,包括人类社会形态从低级到高级的发展、生产力和生产关系之间的辩证关系、经济基础和上层建筑之间的相互作用、人民群众在社会历史发展中的重要作用等,理解唯物史观是科学的历史观;能够正确认识人类历史发展的总趋势;能够将唯物史观运用于历史的学习与探究中,并将唯物史观作为认识和解决现实问题的指导思想。

2. 知道特定的史事是与特定的时间和空间相联系的;知道划分历史时间与空间的多种方式,并能运用这些方式叙述过去;能够按照时间顺序和空间要素,建构历史事件、历史人物、历史现象之间的相互关联;能够在不同的时空框架下对史事做出合理的解释;在认识现实社会时,能够将对象置于具体的时空条件下进行考察。

3. 知道史料是通向历史认识的桥梁,了解史料的多种类型,掌握搜集史料的途径与方法;能够通过对史料的辨析和对史料作者意图的认知,判断史料的真伪和价值,并通过此过程增强实证意识;能够从史料中提取有效信息,作为历史叙述的可靠证据,并据此提出自己的历史认识;能够以实证精神对待历史与现实问题。

4. 区分历史叙述中的史实与解释,知道对同一历史事物会有不同解释,并能对各种历史解释加以辨析和价值判断;能够客观论述历史事件、历史人物和历史现象,有理有据地表达自己的看法;能够认识历史解释的重要性,学会从历史表象中发现问题,对历史事物之间的因果关系做出解释;能够客观评判现实生活中的问题。

5. 在树立正确历史观基础上,从历史的角度认识中国的国情,形成对祖国的认同感和正确的国家观;能够认识中华民族多元一体的历史发展趋势。形成对中华民族的认同感和正确的民族观,具有民族自信心和自豪感;了解并认同中华优秀传统文化、革命文化、社会主义先进文化,认识中华文明的历史价值和现实意义;

了解世界历史发展的多样性，理解尊重世界各国、各民族的文化传统，具有广阔的国际视野，树立正确的文化观；认同社会主义核心价值观，认同走中国特色社会主义道路是历史的必然，树立中国特色社会主义道路自信、理论自信、制度自信和文化自信；能够确立积极进取的人生态度，塑造健全的人格，树立正确的世界观、人生观和价值观。

基于学力协调发展的宗旨，在课程标准确立的课程目标基础上，建构了历史课程群的目标：使学生通过历史课程的学习，形成历史学科核心素养，即培养学生拥有唯物史观、时空观念、史料实证、历史解释与家国情怀。使学生通过历史课程群的学习，掌握必备的历史知识，能够了解唯物史观的基本观点和方法。知道特定的史事是与特定的时间和空间相联系的。知道史料是通向历史认识的桥梁。区分历史叙述中的史实与解释。在树立正确历史观基础上，从历史的角度认识中国的国情，形成对祖国的认同感和正确的国家观。

各类学习板块的评价目标：

1. 走进文物——通过与各种历史文物的接触、对其进行解读，走进历史，由外而内叩问历史真实的过程，建立历史时空观念的具体想象，培养史由证来、证史一致的思维品质。

2. 走进生活——通过具体的学习，学会将历史中的人物、事件及文明成果置于其发生产生的时空坐标中，立足于是什么为什么，多视角地诠释历史，做出清晰全面客观的历史评价。

3. 走进典籍——历史典籍不仅叙述了历史事件为什么会发生、如何发生、是怎样影响其他事件的，还是历史学家关于过去发生了什么的对话，学习历史典籍，通过引导学生持"同情之了解"的态度，以认识历史的客观存在，辨析历史的材料语境，移情历史人物和材料作者的心境，实现对各类历史典籍所搭建的历史片段的理解。

4. 走进影视——通过引导学生具体分析影视作品的记录特征、影视作品作者的身份特征及作品的显性隐性特征和反映的时代特征、社会心态，达到历史认识的求真目的。

五、课程群图谱

依据上述的规划形成了历史学科的课程群图谱，具体如下：

第六部分 实施与范例

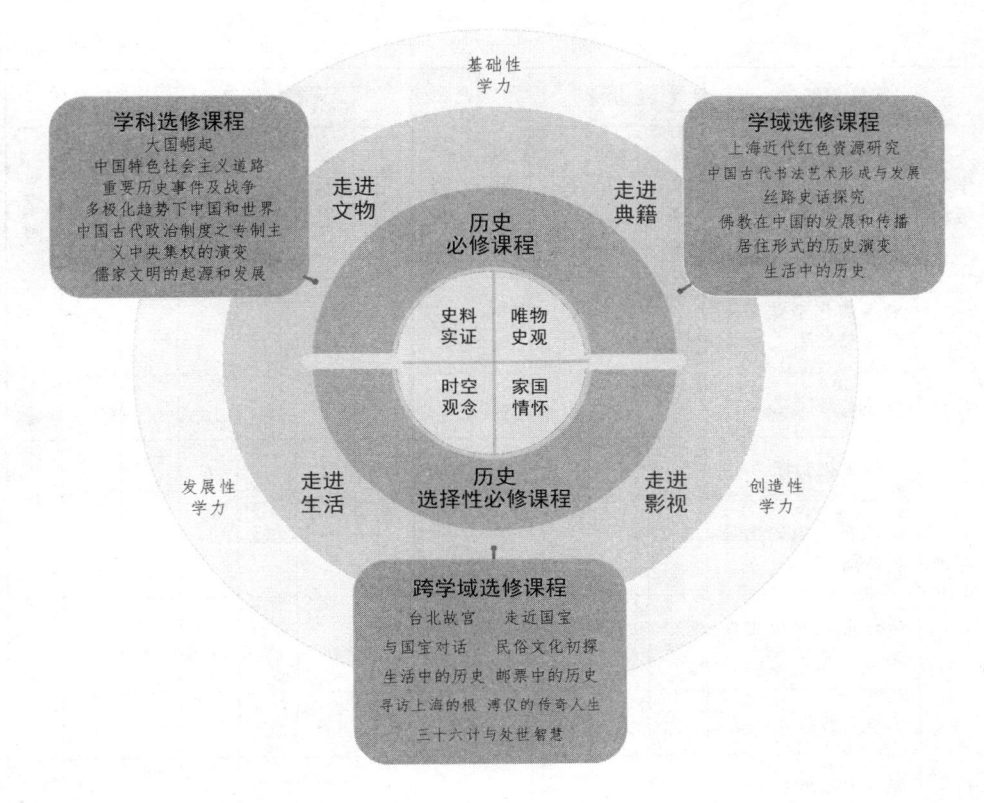

学科选修课程
大国崛起
中国特色社会主义道路
重要历史事件及战争
多极化趋势下中国和世界
中国古代政治制度之专制主义中央集权的演变
儒家文明的起源和发展

学域选修课程
上海近代红色资源研究
中国古代书法艺术形成与发展
丝路史话探究
佛教在中国的发展和传播
居住形式的历史演变
生活中的历史

基础性学力

走进文物　走进典籍

历史必修课程
　史料实证　唯物史观
　时空观念　家国情怀

历史选择性必修课程

走进生活　走进影视
发展性学力　　创造性学力

跨学域选修课程
台北故宫　　走近国宝
与国宝对话　民俗文化初探
生活中的历史　邮票中的历史
寻访上海的根　溥仪的传奇人生
三十六计与处世智慧

六、课程群设置

1. 课程群设置表（学习板块、课程名称、课程类型、课程课时、实施年级）

学习板块	实施年级 课程名称	七年级 学科选修	七年级 学域选修	七年级 跨学域	八年级 学科选修	八年级 学域选修	八年级 跨学域	高一年级 学科选修	高一年级 学域选修	高一年级 跨学域	高二年级 学科选修	高二年级 学域选修	高二年级 跨学域
走进文物	台北故宫									6			
走进文物	上海近代红色资源研究					8							
走进文物	走近国宝									8			
走进文物	与国宝对话			6									

续　表

学习板块	实施年级 课程名称	七年级 学科选修	七年级 学域选修	七年级 跨学域	八年级 学科选修	八年级 学域选修	八年级 跨学域	高一年级 学科选修	高一年级 学域选修	高一年级 跨学域	高二年级 学科选修	高二年级 学域选修	高二年级 跨学域
走进生活	中国古代书法艺术形成与发展		6										
走进生活	丝路史话探究								6				
走进生活	民俗文化初探											6	
走进生活	佛教在中国的发展和传播					6							
走进生活	居住形式的历史演变								6				
走进生活	生活中的历史											8	
走进生活	邮票中的历史						6						
走进生活	寻访上海的根			6									
走进典籍	中国古代政治制度之专制主义中央集权的演变										8		
走进典籍	儒家文明的起源和发展								6				
走进典籍	三十六计与处世智慧						6						
走进典籍	近代中国政治民主化进程								6				
走进影视	溥仪的传奇人生			6									
走进影视	大国崛起											8	

续表

实施年级		七年级			八年级			高一年级			高二年级		
学习板块	课程名称	学科选修	学域选修	跨学域	学科选修	学域选修	跨学域	学科选修	学域选修	跨学域	学科选修	学域选修	跨学域
走进影视	中国特色社会主义道路	6											
	重要历史事件及战争							6					
	多极化趋势下中国和世界							6					

2. 课程群设置的说明

历史课程群的设置,是基于我们学校学生的一般认知水平来确定课程的选材,从学生的兴趣点入手,贴近学生的最近发展区,通过多角度地走进历史,将课堂上习得的学史方法迁移到新的学习情境中,进一步培养历史学科的核心素养,从历史中撷智求真,实现学生学力协调发展。

七、历史课程群(部分)"课程纲要"

"生活中的历史"课程纲要(摘选)

一、课程背景

学生经过初中阶段的历史学习,已初步了解、掌握人类历史发展中的丰富多彩的文明成果。进入高中后,本课程以主题史的形式,进一步通过服饰、饮食、建筑、民俗风情等相关内容,向学生反映历史发展概貌,带其领略各国人民创造的灿烂文明,了解其文化传统和民族心态在文明的发展历程中的折射,理解文明成果与人类生存活动的休戚联系,从而既扩展学生的历史视野,又认识、感悟文明的多元性并传承、发扬各国的优秀文化,使之成为世界文明的继承者和创造者,切实落实立德树人根本任务。

二、课程目标

本课程主要是基于培养学生的"唯物史观、时空观念、史料实证、历史解释、家国情怀"学科核心素养而设计的,力求培养学生的基本学习能力、结构化的基础知识、自主研修问题性知识等学力要求,从而使他们增加历史文化积淀,坚定文化自信,树立正确的文化观。

三、课程内容

(1)服饰民俗(2)饮食民俗(3)居住民俗(4)节日民俗(5)人生仪礼(6)社会交往

四、课程实施

1. 围绕衣、食、住、行、节日、仪礼等专题,从历史背景、沿革历程、古今中外对比、历史影响等角度体现文化演进的痕迹,促使学生了解历史发展的多元性,树立正确的文化观。

2. 根据每个专题的难易程度采用不同的授课方式:讲授法、现场演示法、小组讨论交流、多媒体展示、课后上网查询等。

五、课程评价

评价方式注重过程,采用等第制形式。等第制分为优秀、良好、合格、须努力四级,包括态度、参与、展示三个组成部分。其中态度部分占20%,针对上课纪律及出勤率,即基本学习态度;参与部分占50%,侧重于日常授课中积极思考、参加小组讨论与大组交流、与人合作解决问题、情景模拟表演等学习过程表现情况;展示部分占30%,以个人为单位制作PPT或撰写小论文等形式进行交流评定。

六、实施案例

主题一　服饰

一、教学目标

1. 从服饰材料的选取、初步加工和纺织工具的发明及利用等方面,了解服饰从无到有的基本历程。了解服饰的基本构成,学会分析影响服饰构成的诸多因素。认识服饰的功能,尤其是其社会功能。

2. 搜集反映各民族服饰的图片,比较其主要的同异,进一步分析生活环境和经济发展对服饰构成的影响。通过对"服饰起源"的讨论,进一步认识服饰的实用功能和社会功能。将服饰的发展变化置于历史发展的大背景中加以考察,认识服饰所折射的文化内涵和历史印记。

3. 通过对服饰产生、功能,以及影响服饰诸多因素的了解,认识到社会生活的各领域都是进行历史考察的独特视角,激发对社会生活史研究的兴趣。通过对服饰发展的历史考察,尤其是对影响服饰发展因素的深入认识,能够比较理性地认识和对待服饰的变化、规范、流行等各种现实问题。

二、教学内容

社会生活史是历史研究的重要组成部分,衣食住行既是物质文明发展的成果,也蕴含诸多文化因素。服饰发展的历史,同样能反映历史发展的轨迹。

1. 服饰的产生

从服饰材料和工艺看服饰的产生。人类最早的护体材料是自然物,穿着方式是自然披挂。骨针等工具的发明使人类开始了兽皮的初步缝制,从而使披挂物能够逐渐适合身体的形状。兽皮来源有限,而一般的树皮、树叶性脆易烂,自然物韧性纤维的被利用扩大了人类服饰材料的来源。进入新石器时代,产生了农业,又逐步创造出纺轮等最早的纺织工具,用以加工天然纤维,纺出线绳后用骨针经纬交织,织成麻布,产生了最早的纺织品。之后,又产生了饲蚕和丝纺,缫丝织绸是中国古代人民的伟大发明之一。服饰材料的发展过程是人类认识自然、利用自然、改造自然的过程,其中工具的发明起了重要的作用。

2. 影响服饰的因素

服饰的构成和影响服饰样式的诸多因素。服饰的主要形制是上衣下裳制和衣裳连属制。其构成主要是头衣、体衣、足衣、佩饰四部分。服饰的样式受多种因素制约和影响,如不同性别的人因生理不同、社会分工不同、礼仪礼节的不同对服饰有不同的需要。不同的年龄阶段有生理差别,社会礼仪对人的约束也分年龄阶段,如男子二十岁必须加冠等。不同的自然环境直接影响服饰的样式,例如生活在寒带和热带的人民为适应环境,服装的简繁、工艺都有很大区别。服饰样式还受生产方式和生活方式的影响,如蒙古族长期逐水草而居,衣服质料以兽皮为主,上下连属的袍子在骑马时能够护膝御寒,夜晚还能当被盖。腰带的主要功能是骑马时保持腰背的挺直,且冬防冷风,夏防虫子。蒙古帽帽檐小,便于远视,顶部呈圆形,以减少风的阻力。此外,服饰样式还受季节、职业、生产力水平、工艺水平、文化传统等诸多因素的制约。各民族在服饰样式上都有着丰富的创造,特别应注意的是服饰所具有的实用价值,以及人们所赋予的特殊文化寓意。

3. 服饰的功能

服饰的等级标志和职业标志功能。服饰的功能主要有御寒、护体、美化、遮羞、标志等,随着家族制度、社会制度的变化和阶级等级的分化,服饰的标志功能得到加强。在原始文化资料中,已经可以看到部落酋长和普通成员在服饰上的区别,到阶级社会,衣冠服饰成为统治阶级"严内外、辨亲疏"的工具,自夏朝起,中国出现冠服制度,到西周已基本完善。从此,用不同服饰体现等级差别的基本制度,长期沿袭不改。锦衣与布衣、丝绸与葛麻标志了等级贫富。不同的质料、样式、色彩、佩饰等都显现出地位的高低。职业装出于方便以所从事的职业活动为出发点,如猎户的服装既要耐寒耐磨,还要便于伪装。社会分工细化之后,各行各业的服饰都有自己的特殊标记和样式,成为不同职业者的鲜明标志。

三、历史事实简介(详细内容略)

1. 骨针 2. 养蚕业的起源 3. 纺轮 4. 人类早期的纺织 5. 体衣的基本形制 6. 头衣的基本形制 7. 足衣的基本形制 8. 佩饰 9. 服饰的等级制度 10. 护士服 11. 法官袍 12. 影响服饰的主要因素 13. 原始人服饰复原图 14. 陶纺轮 15. 东正教大主教的礼冠 16. 旗鞋

课堂讨论

举一个朝代的服饰特征说明,在一定经济基础上形成的社会意识形态是影响社会风尚、衣冠服饰的一个重要因素。

(历史教研组 白文萍 华群 执笔)

认知数形 体验数蕴 养成严谨
——初中数学TGB"课程群"(摘选)

一、课程群的定位

《义务教育数学课程标准(2022版)》中指出:"全面梳理课程改革的困难与问题,明确修订重点和任务,注重对实际问题的有效回应。遵循学生身心发展规律,加强一体化设置,促进学段衔接,提升课程科学性和系统性。进一步精选对学生终身发展有价值的课程内容,减负提质。细化育人目标,明确实施要求,增强课程指导性和可操作性。强化课程综合性和实践性,推动育人方式变革,着力发展学生核心素养。凸显学生主体地位,关注学生个性化、多样化的学习和发展需求,增强课程适宜性。坚持与时俱进,反映经济社会发展新变化、科学技术进步新成果,更新课程内容,体现课程时代性。"

"TGB"课程群依托校课程群结构模型,由符合上音比乐初中学生特点、促进学生学力协调发展的系列课程组成,力求为不同学习水平的学生的数学学习提供更广阔的空间,让学生在数学上得到个性化的发展,从而体现我校的办学特色。

"TGB"课程群提出的学力的协调发展,则是以培养学生多元综合能力素养作为目标指向,是数学核心素养内涵的组成部分。为此,课程群的设计、开发与实施的价值指向,就是促进学生数学核心素养的整体发展,而数学核心素养的整体发展,从学力视角看,其必将促进学力的整体协调发展,学力与数学核心素养交相辉映。数学核心素养是学力协调发展的前提与基础。学力协调发展是数学核心素养整体提升的结果。如果我们把课程群比作"树",那么数学核心素养就是树上的"果",学力协调发展则是树上的"叶"。

课程群的成功建立对整体教学水平的提高和创新型人才的培养至关重要。在严格遵循国家课程标准规定的课程理念、课程定位和课程架构下,探索以课程群的形式,依据基础性、整体性和多样性为校本课程建设原则,根据校情与学情,力求在校本课程的整体布局、框架结构之间形成有机关联,促使学生的基础性、发展性、创造性学力协调发展。通过课程群建设所带来的良好效果,进一步肯定了初中数学TGB课程群的校本规划与建设,在提高教师教学质量和人才培养方面的重要地位。

因此,基于学力协调发展的数学学科课程群建设对探索课程教学改革具有重要的现实意义。

二、课程群的结构

本课程群采用"国家课程"+"TGB"课程群的形式,其中"TGB"课程群为自主设计的校本课程。

1. 国家课程

是为了满足所有学生的共同数学需求,是学生发展所需要的基础性数学课程。

严格按照《义务教育数学课程标准(2022版)》的要求进行校本化实施,关注数学的"三会"核心素养,让学生从中感悟数学思想、积累数学活动经验,并获得积极的情感体验,形成正确的价值观。

2. "TGB"课程群——数学学科选修课程+数学学域选修课程+数学跨学域选修课程,其开发逻辑框架如下:

数学学科选修课程:

真(Truth)——理解理性数学文明的文化价值,体会数学真理的严谨性、精确性。

数学是一门研究数量、结构、变化、空间及信息等概念的学科。毕达哥拉斯曾说"万物皆数"。他认为数学可以解释世界上的一切事物。数学的真理性、数学的真实趣味性、数学对真实世界的抽象概括，都应成为我们学习数学的一部分，因此，我们设计"24点""数学趣史""数字密码""数学与名人"等课程，帮助学生进一步了解真实的数学，真实地了解数学。

数学学域选修课程：

善（Goodness）——具备用数学思想方法分析和解决实际问题的基本能力。

数学源于生活，又应用于生活。这个部分，我们设计"财商启蒙""生活中的数学""风险与决策""走进大数据"等课程，希望学生能够认识到现实生活中有大量与数学相关的实际问题，我们可以通过数学学习提升解决实际问题的能力。

数学跨学域选修课程：

美（Beauty）——能够欣赏数学智慧之美，喜欢数学，热爱数学。

习近平总书记曾说过："做好美育工作，要坚持立德树人，扎根时代生活，遵循美育特点，弘扬中华美育精神，让祖国青年一代身心都健康成长。"

美育要从小抓起，因此我们在初中的起始年级六年级开设数学美育拓展课程："数学美""数与图""趣味数独""建筑中的对称美"，希望打破学生对数学是一门呆板枯燥学科的认识，在这些课程的学习过程中感悟数学之美：感悟数学概念的统一美、感悟数学结构关系的协调美、感悟数学模型的简洁美、感悟数学的奇异美。

三、课程群的设计

1. 初中数学学科核心素养

数学学科核心素养是育人价值的集中体现，是学生通过学科学习而逐步形成的正确价值观念、必备品格和关键能力。数学学科核心素养是数学课程目标的集中体现，是具有数学基本特征的思维品质、关键能力，以及情感、态度与价值观的综合体现，是在数学学习和应用的过程中逐步形成和发展的。数学学科核心素养包括：会用数学的眼光观察现实世界、会用数学的思维思考现实世界和会用数学的语言表达现实世界。

我们希望学生能够在学习数学的过程中感悟数学的统一、协调、简洁和奇异之美。

2. 初中数学国家课程和校本课程之间的关系

依据新课程国家课程、校本课程基本课程框架，新课程在重点凸显学科核心素养的同时，不能忽视基础性学力、发展性学力和创造性学力三种学力的协调发展。

所关注的课程学习内容各有特点与侧重,从"三种学力协调发展"的角度进行初中数学课程统整,有效地规范国家课程的实施,引导校本课程设计和开发,从而使各种相关的课程有机整合为一个系统。

3. 初中数学"TGB"课程的"学习板块"的设计

本课题的"学力"概念延续主课题中的概念界定,三个学力层次内涵为:基础性学力:培养学生获得基础性的知识和技能,形成基本学习能力、品格素养与正确价值观念。发展性学力:培养学生获得发展性的知识,形成较强的自主学习能力、自我选择能力和自主发展能力。创造性学力:培养学生获得问题性的知识,形成较强的解决问题能力和创新实践能力。

"TGB"课程群是以特定的素养结构为目标,由若干门性质相关或相近的单门课程组成的一个结构合理、层次清晰、彼此连接、相互配合、深度呼应的连环式课程集群。课程群是基于一定的学习需求,通过对同学科、同学域、跨学域的相关课程进行设计和整合,以课程间的知识、方法、问题等逻辑关系为结合点,使它们相互照应、渗透互补,体现群内一门课程对另一门课程的意义,形成相对独立的课程系统。一般来说,课程群可划分为知识型课程群、方法型课程群、问题型课程群。其中知识型课程群多由学科知识课程组合构成,而方法型课程群、问题型课程群则更多地表现为同学域、跨学域主题课程的组合。

四、初中数学课程群的目标

本课程群的总目标为:使学生会用数学的眼光观察现实世界、会用数学的思维思考现实世界和会用数学的语言表达现实世界。从而促进学力协调发展,使得学生感受到数学知识与现实世界的广泛联系,进一步加深对于数学的理解,并能够运用数学的眼光去发现现实生活中的问题,用数学的思维去提出问题,并能够分析和解决一些简单的现实问题,进一步产生主动运用数学知识探究现实世界的想法,提高学习数学的内驱力,丰富学生数学体验。

本课程群由"国家课程"和"TGB"课程群两部分组成,其中,国家课程的目标为:

1. 获得适应社会生活和进一步发展所必需的数学的基础知识、基本技能、基本思想、基本活动经验;

2. 体会数学知识之间、数学与其他学科之间、数学与生活之间的联系,运用数学的思维方式进行思考,增强发现和提出问题的能力、分析和解决问题的能力;

3. 了解数学的价值,提高学习数学的兴趣,增强学好数学的信心,养成良好的学习习惯,具有初步的创新意识和实事求是的科学态度。

"TGB"课程群的目标为:

1. 通过初中数学课程群的学习,学生能充分增强数学能力,培养科学态度,即获得适应社会生活和进一步发展所必需的数学基础知识、基本技能、基本思想、基本活动经验;

2. 体会数学知识之间、数学与其他学科之间、数学与生活之间的联系,运用数学的思维方式进行思考,增强发现和提出问题的能力、分析和解决问题的能力;

3. 增强学生的实践意识,调动学生的积极性,使学生在不断探索发现的过程中,既收获成功的喜悦,也取得数学能力的提高;

4. 了解数学的价值,提高学习数学的兴趣,增强学好数学的信心,养成良好的学习习惯,具有初步的创新意识和实事求是的科学态度。

五、初中数学课程群图谱

依据上述的规划形成了初中数学学科的课程群图谱,具体如下:

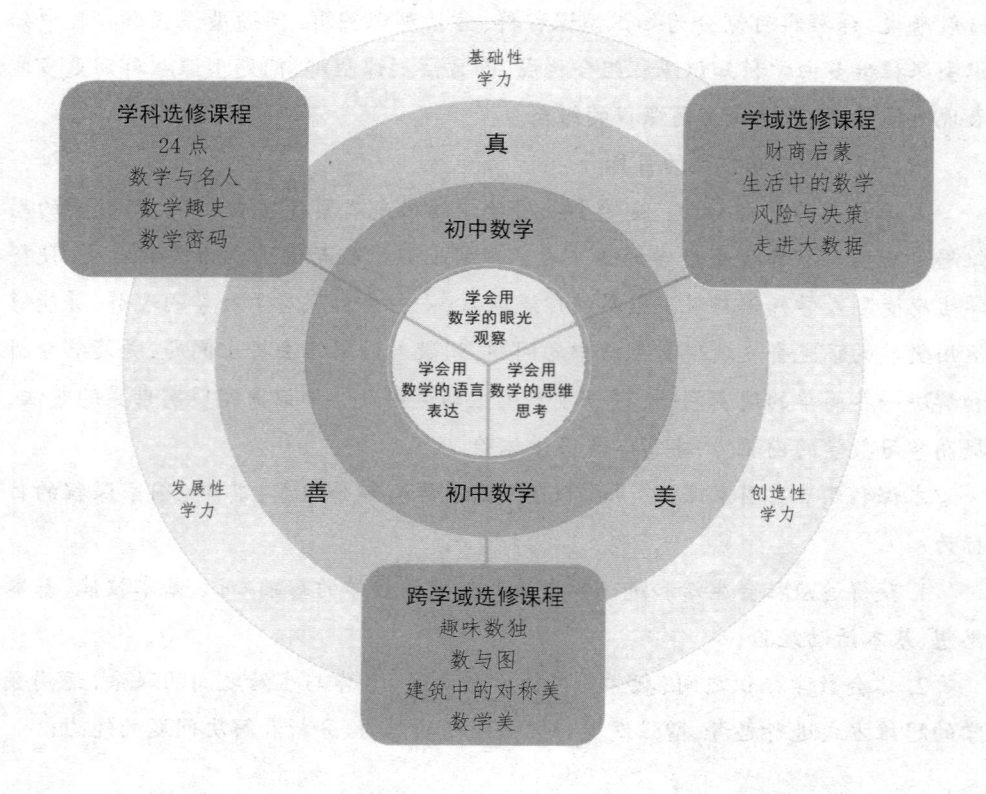

基础性学力

学科选修课程
24点
数学与名人
数学趣史
数学密码

真

初中数学

学会用数学的眼光观察

学会用数学的语言表达　学会用数学的思维思考

学域选修课程
财商启蒙
生活中的数学
风险与决策
走进大数据

发展性学力　善　初中数学　美　创造性学力

跨学域选修课程
趣味数独
数与图
建筑中的对称美
数学美

六、初中数学课程群设置

1. 课程群设置表（学习板块、课程名称、课程类型、课程课时、实施年级）

实施年级		预备年级			初一年级			初二年级			初三年级		
学习板块	课程名称	学科选修	学域选修	跨学域	学科选修	学域选修	跨学域	学科选修	学域选修	跨学域	学科选修	学域选修	跨学域
真	24点	4											
	数学与名人					4							
	数学趣史								4				
	数学密码											4	
善	财商启蒙课		4										
	生活中的数学					4							
	风险与决策								4				
	走进大数据											4	
美	趣味数独			4									
	数与图					4							
	建筑中的对称美									4			
	数学美												4

2. "TGB"课程群设置的说明

中华文明源远流长，数学文化也是如此。然而随着高速信息化的发展，现在的中学生对此知之甚少，感受不深，因此开设数学文化教育课程群，让学生进一步了解中国传统数学文化，了解数学的发展与完善，提升综合学力，激发爱国主义自豪感。

职业教育和经济社会发展血脉相连、息息相关，在国家大战略的背景下，职业教育也在顺势而动、奋勇前行，所以，2019年初《国家职业教育改革实施方案》正式颁布，因此，以数学为起点，开设职业教育课程群，让学生初步了解现实社会的工作类别，为他们未来的职业选择与规划做一些铺垫。

新课程标准强调，数学的学习不能把学生与其生活割裂开来，而应成为使学生与其生活有机融合的有效途径。数学来源于生活，也应用于生活。学以致用自然是学生综合学力的一个体现，因此开设"TGB"课程群，让学生更深入地体会和感受数学与生活的密切相关。

七、初中数课程群（部分）"课程纲要"

"数与图"课程纲要（摘选）

1. 课程背景

本课程从课本上学习过的正比例函数与反比例函数入手，主要是学习如何把不同函数绘制在平面直角坐标系中，认识一些有特征的函数及函数图像，如把正比例函数和反比例函数结合在一起的双勾函数、有特定名称的符号函数黎曼函数、不断重复的周期函数和每段都能不同表示的分段函数，等等。在此基础上，进行此类函数图像的绘制、特征性质的描述，根据不同函数的不同特征画出函数的草图。函数图像的绘制，不仅可以帮助学生快速找到最大值最小值，还能快速找到零点，通过这些得到的极值点，我们在进行一些函数比大小的过程中，就可以轻易地运用作差法得到结果，最终得到思维上的提升。

本课程旨在通过找到函数的特征绘制图形，锻炼学生主动提炼有用信息的能力；通过拓展性的学习，学生会对函数有更深入的了解，不再是局限于描点，更能发现函数的特征，由此能得出有价值的研究成果；课堂及时性的展示，帮助学生提升有效展示有关成果的能力；通过最后的自行设计函数图案，引导学生进行自主的探索和发现，培养学生的探究意识和兴趣，最终形成较强的科学意识和社会责任感。

2. 课程目标

（1）了解一些特定函数，会快速识别它们的图形，并进行简单的运用；

（2）掌握简单的双勾函数和周期函数，能画出对应图像，能说出它们的图像特征；

（3）掌握分段函数的性质，应用分段函数绘制出独特的图案。

3. 课程内容

第一节　正比例反比例函数的融合

正比例函数、反比例函数复习回顾，把两个函数相加相减组成新的函数寻找特征并绘制函数图像,通过函数图像找到函数最大值最小值;改变正比例函数和反比例函数前的系数,观察对函数图像的影响;找到相加后的函数与原函数之间有没有什么关联性;通过自己构图绘制出双勾函数图像。

第二节　一些特定函数

了解一些特定的函数,例如符号函数、黎曼函数等,尝试自己绘制图像;通过函数图像的性质,对这些函数有初步的认识;自主绘制出函数图像。

第三节　神奇的分段函数

观察分段函数的表示方式,并试着绘制出不同区段内的图像;找到分段函数的函数特征,试着自己对其进行描述,总结它们的共性;通过自己的想象力绘制出一个独特而优美的分段函数图像。

第四节　不断重复的函数

观察有重复性的函数图像,根据分段函数所学的知识,学生自己进行函数表达式的描述;观察得到的函数表达式,是否有更简便的方法进行表述;最终得到的最简表达式是否有一定的特征,是否能普遍表示;周期函数的周期如何确认,周期的确认与循环求值的方法;通过自己的思考绘制出一个函数图像。

4. 课程实施

教学需要教师自行绘制函数图像,不仅需要用到绘制软件,方便学生在上课时能在电脑上直观地进行感受,还需要教师当场进行黑板作图,软件可以用几何画板或者geogebra进行快速精准绘图,注意每一步的展现不可跳步漏步。绘制的图像需要包含正比例函数、反比例函数、双勾函数、黎曼函数、周期函数、分段函数等。

学生上课需要下发有函数坐标轴的纸,跟随着上课每一步的要求进行图形绘制,可四人一个小组进行讨论和小组展示说明。教师需要通过学生的上课及时性反馈做出对应的微调措施,对小组展示的个性化函数图像做出点评并提出及时的修改意见。以激发学生兴趣为主,用兴趣作为推动学习活动的内驱力,要坚持把激发学生兴趣贯穿课程的实施过程,体现学生的主体性。

5. 课程评价

课程评价占比为课堂练习30%,课后作业30%,小测40%,每节课最后都会有学生根据课堂所学知识进行自主绘制函数图像的作业,对作业中的函数特性点,以及函数图像美观程度进行评分。

在课程评价时，应注重学生的学习过程与学习效果相结合的评价模式。每个阶段（或专题模块）都要采用学生自评、学生互评与教师评价相结合的方式进行综合评价。

学习评价表

	学生自评	学生互评	教师评价
学习态度			
自主实验			
小组合作			
活动参与			
成果汇报			

（注：评价等级为优秀、良好、一般、须努力）

（初中数学教研组　龚忠美　徐宁馨　执笔）

艺美润心　个性展现　成就更好
——乐学慧美艺术学科"课程群"（摘选）

一、课程群定位

艺术教育不应是单一的美术、音乐的教育学习，它的表现形式应该以"多元创新"为特色，体现学科知识交叉融合与渗透，体现课程设置的互补性，教学内容的多样性的综合学习体验。

艺术教研组紧紧围绕学校"比优乐学，自主发展"的办学理念，发展学生艺术学科的核心素养，充分注重学生个体差异，关注艺术学科的"艺术感知能力、艺术审美情趣、艺术创意表达、艺术实践与创造"的育人价值，开发创设符合学生个性化需要的学科多元化课程和各学科、各课程资源有机融合渗透的满足学生多层次、多元化的兴趣要求的学域性多元创新课程。力求促进学生基础性学力、发展性学力和创造性学力三种学力组合的协调发展。

乐学慧美艺术学科"课程群"力求体现艺术学科较高的艺术素养特点和多元文化特点，以不同的课程形式组合，拓宽学生艺术欣赏能力和审美能力，以美育人，立德树人，创新与传承相结合，培养学生"坚守中华文化立场，展现中华审美"的文化自觉和自信,为中华优秀文化艺术的创新性发展奠定基础。创设"学有所用,学有所悟,学有所乐"的学习氛围。

二、课程群的结构

为促进学生学力的协调发展,依据《艺术学科课标》,结合学校特点,"乐学慧美"课程群采用"国家课程"+"校本课程"构架体系。

1. 艺术课程群的国家课程

初中:音乐(六年级1课时,七年级1课时)

　　　美术(六年级1课时,七年级1课时)

　　　艺术(八年级2课时,九年级2课时)

高中:艺术(高一年级　1课时　艺术——音乐、美术)

　　　艺术(高二年级　1课时　艺术——音乐、美术)

　　　艺术(高三年级　1课时　艺术——音乐、美术)

(1) 高中音乐必修:音乐鉴赏、歌唱、演奏、音乐编创、音乐与舞蹈、音乐与戏剧

(2) 高中美术必修:美术鉴赏

(3) 高中艺术必修:艺术与生活、艺术与文化、艺术与科学

(4) 高中艺术选择性必修:

　　音乐——合唱、合奏、舞蹈表演、戏剧表演、音乐基础理论、视唱练耳

　　美术——绘画、中国书画、雕塑、设计

　　艺术——美术创意实践、音乐情境表演、舞蹈创编与表演、戏剧创编与表演、影视与数字媒体艺术实践

2. 艺术课程群的校本课程

(1) 艺术学科选修课程:合唱的魅力、音乐故事汇、铁画银钩、墨韵飘香、书法初探

(2) 艺术学域选修课程:绘画设计、书法篆刻、民乐弹拨、管乐、合唱、舞蹈、戏剧、古典音乐赏析、沉浸音乐剧

(3) 跨学域课程:计算机音乐编创

必修课程是学科本体知识,侧重共同知识、技能、素质的形成,是学生终身发展的根基。选修课程是在必修课程基础上的拓展和提高,注重深化学科知识与技能,着眼于课程的鉴赏陶冶功能,引导学生进行较深入的探索研究,提高素养。两种课

程是相互衔接、相辅相成共为一体的。

三、课程群的设计

1. 艺术学科核心素养与细化维度分析

乐学慧美艺术课程目标以学科核心素养与课程目标为依据,结合学校特点,通过在核心素养导向下的学科教学及各种丰富生动的实践活动,培养学生热爱艺术,坚守中华文化自信和自觉,发展艺术感知、创意表达、审美情趣、文化理解的能力。

(1) 掌握相关的艺术语言,理解艺术的形象塑造和情感表达方式,提高艺术感知能力。

(2) 通过参与各种形式的艺术实践活动,提高表现与创造能力。

(3) 通过艺术鉴赏,培养健康的审美情趣,提升人文情怀。

(4) 通过艺术课程的学习,了解、尊重中国和世界艺术的多样性,达到一定深度和广度的文化理解,增强人文底蕴。

2. 艺术学科三类课程(必修、选择性必修、选修)的关系

必修课程、选择性必修课程相结合的艺术教育校本课程设置目的有两个:一是通过必修课程促使学生在各个模块学习中,感悟、感受艺术的独特魅力,理解多元文化、拓宽艺术视野;二是以培养学生个性特长为目标,开设不同课程内容的艺术团队,努力培养学生享受美、展现美的个性。

选修课程,将审美与技法,欣赏与创作,通俗与高雅,艺术与生活,教育与熏陶,学校与社会,情感与心理,继承与创新有机结合,用艺术激发学生内心对美好世界的热爱,用艺术点燃人性善良的火种,用艺术唤醒学生心中的感恩,用艺术促成学生内在美和外在美的统一,用艺术架构起国际交流合作的桥梁。

艺术学科三类课程是相辅相成、融会贯通、提升学生学力协调发展的课程体系。

3. 课程群"三类"校本课程的"学习板块"的设计

乐学慧美课程群,基于培养学生的艺术学科的核心素养,主要依据初中、高中《艺术课程标准》与教材要求,围绕初中、高中艺术学科教学基本要求,结合学校特点,充分关注艺术学科的"艺术感知能力、艺术审美情趣、艺术创意表达、艺术实践与创造"的育人价值,各有侧重地划分设计"以乐促趣""以学促能""以能增慧""以美润心"四大学习板块:

(1) 以乐促趣

"以乐促趣"类课程贴近学生不同学段身心发展的特点,以多样的活动形式和

丰富的学习内容,让学生尝试利用不同媒介初步感知艺术作品,鼓励学生积极参与表现,培养学生的兴趣。如"音乐故事汇"通过文字、图片、音乐、影视片段,引导学生关注有成就的音乐家、戏剧家,拓展了学生的知识面。

（2）以学促能

"以学促能"类课程注重学生运用多样的学习方式掌握基本的观察能力、表现能力、审美能力等多种协调能力,学会通过各种渠道,例如相关场馆、网络、书籍收集相关信息以表达自己的感受与观点,提高学生赏析评述的能力,形成健康审美。比如"书法"教学课程以弘扬中华传统文化为重点,引导学生感受书法艺术是民族优秀文化,在参与活跃校园文化,营造人文校园活动中激发学生学习热情,提高学生欣赏水平和书写技能。

（3）以能增慧

"以能增慧"类课程让学生在掌握一定的艺术欣赏方法,具备细致的观察力、敏锐的洞察力后,通过更多元的形式走近艺术形象,拓展学生对艺术作品的深度与广度的理解,引导学生发现问题,并能针对问题解决问题,形成审美判断能力。如"电影散场音乐留韵"通过对电影音乐的分析解读,发挥学生的主观能动性,使学生了解电影音乐的功能和音乐与人、社会及其他艺术的密切关系,培养学生多元文化视野、健全人格。

（4）以美润心

"以美润心"类课程是综合性的艺术活动,是连接学生寻找艺术与其他学科、艺术与生活之间的纽带。以学生为主体,引导学生灵活运用各学科知识探究设计活动方案,通过合作与交流,表现与展示丰富多彩的艺术作品。如"计算机音乐编创",它是以计算机音乐创编为核心,以激发孩子音乐创造力为主要目标的综合性课程。启发学生把日常生活作为创作的原料,每堂课都能产生新的作品,从而有效地提高学习兴趣和成就感。

"乐学慧美"课程群,努力尝试发掘和整合学校、社区资源,进一步优化课程结构,以学科必修课程为核心,注重课程的个性化、兴趣化、多元化,加强多角度艺术教育,融综合艺术活动、艺术特长学习和艺术相关的研究性学习于一体,对基础性学力、发展性学力、创造性学力进一步协调提升,促使学生多维度感受艺术魅力。

4.将课程群中的各个课程,归入"三类"校本课程的分类下

学校艺术学科"三类"校本课程从学科标准和教材出发,是对学生核心素养的

综合培养，促进学生学养发展更均衡、学力发展更协调，同时也在课程开发过程中，促使教师对学科核心素养的关注意识和实施能力提升。从艺术本质分析，不同课程之间并不相互独立，而是存在实质联系。

（1）学科选修课程——合唱的魅力、音乐故事汇、铁画银钩、墨韵飘香、书法初探

（2）学域选修课程——民族弹拨乐队、管乐、合唱、舞蹈、书法、装饰绘画设计、戏剧、古典音乐赏析、沉浸音乐剧、电影散场音乐留韵、演员的诞生

（3）跨学域课程——计算机音乐编创

四、课程群目标

艺术课程秉承以美育人，培育学生的艺术学科核心素养，促进学生全面发展，达到立德树人的根本任务，以"乐学慧美"课程群为平台，努力使学生形成一定的艺术素养，促进学生学力的协调发展，激发学生对艺术的热爱之情，拓宽今后自我发展的空间，培养良好的心理品质，丰富人生，追求健康快乐的生活。以"乐学慧美"课程群为载体，进一步提升艺术组教师教育教学能力和水平，进一步推进教师的专业成长与发展。

学生以个人或集体合作的方式参与艺术学习及各门类艺术实践活动获得艺术感知、创意表达、审美情趣和文化理解的能力，帮助学生了解艺术对文化生活、社会发展的作用，设置"乐学慧美"课程的分目标。

1."以乐促趣"目标

以乐促趣，是艺术学习与实践活动的基础。学生通过学习，能了解中华文化及世界其他民族的艺术语言。通过多种感官，感知各艺术门类的个性与共性要素，形成艺术通感，感受艺术形象，引发情感共鸣。

2."以学促能"目标

以学促能，是学生在艺术实践中想象力、表现力、创作力的体现。通过学习，激发学生理解和探索传统艺术，借鉴世界其他民族优秀艺术成果，将创意表达能力运用到艺术及其他学科和生活领域。

3."以能增慧"目标

以能增慧，是对真善美的精神追求。学生通过学习感受艺术魅力，形成审美兴趣与爱好，养成人文情怀和健康的审美价值观。

4."以美润心"目标

以美润心，是文化认同和艺术精神的领悟。学生在参与艺术实践活动过程中，理解艺术精神，提升文化认知，增强民族文化自信，也能从多角度认识世界文明的

多样性。

五、课程群图谱

依据上述的规划形成了艺术学科的课程群图谱，具体如下：

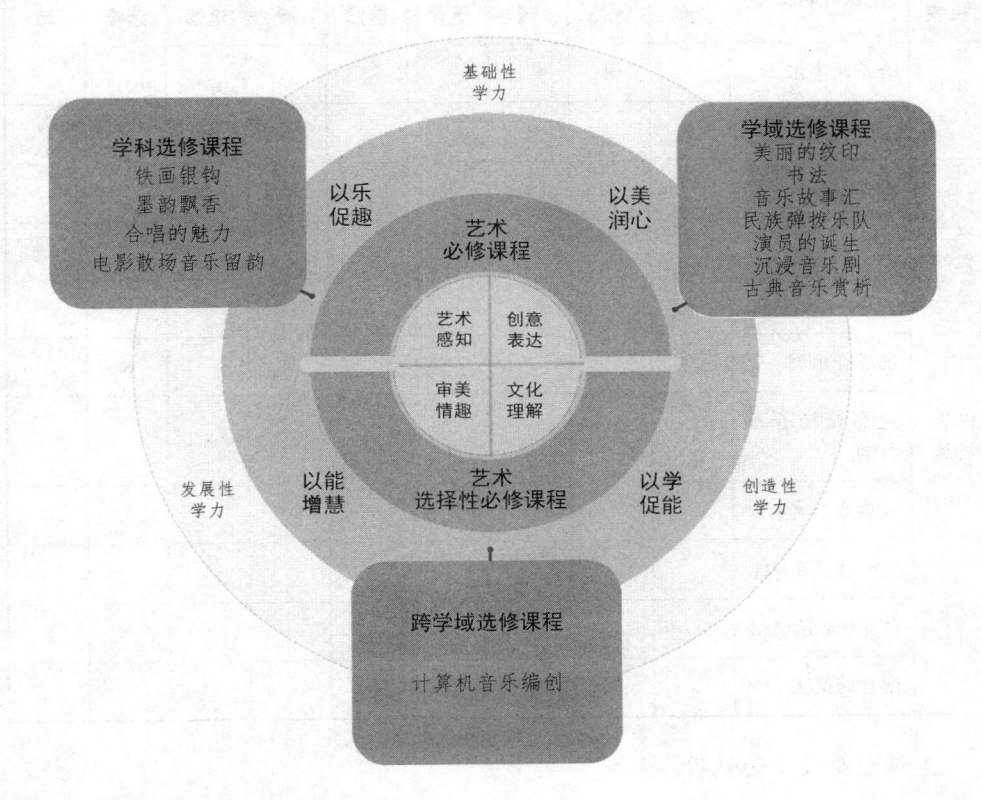

图中内容：
- 基础性学力
- 发展性学力
- 创造性学力
- 学科选修课程：铁画银钩、墨韵飘香、合唱的魅力、电影散场音乐留韵
- 学域选修课程：美丽的纹印、书法、音乐故事汇、民族弹拨乐队、演员的诞生、沉浸音乐剧、古典音乐赏析
- 跨学域选修课程：计算机音乐编创
- 艺术必修课程
- 艺术选择性必修课程
- 以乐促趣、以美润心、以能增慧、以学促能
- 艺术感知、创意表达、审美情趣、文化理解

六、课程群设置

围绕"比优乐学，自主发展"的办学理念，按照四大主题，在三学段每学期，除国家核心课程外，开发设计"乐学慧美"各年级课程设置：

1. 课程群设置表（学习板块、课程名称、课程类型、课程课时、实施年级）

实施年级		六、七年级			八、九年级			高中年级		
学习板块	课程名称	学科选修	学域选修	跨学域	学科选修	学域选修	跨学域	学科选修	学域选修	跨学域
以乐促趣	铁画银钩	8								

续　表

学习板块	课程名称	六、七年级			八、九年级			高中年级		
		学科选修	学域选修	跨学域	学科选修	学域选修	跨学域	学科选修	学域选修	跨学域
以乐促趣	音乐故事汇		8							
	合唱的魅力	8								
以学促能	墨韵飘香				8					
	美丽的纹印					8				
	书法					8				
以能增慧	沉浸音乐剧								8	
	电影散场音乐留韵							8		
	古典音乐赏析								8	
以美润心	民族弹拨乐队				8					
	计算机音乐编创								8	
	演员的诞生					8				

2. 课程群设置的说明

根据已有和拟开设的课程设置课程群，配合学校总体课程设计，进行相关课时的设置与调整。有些年级设计多门选修课程，学生可以进行自主选择。

七、艺术课程群（部分）"课程纲要"

"翰墨留香"书法、篆刻课程纲要（摘选）

1. 课程背景

学校书法、篆刻社团是学校艺术教育的有效阵地，是基于艺术普及教育的艺术提高教育，学校作为教育部中华优秀传统文化传承基地学校（书法）和上海市篆刻进校园试点学校，书法篆刻社团是全校初中年级有书法、篆刻艺术特长的学生自愿报名，教师考核的基础上组成的学生社团，在教师的带领下通过欣赏能力和专业技能的训练,提高学生的书法、篆刻审美和创作能力,传承中华优秀传统文化。

2. 课程目标

书法、篆刻社团目标在于落实艺术核心素养、提高学生的书法、篆刻审美能力和创作技能,加强对中华优秀传统文化的理解和认识,进一步加强对中华优秀传统文化传承的使命担当。

3. 课程实施

为提高课程实施质量,教师需要结合目前的书法、篆刻教材精心开发符合本社团需要的教学辅助材料,充分利用国内目前在书法、篆刻教学上的先进智慧和经验,在教学方法上和材料的选择上下功夫,目前已经有了一系列的教案、视频资料。

在课程的实施上,坚持每周两次训练,一次以篆刻为主、一次以书法为主,采用多种形式的上课方法,可以是本社团内教师的上课,社团间学生的交流上课、和外校学生社团的交流、外出参观、请专家来校授课指导、组织学生参加有关的比赛等。每学期结合学校艺术节进行专题的红色思政书法、篆刻作品创作,学期结束进行有效的考核。

4. 课程评价

对教学的评价采取过程性评价和结果性评价。平常对学生的出席情况、上课情况、参与活动情况进行记录,作为学生的过程性评价的依据。结果性评价主要是针对学生学习情况的评价,主要考核学生的进步大小,以及在一些活动中的表现,获得的奖励和名次等。

5. 实施案例

《兰亭序》书法欣赏教学案例

(1) 案例背景

中国书法是一门古老的艺术,从甲骨文、金文演变为大篆、小篆、隶书,至定型于东汉、魏、晋的草书、楷书、行书诸体,书法一直散发着艺术的魅力。由古至今谈论行书,没有不提到王羲之的,他的行书代表作《兰亭序》被誉为"天下第一行书",更是必不可少的范例。《兰亭序》的书法精美奇妙。现存的临摹本以冯承素的"双钩填廓"摹本为最好。古人称王羲之作《兰亭序》,如"清风出袖,明月入怀"。全文二十八行,三百二十四字,字字"飘若浮云,矫如游龙,波谲云诡,变化无穷",一改汉魏以来质朴稳拙的书风,开妍美流便的先河,其雄秀之气,似出天然。作者的风度、气质、襟怀、情操,亦糅进了作品之中,标志着王羲之的书法艺术达到了最高的境界。本课叙述行书的源流和讲解行书的特点。课前提供充分的与《兰亭序》相关的资料给学生，让学生自主搜集相关的资料，并发挥学生的想象力和创造力，编排舞台剧表演。教学中以学生为中心，通过小组的形式协作进行。以学生表演舞台剧的形式，创设一个相对完整、真实而富有感染力的情境，让学生从自主性学习和表演中归纳出行书的产生、特点、推广、辉煌等内容，从而激起学生的学习需要和兴趣。教师再通过一系列的问题情境和内容提示，引导学生深入赏析《兰亭序》及其他行书代表作，从中感受到书法的美，使学生的审美情趣得到陶冶和升华。

后现代课程观认为，课程不仅是预先设定的目标或计划，不仅是由一系列材料组成的静态文本，不仅是文化传承的工具，而且是学习者自己主动建构的过程，是学习者运用自己的头脑形成对事物或现象的解释和理解的过程，是探索、发现问题和解决问题的过程，也是建构与创造文化的过程。其中，开放、互动、探究是后现代课程观的关键。

后现代课程范式的师生观强调教师与学生要通过不断沟通与对话来探究未知领域，认为课程即为探究的过程，在此过程中师生之间的平等关系至关重要。后现代课程论者多尔曾说："在教师与学生的反思性关系中，教师并不要求学生接受教师的权威，相反，教师要求学生保持对这种权威的怀疑，并要求学生与教师一道去探究学生正在体验的。"这样，教师成为平等者中的"首席"，"作为平等者的首席，教师的作用没有被抛弃，而得以重新构建，从外于学生情境转化为与这一情境共存。权威也转入情境中"。因此，教师由课程的实施者转变为课程的创造者与开发者，发挥其组织者、引导者、帮助者与促进者的作用。由此可见，教师的角色转变后，在"书法"课程教学模块中，不一定要求每位教师都是书法专业的科班生或权威专家。教师只作为合作者、参与者、开发者，为学生把火把点燃。但这并不意味着对教师在书法、教材等方面的要求降低。相反，教师须投入更多的精力去熟悉相关的书法、搜集充足的资料，以便在课堂当中给予学生必要的指导。它不一定要求教师人人都会写，当然会写更好，但它要求教师能指导学生写。

引入后现代课程范式这种新的课程实践模式，清晰了我们的教学思路。我们在教学当中要注重以下几点：

- 注重以学生为中心进行教学。

- 注重在实际情境中或创设情境进行教学,即运用抛锚式教学设计(也称情境性教学设计)。
- 注重协作学习。
- 注重提供充分的资源。要设计好教学环境,为学生建构知识提供各种信息条件。

(2) 课前准备

教师提供部分有关《兰亭序》的背景资料给学生,并对学生提出任务和要求:编剧当中要体现行书的产生及特点等知识点。学生通过互联网或图书查找有关资料,学生按照收集的资料以小组的形式编排一个和《兰亭序》有关的小舞台剧。

(3) 案例描述

学生汇报和表演,新课程要求在美术活动中要关注学生的学习兴趣,让学生主动参与,自主探索,并在动手实践中使能力获得不同程度的提高,不同的学生在自己的基础上朝着目标和方向得到不同程度的发展。

小组1:《兰亭序》的诞生

师生共同总结:好的艺术作品往往留有艺术遐想的空间,应当让学生展开合理想象的翅膀,自己去感受艺术的魅力。如在欣赏书法作品时,让学生随着作品风格展开丰富的联想,跟随自己的想象,去感受书法家的人格魅力和书法风格的相互关系,把对书法作品的鉴赏上升到对人品和精神的欣赏。教师只须把作者的生平和经历稍加提示即可。

小组2:萧翼赚兰亭

师生共同总结行书的特点。

小组3:唐太宗与兰亭

师生共同总结《兰亭序》对后世的影响,以及行书的发展与推广。

师生共同评价,并投票选出最佳剧本和表演。

教师提出问题:《兰亭序》中有20个"之"字,请学生找出来并观察它们的写法有何不同。

学生分小组讨论,教师进一步总结明确行书的用笔与章法特点等。

教师出示一些历代行书名家的代表作,并设问引导学生观察总结出其风格特点。教育家第斯多惠在教师规则中明确指出:"我以为教学的艺术,不在于传授的本领,而在于激励、唤醒。没有兴奋的情绪怎么激励人?没有主动怎么能唤醒沉睡的人?"日本教育家斋滕喜博称提问为"教学的生命"。有效的教学提问可以指明学生的思考方向,并且在了解书法家艺术经历和艺术观点时,通过故事和视频动画激发学生的学习动机和兴趣,发展学生的思维能力和创新能力。从学生的大胆发言可以看出给予他们的启发是深刻的。

(艺术教研组　金燕　贾红坡　执笔)

文语润心　广阅细品　能动成长
——初中语文学科"课程群"(摘选)

一、课程群定位

课程群力求体现语文学科的工具性和人文性,以不同的课程形式组合,拓宽学生语文学习内容与学习渠道,形成学习能力,为学生的审美情趣和文化修养奠定基础,促进学生的学力协调发展。

课程群是"将具有内在逻辑或价值关联的原有语文课程内容,以及其他形式的课程内容统整在一起的,旨在消除各类知识之间的界限,使学生形成关于语文的整体性认识和全息观念,并养成深刻理解和灵活运用知识综合解决现实问题能力的一种课程模式"。

二、课程群的结构

1. 国家课程——初中语文(必修课程)

必修课程关注学生基本的科学文化素质,追求知识与技能的基础性、全面性、系统性、完整性,为学生的一般发展奠定知识技能与情感态度基础。语文课程是实践性的课程,应着重培养学生的语文实践能力,而培养这种能力的主要途径也应是必修性的课程。

2. 三类校本课程——学科选修课程+学域选修课程+跨学科课程

学科选修课程——主要内容与初中语文必修课有密切的联系,是课内知识的延伸和拓展,能更有效地帮助学生扩大学习语文的广度和深度。学科选修课程的教学应突出差异性和层次性,鼓励开展个性探究,充分激发学生的学习兴趣和潜能。比如"古诗文赏析""世说新语中的成语故事""我从论语学智慧""典故探源""二十四节气里的最美诗歌""唐诗大'烩'"等。

学域选修课程——以初中语文学习领域为核心,通过学科知识领域的拓展延伸,弥补必修课在知识的深度与广度上的限制,它一方面可以对必修课的内容进行拓展或深化,另一方面,又可以发展学生的技能、特长。如"品览圣贤之道""成语的智慧""汉字古俗观奇"等。

跨学科课程——重学科领域间的融合,使学生既能通过必修课程达到一个共同要求的底线,又能根据自己的兴趣爱好选择不同领域的拓展与研究,实现个性发展的目标。该课程更有助于初中生自主学习能力的初步形成,为将来的学习打下良好的基础。如"班歌我来创""电影中的美学""影视欣赏"等。

课程名称	课程简介(内容已省略)	授课年级	课程类型	课时长短
品览圣贤之道	学习文言文,就可以进入中华文明几千年的智慧海洋,领受圣贤之教。我们学会文言文,就能深入《论语》《孟子》……让几千年之后的人直接受教于孔夫子、孟夫子等圣贤而没有障碍,所以使用文言文写文章是老祖宗给后代子孙最大的恩泽。	6年级	学域选修课程	微课程
古诗文赏析	近年来,古诗文阅读部分分值增多,难度加大。很多同学在理解时要么脱离语境,孤立翻译,不能准确把握句意;要么不结合语境,遗漏要点。那么,怎样做好这类题目呢?我觉得十分有必要开展指导训练。	6年级	学科选修课程	微课程
文言文阅读指导	近年来,文言文阅读的翻译题分值增多,难度加大。很多同学在翻译时要么脱离语境,孤立翻译,不能准确把握句意;要么该译不译,该调不调,遗漏要点。那么,怎样做好这类题目呢?我觉得十分有必要开展指导训练。	6年级	学域选修课程	微课程
钢笔字的正确书写	力求通过结构练习、整字练习、句子练习、诗词练习等几个层次的训练,使学生初步掌握、提高钢笔字的书写技能。	6年级	学域选修课程	短课程
成语的智慧	成语,可谓是汉语语言的精华。学好成语,既是学好汉语的重要一环,也是学好中国历史与文化的首要步骤。你想怎么学呢?《成语的智慧》让你看个动画学学典故,讲个故事猜猜成语,读个唐诗记记成语,玩个游戏练练成语,愿以先贤的经验启示现代的人生,以成语的灵光引领生活的智慧!	6年级	学域选修课程	微课程

续 表

课程名称	课程简介（内容已省略）	授课年级	课程类型	课时长短
汉字古俗观奇	本课程从民俗学角度，以汉字与古代文化的联系为对象，结合先民的衣食住行，研究古汉字所潜存的文化内涵。从对古汉字的解析中，认识古汉字的形成和来历，它与人民生活的密切关联，它对传播中国传统文化所起的作用，以及汉字的演变轨迹和发展历史，汉字约定俗成的文字定型等，这些颇具意味的问题，都可令人从中得到领悟。	6年级	学域选修课程	短课程
《世说新语》中的成语故事	成语是指语言词汇中的一部分定型的词组或短句。成语大都有一定的出处。如"狐假虎威"出于《战国策·楚策》。成语是中国人智慧的结晶，是汉语言花园里的一朵奇葩，在汉语中起着重要的作用。学习祖国语言，弘扬民族文化，可以从成语入手。《世说新语》是南朝时期所作的文言志人小说集，由南朝宋临川王刘义庆组织一批文人编写，其内容主要是记载东汉后期到晋宋间一些名士的言行与轶事。《世说新语》的语言精练含蓄，隽永传神。有许多广泛应用的成语便是出自此书，例如：难兄难弟、拾人牙慧、咄咄怪事、一往情深、卿卿我我等。	6年级	学科选修课程	微课程
我从《论语》学智慧	旨在通过对《论语》的学习，培养学生的国学素质，及观照自我，历练人生，直面生活。课程采用E-Learning教学模式。学生成为主动学习者，进行情境探究学习，进行自主发现性的学习，通过解决具体的问题，进行创新性、实践性的学习。要求学生具有高度的学习动机，全身心地投入学习，对自己的学习负责并积极与他人协作，有明确的学习目标和饱满的学习热情，能够持续学习、解决问题、协作行动以及正确地评价学习成果。	6—7年级	学科选修课程	微课程
唐诗大"烩"	为传承和弘扬传统文化，帮助学生沉浸于唐诗精华中，在语文课本涉及的唐诗内容的基础上，按照唐代诗人的不同风格进一步拓展学生的视角，了解唐诗的鼎盛繁荣，形成自我理解的框架体系。	7年级	学科选修课程	短课程

续 表

课程名称	课程简介（内容已省略）	授课年级	课程类型	课时长短
宋词赏析	认识宋词、走近宋词，培养学生初步的宋词鉴赏能力。介绍词的起源，"选点"讲授唐宋词的代表作家、代表作品和重要流派，以讲作品为主，兼及历史、民俗及人文精神。	7年级	学科选修课程	短课程
《红楼梦》导读	本课程旨在培养学生对于文学经典的兴趣和爱好，以通俗的语言、生动的形式帮助学生了解《红楼梦》，爱上《红楼梦》，培养学生的阅读审美，提升学生的精神境界。并以点及面，通过一部经典，为学生揭开中国古典小说浩渺烟海的神秘面纱。	7年级	学科选修课程	短课程
二十四节气里的最美诗歌	节气是指二十四个时节和气候，是中国古代订立的一种用来指导农事的补充历法，是中华民族劳动人民长期经验的积累成果和智慧的结晶。二十四节气是世上最有诗意的历法，一轮四季，出现二十四次，年年如是，周而复始。一期一会，印刻每一日的美妙。在古代的诗歌中有很多是和二十四节气有关的，在本课程中将带领学生去了解这些节气，同时也去触摸这些和节气相关的最美诗句，希望让诗歌的学习变得更具有趣味性。	7年级	学科选修课程	微课程
成语趣话	成语是中华文化的瑰宝，在成语的背后有人们生活的总结，也有历史典故的缩影，是传统文化在现代生活中鲜活的反映。本课程旨在通过讲述成语故事、成语谜语、成语接龙、成语表演等多种形式的成语学习，以"趣"为核心，让学生在学习中增进对成语内涵的理解，以期在理解中学会运用，在运用中提升人文修养。	7年级	学科选修课程	微课程
中国古典诗歌赏析的一般思路	古典诗词是我国文学遗产的重要组成部分，在初中语文教材及中考中占有一定的分量。随着部编教材的落地，作为传统文化载体的诗歌，难度越来越大，题型越来越完善，题量有逐年加大的趋势。无论从教材角度，从中考角度，还是从继承与创新文学遗产的角度，培养与提高学生古诗词的鉴赏能力，都是十分有必要的。	8年级	学科选修课程	微课程

续 表

课程名称	课程简介（内容已省略）	授课年级	课程类型	课时长短
典故探源	在我们的语文教材中，有不少古诗词和文言文中涉及典故。典故是语言的精华，历史的缩影、文明的积淀、智慧的浓缩。每一个典故的背后都有一个精彩的故事，都承载着一个文化基因。在日常生活中，我们常常会用到很多典故，虽然不一定知道其来源，但在交流中也不知不觉地完成了文化传统的传承。如果能在本课程的学习中，静下心来思考一下典故本身的含义，探究一下其来源，就会发现其内涵远比自己交流使用时要丰富，当然也会发现典故运用自如的自己知识是多么渊博。	8年级	学科选修课程	微课程
议论文阅读指导	议论文阅读对初二年级的同学来说是个重点，也是个难点。本课程旨在对议论文的阅读进行专题指导、专项训练。对中考涉及的考试目标进行细分，教给学生解决问题的基本思路与方法。增强学生的文体意识，提高议论文阅读的基本能力。	8年级	学科选修课程	微课程
文学名著导读	本课程旨在提高学生对中外文学名著的阅读兴趣，进而增加对语文学习的热情，希望学生在学习的同时能拓宽阅读视野，增加知识的积累，丰富知识储备，提高思想内涵，提升对文学名著的认识，培养丰富的文化底蕴和人文素养，为其终身的阅读和写作奠定良好的基础。	8年级	学科选修课程	微课程
"彼岸"文学社	社团成员以六、七、八年级学生为主。每周二、四下午开设两节活动课，每节课时间为40分钟。社团活动以教师记叙文写作教学指导为主，逐步提高写作、点评文章的能力和水平。每学期在彼岸文学社团队的努力下，出版两份面向在校全体学生的小报（稿件字数在9000字左右）。	6—8年级	学科选修课程	微课程

三、课程群的设计

1. 语文学科核心素养与细化维度分析

初中语文学科核心素养：文化自信、语言运用、思维能力、审美创造。

文化自信是指学生认同中华文化，对中华文化的生命力有坚定信心。通过语文学习，热爱中华文化，继承和弘扬中华优秀传统文化，初步了解和借鉴人类文明优秀成果，具有比较开阔的文化视野和一定的文化底蕴。

语言运用是指学生在丰富的语言实践中，通过主动积累、梳理和整合，初步具有良好语感，形成个体语言经验。能在具体语言情境中有效交流沟通，感受语言文字的丰富内涵，对国家通用语言文字具有深厚感情。

思维能力是指学生在语文学习过程中的联想想象、分析比较、归纳判断等认知表现。思维具有一定的敏捷性、灵活性、深刻性、独创性、批判性。有好奇心、求知欲，崇尚真知，勇于探索创新，养成积极思考的习惯。

审美创造是指学生通过感受、理解、欣赏、评价语言文字及作品，获得较为丰富的审美经验，具有初步的感受美、发现美和运用语言文字表现美、创造美的能力；涵养高雅情趣，具备健康的审美意识和正确的审美观念。

在语文课程中，学生的思维能力、审美创造、文化自信都以语言运用为基础，并在学生个体语言经验发展过程中得以实现。

2. 语文学科课程的类型与特点

语文课程是实践性的课程，应着重培养学生的语文实践能力，而培养这种能力的主要途径也应是必修性的课程。语文必修性课程会特别关注对学生写字、阅读、写作、口语和思维发展等方面的培养。必修课程的教学应立足于共同基础，重视日常语文积累，为学生学习选修课程奠定坚实根基。

语文课程是综合性的课程，让学生有了一个综合性学习的途径。学校通过建立课程群，让学生在自己喜欢的课程中培养探究精神和创新能力。

"课程群"主要由国家课程和校本课程组成，其中国家课程在课程群中起着重要的导向作用，决定着课程群的主题定位。本课程群的课程内容设计，是基于培养学生的语文学科的核心素养，充分关注语文学科的育人价值，并各有侧重地来规划设计初中语文的拓展型课程群。

3. 课程群"三类"校本课程的"学习板块"的设计

语文课程是一门学习国家通用语言文字运用的综合性、实践性课程。义务教育阶段的语文课程应使学生初步学会运用祖国语言文字进行交流沟通，提高自身文化修养，促进自身精神成长。因此，我们以"促进学生精神成长"初中语文课程群开发为依据，建立四个板块（品读与情怀、写作与思维、表达与交际、应用与创造），以达到促进学生学力发展的目标。

（1）品读与情怀——要重视培养学生广泛的阅读兴趣，扩大阅读面，增加阅读量，提高阅读品位。加强对学生课外阅读的指导，开展各种课外阅读活动，让学生在主动积极的思维和情感中，有所感悟和思考。

（2）写作与思维——写作是运用语言文字进行表达和交流的重要方式，是认识世界、认识自我、创造性表述的过程。在写作课中，有助于培养学生观察、思考、表达和创造的能力。

（3）表达与交际——重视培养学生口语交际的能力，鼓励学生在课程群的各种教学活动中锻炼口语交际的能力，使学生具有文明和谐地进行人际交流的素养。

（4）应用与创造——综合性学习主要体现为语文知识的综合运用、听说读写能力的整体发展，是书本学习与生活实践的紧密结合。综合性学习应突出学生的自主性，重视学生主动积极的参与精神，特别注重探索和研究的过程，有利于培养学生策划、组织、协调和实施的能力。

四、课程群目标

1. 构建具有听说交流、读写鉴赏、梳理探究等语文学习活动的初中语文课程群。

2. 提高学生语言建构与运用、思维发展与提升、审美鉴赏与创造、文化传承与理解几方面的能力。

3. 增加文化积淀，坚定文化自信，提升文化品位。

五、课程群的图谱

依据上述的规划形成了初中语文学科的课程群图谱，具体如下：

基础性
学力

学科选修课程
典故探源
唐诗大"烩"
"彼岸"文学社
"曲"林览胜

品读
与情怀

初中语文

写作
与思维

学域选修课程
汉字古俗观奇
品览圣贤之道
成语的智慧
钢笔字的正确书写

文化自信 | 语言应用
思维能力 | 审美创造

表达
与交际

初中语文

应用
与创造

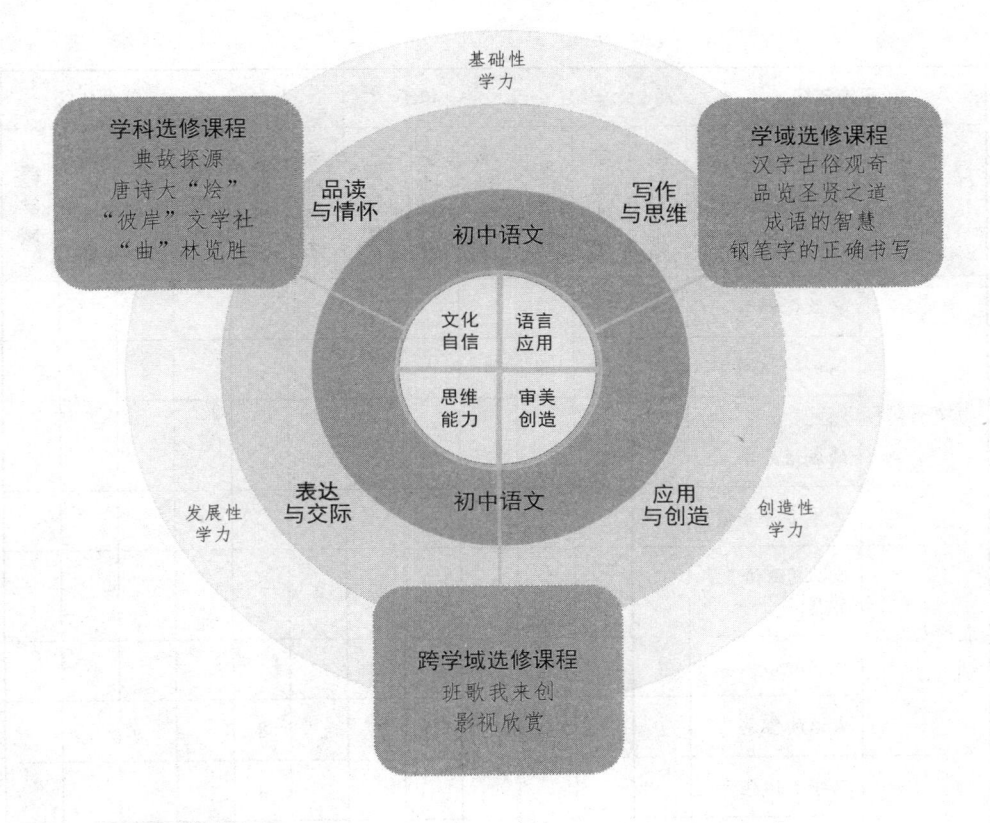

发展性
学力

创造性
学力

跨学域选修课程
班歌我来创
影视欣赏

六、课程群的设置

1. 课程群设置表（学习板块、课程名称、课程类型、课程课时、实施年级）

学习板块	课程名称	实施年级										
		六年级			七年级			八年级			九年级		
		学科选修	学域选修	跨学域	学科选修	学域选修	跨学域	学科选修	学域选修	跨学域	学科选修	学域选修	跨学域
品读与情怀	古诗文赏析				4								
	二十四节气里的最美诗歌	4											
	品览圣贤之道		8										
	唐诗大"烩"				4								

续表

学习板块	课程名称	六年级 学科选修	六年级 学域选修	六年级 跨学域	七年级 学科选修	七年级 学域选修	七年级 跨学域	八年级 学科选修	八年级 学域选修	八年级 跨学域	九年级 学科选修	九年级 学域选修	九年级 跨学域
写作与思维	典故探源	4											
	"彼岸"文学社					4							
	《世说新语》中的成语故事	4											
	文学名著导读					4							
表达与交际	我从《论语》学智慧								4				
	成语趣话	4											
	成语的智慧								8				
应用与创造	汉字古俗观奇							8					
	翰墨飘香									4			
	钢笔字的正确书写			4									

2. 课程群设置的说明

（1）有学者提出：要确定语文核心素养，必须依据当今时代和社会对语文学科提出的要求，遵循语文学科发展规律和学生成长规律，落实立德树人的总目标，构建不同学段学生发展中的语文核心素养体系。语文学科核心素养包括社会参与、自主发展、文化修养三大领域，最终指向"全面发展的人"。

（2）创设丰富的语言运用情境、开发有效教学途径、探索学生喜闻乐见的学习方式，是我们语文课程群开发的基点。它围绕语文学科核心素养，与国家课程互相渗透，互为补充，多向融合，形成了具有学校个性的语文课程群。

（3）语文学科素养包含四方面：一是必要的语文知识；二是具有较强的识字

写字阅读与表达能力；三是语文学习正确方法和习惯；四是独立的思考能力、强烈的好奇心和创新能力。

（4）比照《中国学生发展核心素养（征求意见稿）》，语文核心素养显然是抓住了"理解、运用、思维、审美"这四个与语文学科紧密相连的重要维度。因此，我们把语文课程群分为四大板块：品读与情怀、写作与思维、表达与交际、应用与创造。

七、初中语文课程群（部分）"课程纲要"

有味阅读
——择字《诗经》课程纲要（摘选）

1. 课程背景

在中国五千年的悠久文化中，经典古诗文不仅映射着中国文化的文学之美，而且蕴含着中华民族的胸怀、风骨、智慧、情趣，是中华民族最基本的文化基因。学习欣赏古诗文是继承和弘扬民族优秀文化的需要，也是新语文课程标准所倡导的内容。

而《诗经》作为我国第一部诗歌总集，收录了西周初年至春秋中叶大约五百年的诗歌305篇。孔子论《诗》："不学诗，无以言"，可见《诗经》在我国文学史上地位之重要。同时，《诗》"可以兴，可以观，可以群，可以怨。迩之事父，远之事君，多识于鸟兽草木之名"，它不但在文学史上影响巨大，也对千百年来中国人道德品行的养成，情感价值的塑造，甚至政治理想的形成有所陶染。

按照语文核心素养要求，本拓展课面向全体八年级学生，与部编版八年级语文教材中的《诗经》篇目互相渗透，互为补充，多向融合。希望在学生掌握必要人文知识的基础上，也能培养其文言阅读与表达能力，养成语文学习的正确方法和习惯，培养学生独立思考能力、丰富的想象力，激发其强烈的创新欲望。

2. 课程目标

（1）使学生了解关于《诗经》的文学常识；通过对于含有优美意蕴词语的赏析，进而获得对《诗经》名篇的感性认识。

（2）以学生在《诗经》中选词为自己取字的方式，使文本与实际联系，讲授与探究实践相结合。

（3）激发学生对古人崇德尚礼精神的追求，增强学生对民族文化的认同。

3. 课程内容

语文核心素养要求语文课程的开发能创设丰富的语言运用环境，开发有效教学途径，探索学生喜闻乐见的学习方式，本课程采用教师讲授与学生自主探究、小组合作相结合的方式，以"在《诗经》中为自己择字"为主要教学内容，串联起对于《诗经》基础知识、文化常识的教学，对于《诗经》所崇尚的男女之德的了解等环节。将传统的知识讲授演变为文化审美、人文素养的提升，并在此基础上，引导学生开发独立思考、合作创新能力，完成为自己取字的课程任务。

（1）《诗经》概述　　　　　　　（2）《诗经》中的男子之德
（3）《诗经》中的女子之德　　　（4）《诗经》中那些唯美名字（名人篇）
（5）研究课：小组合作择字　　　（6）汇报课：择字《诗经》

4. 课程实施

学习读本开发：《诗经》译注选编

● 教学要求

使学生了解关于《诗经》的文学常识；通过对于含有优美意蕴词语的赏析，进而获得对《诗经》名篇的感性认识。以学生在《诗经》中选词为自己取字的方式，使文本与实际取得联系，讲授与探究实践相结合。激发学生对古人崇德尚礼精神的追求，增强学生对民族文化的认同。

● 课程资源

《诗经译注》　周振甫译注，中华书局版　《诗经》网络学习平台

● 教学方式

（1）合作赏析法

学习具体篇目时，以小组为单位进行探究学习，由各小组轮流担任讲解团队。

（2）专题学习法

由教师组织学习资料，指导学生进行专题学习。

（3）汇报展示法

组织学习成果小组汇报会，由学生自主完成资料搜集、汇总、诵读、讲解各环节。

5. 课程评价

本课程采用展示性评价和形成性评价两种评价方式。其中展示性评价占60%，形成性评价占40%。

（1）展示性评价评分标准

紧扣主题，内容充实生动，有真情实感。寓意深刻，富有感召力	1分
衣着得体	0.5分
精神饱满，姿态得体	2分
感情饱满真挚，表达自然	1.5分
吐字清晰，声音洪亮	2分
能正确汇报小组研究成果，小组成员均能有效参与研究任务	3分

（2）形成性评价评分标准

内容：中心明确、内容充实、观点准确	4分
结构：结构完整、条理清楚	2分
表达：文体规范、语言流畅	4分

（初中语文教研组　李敏　郑策　执笔）

言语引趣　学习达悦　领会至雅
——初中英语学科"课程群"（摘选）

一、课程群的定位

英语是当今世界经济、政治、科技、文化等活动中广泛使用的语言，是国际交流与合作的重要沟通工具，也是传播人类文明成果的载体之一，对中国走向世界、世界了解中国、构建人类命运共同体具有重要作用。

义务教育英语课程体现工具性和人文性的统一，具有基础性、实践性和综合性特征。学习和运用英语有助于学生了解不同文化，比较文化异同，汲取文化精华，逐步形成跨文化沟通与交流的意识和能力，学会客观、理性看待世界，树立国际视野，涵养家国情怀，坚定文化自信，形成正确的世界观、人生观和价值观，为学生终身学习、适应未来社会发展奠定基础。

二、课程群的结构

1. 国家课程——初中英语（必修课程）

国家课程：初中英语的国家课程为全体学生必须修习的课程，所有学生都须达到三级学业质量标准，旨在构建英语学科核心素养的基础。教学使用的是国家统一开发的教材，学校遵循学科课程标准的要求进行校本化实施。

2. 三类校本课程——学科选修课程＋学域选修课程＋跨学科选修课程

校本课程由学校自主规划与开发，学生可根据自身的发展需求，进行自主选择修习。

初中英语学科课程群是由国家课程＋三类校本课程共同组成。课程群基于培养学生的英语学科的核心素养，全面关注英语学科的语言能力、文化意识、思维品质和学习能力。以课程群形式架构的课程，对学生英语学科核心素养的全面提升、学力的协调发展具有很好的促进作用。在课程群开发的过程中，教师对培养学生学科核心素养的关注意识和实施能力也能得到进一步的加强与提高。

三、课程群的设计

1. 英语学科核心素养与课程内容要素

（1）学科核心素养是学科育人价值的集中体现，是学生通过学科学习而逐步形成的正确价值观念、必备品格和关键能力。英语学科核心素养主要包括：

语言能力——它是运用语言和非语言知识以及各种策略，参与特定情境下相关主题的语言活动时表现出来的语言理解和表达能力。英语语言能力的提高有助于学生提升文化意识、思维品质和学习能力，发展跨文化沟通与交流的能力。

文化意识——它是对中外文化的理解和对优秀文化的鉴赏，是学生在新时代表现出的跨文化认知、态度和行为选择。文化意识的培育有助于学生增强家国情怀和人类命运共同体意识，涵养品格，提升文明素养，成为有社会责任感的人。

思维品质——它是人的思维个性特征，反映学生在理解、分析、比较、推断、批判、评价、创造等方面的层次和水平。思维品质的提升有助于学生学会发现问题、分析问题和解决问题，对事物做出正确的价值判断。

学习能力——它是积极运用和主动调适英语学习策略、拓展英语学习渠道、努力提升英语学习效率的意识和能力。学习能力的发展有助于学生掌握科学的学习方法，养成良好的终身学习习惯。

（2）学生核心素养的发展需要课程内容支撑，初中英语的课程内容要素包括：

主题——它具有联结和统领其他内容要素的作用，为语言学习和课程育人提供语境范畴。

语篇——它是承载表达主题的语言知识和文化知识，为学生提供多样化的文体素材。

语言知识——它为语篇的构成和意义的表达提供语言要素。

文化知识——它为学生奠定人文底蕴、培养科学精神、形成良好品格和正确价值观提供内容资源。

语言技能——它为学生获取信息、建构知识、表达思想、交流情感提供途径。

学习策略——它为学生提高学习效率、提升学习效果提供具体方式方法。

课程内容的六个要素组成了一个相互关联的有机整体，并通过学习理解、应用实践、迁移创新等活动加以体现与落实，由此成为英语学科核心素养发展的内容基础。为此，英语学科课程群的建构在关注学科核心素养的同时，还应充分关注其课程内容构成与学习活动创设。

2. 课程群三类校本课程的学习板块设计

三类校本课程由学校统一自主规划、开发与实施。其基本规划的思路是：学科选修课程，该课程从加强语言知识与语言技能的角度，构建相对应的学习板块；学域选修课程以综合语言实践为学习板块设计相关课程，注重学生的语言实践与体验；跨学域选修课程旨在以英语语言知识与文化知识为核心，融合其他学科学习领域的知识与技能，开发相应的跨学习领域的课程。依据上述的规划思路设计如下学习板块：

"视听说"学习板块——该板块旨在通过视、听、说等途径，提升学生语言交际能力及实际运用能力。其内容是在情境中的语言交际，以培养学生听、说能力为主，结合演讲、采访等形式，培养学生在听的过程中以适当方式做出判断，根据情境、主题、语调等体会说话者的意图，并能根据熟悉的话题提取信息，听懂接近自然语速的故事和叙述，理解故事的逻辑关系，根据话题进行情景对话，并能逐渐进行英语戏剧的表演。同时，通过课程的学习，学生能更多了解异国文化，增强交际意识和文化意识。

"阅读类"学习板块——该板块旨在通过阅读与分享，帮助学生获得语言综合运用能力的提升。阅读英语的内容为拓展阅读，让学生在广泛阅读中品读词句、品味文化及把握情节，用课堂上学到的语言知识，在各种不同语境中得到理解和升华，激发学生英语阅读的兴趣，提高学生的阅读能力。课程充分关注阅读分享，让学生在分享中表达交流，使得每名学生读有所获，读有所思。同时，通过课程积极引导学生阅读优秀作品，引领学生自主探索英语语言魅力，有意识地去了解文化、关注社会，从而不断提升自身的人文素养和综合素质。

"综合语言实践类"学习板块——该板块注重学生的语言体验，旨在通过听、说、读、看、写的各种活动，让学生在实践中不断吸收和积累英语语言，从而感受英语语言的魅力和英语学习的乐趣，让学生在语言实践中不断提高语言的运用能力。

3. 校本课程内容设计

在学习板块设计基础上，按学习板块分类设计课程群中的各个课程。

（1）"视听说"学习板块课程

实用英语——本课程选取生活中常见的情境，结合多媒体资料，对其中常用的语句进行教学，以达到"学以致用"的目的。

生活情景英语——将生活中的情景对话渗透到学生的生活。

趣味英语——课程旨在通过丰富多彩的教学内容，生动活泼的教学形式使学生感受英语语言之美，培养学生的语言学习兴趣，提高学生的英语交际能力和思维能力。

伊索寓言——伊索寓言系列动画包含将近10个英语动画，适用于低年级学生。这些原版英文故事、儿歌、游戏，不但益于学习英语的发音、词汇、语法，而且也益于学习国外的教学内容、文化传统和思维方式等，集英语学习和了解英美文化于一体，让学生充分了解英语语言本身，融入语言环境，真正学好英语。

（2）"阅读类"学习板块课程

TEENS JUNIOR报刊阅读——本课程给学生提供贴近生活、贴近时代的内容，以时事话题为媒介搭建和创设学生语言技能训练的环境。课程分为报刊导读和佳作阅读两部分。报刊导读就其写作手法及组织结构特点等予以综述，目的在于帮助学生有的放矢地捕捉重点，兼顾细节，更快提高阅读理解能力，加快速度。

报刊阅读——本课程旨在通过分级阅读，让学生找到真正适合自己的英语文章，提高英语阅读兴趣和自信心，逐步增加词汇量，提高英语阅读能力。

阅读与写作——英语阅读和写作是一个循序渐进积累的过程。通过有效的活动，培养学生对英语阅读的兴趣，学习了解更贴近学习实际、贴近生活、贴近时代的信息资源，做到以读促写。

（3）"综合语言实践类"学习板块

旅游英语——出国旅游已经成为生活中不可或缺的一部分。为了摆脱学生多年学习英语却依旧在国外碰到实际问题不知如何表达的困扰，就出国旅游中会遇到的一些情景，文化差异和困难，做针对性的学习。教学形式为教师教授+学生情景再现操练+小组活动解决问题，让学生会说、敢说，成为出国旅行的小小领队和问题处理小专家。

唱歌学英语——歌曲自古以来便是人类抒发情感的一种方式，当优美的旋律和丰富的语言结合后，能够取得"1+1>2"的效果，表现出单凭语言无法表达的情感，那些经典的音乐更是余音袅袅，久久萦绕在人们的心间。听歌曲学英语是一种高效的学习方式：一方面在记忆歌词的过程中可以调动视觉、听觉等多种感官协同记忆，提升记忆效率；另一方面歌曲中蕴含的情感和文字相互呼应，可以加深学生对歌词的理解。此外，相较于小说等书面文体，歌曲中的文字往往更能体现英语的韵律之美，从而培养学生对英语的兴趣。

看电影学英语——看电影学英语是当下流行的一种英语教学方法，相较课本上静态的、机械性的知识，电影中起伏的情节和丰富的画面更容易引起学生的学习兴趣，另一方面电影中的语言更加贴合时代，还伴有丰富的语境，能够加深学生对口语句型和情境关联性的认知，提高学习效率。更重要的是，学生能够从中初步感受和比较英美文化与东方文化的异同。

英语趣配音——英语趣配音课，就是把英语教学的主要素材，运用"赏、析、模、演、配"等五个教学步骤，开展教学活动，促进学生的语言学习、文化习得和艺术熏陶互动发展，从而提高学生的英语综合运用能力和综合素质的一门课程。课程以学生为中心，以文化为主轴，以语音为基础，以艺术为升华，通过真实的语境，培养学生具有国际视野和人文素养。

奥斯卡影视欣赏——通过英语原版影片的赏析，提升学生对于英语的兴趣并初步培养他们的跨文化交际意识。

英美优秀文化欣赏——本课程旨在通过学习优秀英美文学，让学生了解英美历史，培养学生对英语学习的兴趣，从而促进英语学习。

英语戏剧表演——戏剧表演不仅能为学生提供语言环境，还能通过各种戏剧表演、舞台剧排演等，给学生搭建一个展示自我才华的舞台，调动起学生对英语文化的兴趣。在实际的戏剧排练过程中，激发学生的表演和表现的欲望，让学生更加大胆主动用英语来进行表达，在提升学生的语言表达和英语感受能力以外，使学生的英语运用能力及语言技能得到全面的提高。

四、课程群目标

按照义务教育阶段英语课程的总目标要求，从发展语言能力、培育文化意识、提升思维品质、提高学习能力这四方面进行目标设置。

1. 发展语言能力。能够在感知、体验、积累和运用等语言实践活动中，认识英语与汉语的异同，逐步形成语言意识，积累语言经验，进行有意义的沟通与交流，以此进一步夯实学生的基础性学力。

2. 培育文化意识。能够了解不同国家的优秀文明成果，比较中外文化的异同，发展跨文化沟通与交流的能力，形成健康向上的审美情趣和正确的价值观；加深对中华文化的理解和认同，树立国际视野，坚定文化自信，由此促进学生的发展性学力的发展。

3. 提升思维品质。能够在语言学习中发展思维，在思维发展中推进语言学习；初步从多角度观察和认识世界、看待事物，有理有据、有条理地表达观点；逐步发展逻辑思维、辩证思维和创新思维，使思维体现一定的敏捷性、灵活性、创造性、批判性和深刻性，使学生的创造性学力得以提升。

4. 提高学习能力。能够树立正确的英语学习目标，保持学习兴趣，主动参与语言实践活动；在学习中注意倾听、乐于交流、大胆尝试；学会自主探究，合作互助；学会反思和评价学习进展，调整学习方式；学会自我管理，提高学习效率，做到乐学善学，以此促进学生的基础性学力与发展性学力的提高。

五、课程群图谱

依据上述的规划形成了初中英语学科的课程群图谱，具体如下：

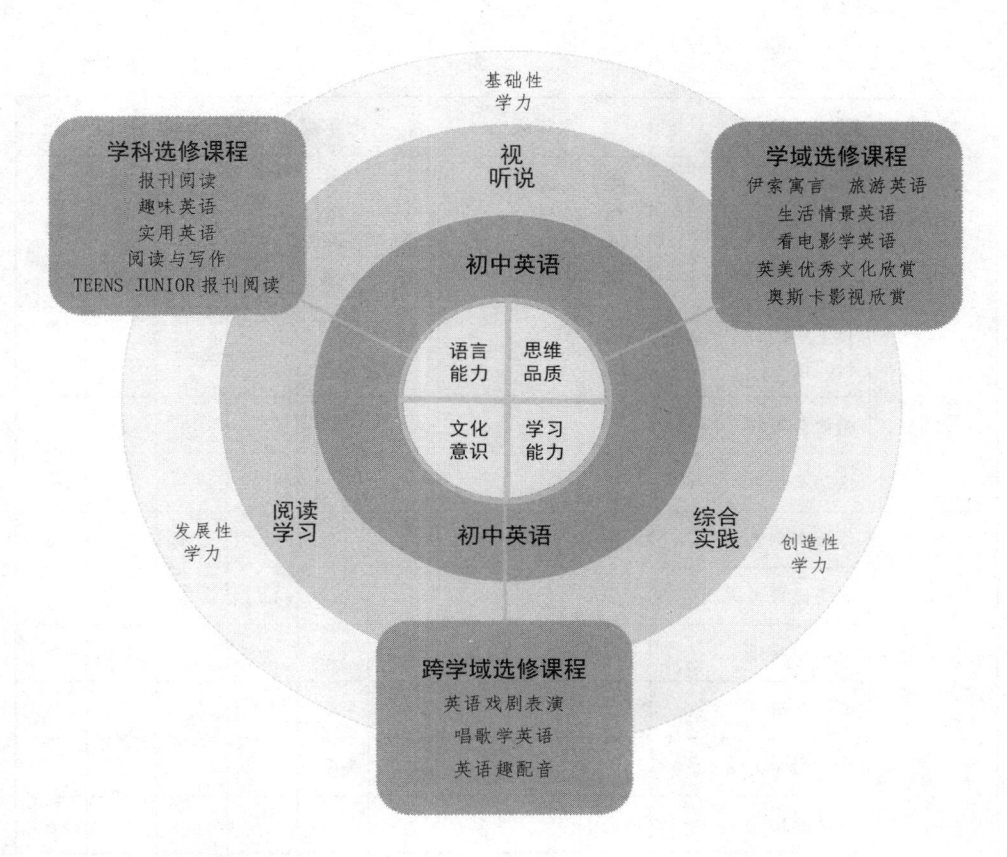

```
              基础性
               学力
      学科选修课程         视         学域选修课程
       报刊阅读          听说         伊索寓言 旅游英语
       趣味英语                      生活情景英语
       实用英语        初中英语        看电影学英语
       阅读与写作                    英美优秀文化欣赏
    TEENS JUNIOR报刊阅读              奥斯卡影视欣赏
                   语言  思维
                   能力  品质
                   文化  学习
                   意识  能力
      发展性    阅读           综合    创造性
       学力    学习   初中英语   实践    学力

              跨学域选修课程
               英语戏剧表演
                唱歌学英语
                英语趣配音
```

六、课程群设置

课程群设置表（学习板块、课程名称、课程类型、课程课时、实施年级）

学习板块	实施年级 课程名称	六年级			七年级			八年级/九年级		
		学科选修	学域选修	跨学域	学科选修	学域选修	跨学域	学科选修	学域选修	跨学域
视听说	伊索寓言		6							
	实用英语							8		
	生活情景英语					8				
	趣味英语	8								

续 表

学习板块	课程名称	六年级 学科选修	六年级 学域选修	六年级 跨学域	七年级 学科选修	七年级 学域选修	七年级 跨学域	八年级/九年级 学科选修	八年级/九年级 学域选修	八年级/九年级 跨学域
阅读	TEENS JUNIOR报刊阅读				8					
	阅读与写作							8		
	报刊阅读	6								
综合语言实践	英语戏剧表演									8
	英美优秀文化欣赏								8	
	唱歌学英语		6							
	旅游英语					8				
	看电影学英语					6				
	英语趣配音									6
	奥斯卡影视欣赏								6	

七、初中英语课程群(部分)"课程纲要"

趣味英语课程纲要(摘选)

1. 课程背景

口语即"说",它是英语教学四个基本训练技能之一。口语能力是语言运用能力的重要部分。《国家中长期教育改革和发展规划纲要》中提出:要提高我国教育国际化水平,培养大批具有国际视野、通晓国际规则,能够参与国际事务和国际竞争的国际化人才。国际化人才需要具备出色的语言沟通能力,既能通过英语认识多元世界、跨文化交流沟通,又能通过英语弘扬中国文化、表达中国立场。由此可见,培养学生的英语口语能力至关重要。

新课标聚焦培养学生的英语学科核心素养,提出语言能力是学科基础,文化意识是价值取向，思维品质是心智特征，学习能力是发展条件。本课程以《新课标》为基准，以培养学生英语学科核心素养为导向，从学生的学习兴趣、生活经验和认知水平出发，根据《新课标》要求提炼语料，倡导学生通过体验、实践、参与、合作与交流的学习方式，循序渐进地提高英语口语能力、提升思维品质、增强文化意识、形成自主学习的能力。

2.课程目标

通过主题词汇、句型、交际功能和口语技巧的拓展学习，增强表达自信，提升表达质量。

通过参与朗读、情景会话、自由讨论、英语演讲等形式多样的课堂活动，提高英语口语表达的能力，培养思维的灵活性和独创性。

通过诵读和赏析有关中国文化的名言佳句、美文佳篇；体验原版配音；参与戏剧表演，增强文化意识，提高自身修养。

3.课程内容与实施

本课程分为话题和情境、语言和技能、实践和交流、拓展和延伸4个模块。

模块1话题和情境，创设紧密联系真实生活和社会实际的英语教学主题和情境，通过创设与发现与语料相关的各种英语口语信息重构语境，在重构的信息语境中拓展与延伸，从而让学生将该口语材料中的一些原有认知与新认知结合起来，建构起一个新的视角。

模块2语言和技能，比如如何表达感激、喜好、歉意；朗读句子时怎样划分意群。内容不仅包括学生已掌握的语言知识结构，同时还渗透学生今后将要接触的语言知识和技能，通过充分的语言输入为学生搭建口语表达的脚手架。

模块3实践和交流，融合传统的师生互动的口语训练活动（如朗读、快速应答、情景问答等）和多元化口语拓展型活动（如自由讨论、英语演讲、英语辩论等）培养学生在各种场景中的语言运用能力，提升学生思维的灵活性和独创性。

模块4拓展和延伸，在基础训练和拓展训练的基础上，引导学生模拟真实情景，运用语调、语气、表情、手势等进行表演练习。活动中，学生不仅需要运用所学的语言知识、口语技巧，延展思维的深度和广度，还要在角色演绎中调动多元感官联动。

4.课程评价

对于学生口语学习成果评价，采用过程性评价和结果性评价相结合的方式。

学生课堂表现评价量表

项目	A级（2分）	B级（1分）	C级（0分）	个人评价	同学评价	教师评价
自主	上课认真听讲，作业认真，积极参与讨论与交流	上课能认真听讲，有参与讨论与交流	上课无心听讲，极少参与讨论与交流			
自信	大胆提出和别人不同的问题，大胆尝试并表达自己的想法	有提出自己的不同看法，并做出尝试	不敢提出和别人不同的问题，不敢尝试和表达自己的想法			
善于与人合作	善于与人合作，虚心听取别人的意见	能与人合作，能接受别人的意见	缺乏与人合作的精神，难以听进别人的意见			
思维的条理性	能有条理表达自己的意见，解决问题的过程清楚，做事有计划	能表达自己的意见，有解决问题的能力，但条理性差些	不能准确表达自己的意思，做事缺乏计划性、条理性，不能独立解决问题			
思维的创造性	具有创造性思维，能用不同的方法解决问题，独立思考	能用教师提供的方法解决问题，有一定的思考能力和创造性	思考能力差，缺乏创造性，不能独立解决问题			
我这样评价自己：						
伙伴眼里的我：						
教师的话：						

注：1. 本评价表针对学生课堂表现情况做评价；

2. 本评价分为定性评价部分和定量评价部分；

3. 定量评价部分总分为10分，最后取值为教师评、同学评和自评分数按比例取均值；

4. 定性评价部分分为"我这样评价自己""伙伴眼里的我"和"教师的话"，都是针对被评者做概括性描述和建议，以帮助被评学生改进与提高。

学生口语表现评价量表

Items	Assessment contents（评价内容）	Scores（分值）				
Speaking 口语表达	Pronunciation & Intonation （语音语调准确）	3	5	7	9	10
	Fluency & Speaking loud/clearly （语言流畅，声音清晰）	3	5	7	9	10
	Correct grammar & perfect expression （语法准确，表达完整）	3	5	7	9	10
	Appropriate length & behaviors （长度恰当，举止得体）	3	5	7	9	10
Content 内容	New or sharp ideas（观点新颖独到）	3	5	7	9	10
	Interesting & sufficient information （选材有趣有效）	3	5	7	9	10
	Perfect design（设计精巧）	3	5	7	9	10
Cooperation 合作互动	Team work in performance（协作意识强）	3	5	7	9	10
	Interaction with others（有效互动）	3	5	7	9	10
Creativity 创新或亮点	Creative performance（创新表现）	3	5	7	9	10
Mark（总分）						

学期综合评价按照过程性评价占40%，结果性评价占60%进行评价。8.5～10分为优秀，7～8.5分为良好，6～7分为合格，不足6分为须努力。

（初中英语教研组　孙慧娟　王卿执笔）

健全人格　净化心灵　责任担当
——"七彩"成长德育"课程群"（摘选）

培养什么人，是教育的首要问题。习近平总书记曾强调，"要把立德树人的成效作为检验学校一切工作的根本标准，真正做到以文化人、以德育人，不断提高学生思想水平、政治觉悟、道德品质、文化素养，做到明大德、守公德、严私德"，并要求"把立德树人融入思想道德教育、文化知识教育、社会实践教育各环节,贯穿基础教育、职业教育、高等教育各领域"。无论是"德智体美劳"还是"立德树人",德育都排在第一位,足以说明德育在学校教育和青年成长中的重要地位和作用。

学校德育工作坚持以理想信念教育为核心,爱国主义教育为重点,思想道德建设为基础,学生身心健康全面发展为目标,通过学校"七彩"成长德育"课程群"的建设与实践,创新"以德为先,以智为本,以体为径,以美为核,以劳为重"的育人方式,引导学生准确理解和把握社会主义核心价值观的深刻内涵,促进学生核心素养提升,养成良好的政治素质、道德品质、法治意识和行为习惯,成为品行优良、关爱他人、乐于奉献、积极向上、具有创新意识与能力的时代新人。

一、课程群定位

"七彩"成长德育"课程群"基于"比优乐学,自主发展"的办学理念,以实现学生个体自主成长为着力点,对应太阳"赤橙黄绿青蓝紫"七彩颜色,将其细化为七个相互联系又相对独立的课程模块,培养学生具备"社会责任、国家认同、国际理解;人文底蕴、科学精神、审美情趣;身心健康、学会学习、实践创新"九大学生发展核心素养,探索出一条健全学生人格、多元成长自主发展的德育有效路径。

二、课程群的结构

1. 德育核心主题

落实《中小学德育工作指南》,完善和强化学校德育队伍建设,践行"时时是德育机遇、处处是德育环境、人人是德育行者、事事是德育载体"的学校德育文化。充分发挥共青团、少先队、学生会组织和社区、家长在学校德育工作中的积极作用,将"思政课程"与"德育课程",以及德育实践活动进行有机融合,通过"五育并举,融合育人""知行合一,实践育人""多方推进,协同育人"三种途径,开展"理想信念教育、社会主义核心价值观教育、中华优秀传统文化教育、生态文明教育和心理健康教育",优化学校德育特色,创新、组织喜闻乐见、形式多样的德育实践活动,构建"德育内容生活化、德育校内课程化、德育校外社区化、德育资源特色化、德育家庭同步化"的德育工作新格局。

2. 课程群模块

"赤血红"课程模块:国家认同　责任担当——厚植爱国根基

"活力橙"课程模块：实践体验　养成习惯——培育劳动素养

"阳光黄"课程模块：阳光体育　青春活力——锤炼坚韧品格

"环保绿"课程模块：爱护环境　和谐自然——倡导生态文明

"国韵青"课程模块：传统文化　焕发生机——弘扬优秀传统

"温馨蓝"课程模块：健康生活　快乐成长——守护生命安全

"文化紫"课程模块：文化传承　润物无声——感知人文情怀

三、课程群设计

（一）"七彩"成长德育"课程群"的设计思想

中国学生发展核心素养以培养"全面发展的人"为核心，分为文化基础、自主发展、社会参与三方面，综合表现为人文底蕴、科学精神、学会学习、健康生活、责任担当、实践创新等六大素养，各素养之间相互联系、互相补充、相互促进，在不同情境中整体发挥作用。

1. 文化基础

文化是人存在的根和魂。文化基础，重在强调能习得人文、科学等各领域的知识和技能，掌握和运用人类优秀智慧成果，涵养内在精神，追求真善美的统一，发展成为有宽厚文化基础、有更高精神追求的人。

- 人文底蕴。主要是学生在学习、理解、运用人文领域知识和技能等方面所形成的基本能力、情感态度和价值取向。具体包括人文积淀、人文情怀和审美情趣等基本要点。
- 科学精神。主要是学生在学习、理解、运用科学知识和技能等方面所形成的价值标准、思维方式和行为表现。具体包括理性思维、批判质疑、勇于探究等基本要点。

2. 自主发展

自主性是人作为主体的根本属性。自主发展，重在强调能有效管理自己的学习和生活，认识和发现自我价值，发掘自身潜力，有效应对复杂多变的环境，成就出彩人生，发展成为有明确人生方向、有生活品质的人。

- 学会学习。主要是学生在学习意识形成、学习方式方法选择、学习进程评估调控等方面的综合表现。具体包括乐学善学、勤于反思、信息意识等基本要点。
- 健康生活。主要是学生在认识自我、发展身心、规划人生等方面的综合表现。具体包括珍爱生命、健全人格、自我管理等基本要点。

3. 社会参与

社会性是人的本质属性。社会参与，重在强调能处理好自我与社会的关系，养成现代公民所必须遵守和履行的道德准则和行为规范，增强社会责任感，提升创新精神和实践能力，促进个人价值实现，推动社会发展进步，发展成为有理想信念、敢于担当的人。

- 责任担当。主要是学生在处理与社会、国家、国际等关系方面所形成的情感态度、价值取向和行为方式。具体包括社会责任、国家认同、国际理解等基本要点。
- 实践创新。主要是学生在日常活动、问题解决、适应挑战等方面所形成的实践能力、创新意识和行为表现。具体包括劳动意识、问题解决、技术应用等基本要点。

(二)"七彩"成长德育"课程群"的设计意图

根据学生发展核心素养内容与要求，德育"七彩"成长"课程群"根据中国学生发展核心素养以培养"全面发展的人"为核心，文化基础、自主发展、社会参与三大方面，以及核心要素的十八个基本要点，以中、高考改革新政为指导，围绕学校"比优乐学，自主发展"的办学理念和培养目标，对现有的学校德育体系进一步梳理，建构新的学校德育课程体系，凸显完中优势，整合初高中德育活动课程，根据活动类别、特色、主题、教育意义等，以七彩色分门归类，进一步完善德育课程的体系架构，打造"立体、多元、整合"的德育"七彩"成长"课程群"体系。

通过以"厚植爱国根基"为目标的"赤血红"系列活动课程；以"培育劳动素养"为目标的"活力橙"系列活动课程；以"锤炼坚韧品格"为目标的"阳光黄"系列活动课程；以"倡导生态文明"为目标的"环保绿"系列活动课程；以"弘扬优秀传统"为目标的"国韵青"系列活动课程；以"守护生命安全"为目标的"温馨蓝"系列活动课程；以"感知人文情怀"为目标的"文化紫"系列活动课程，相应策划开展包括爱国、善学、安全、环保、国文、科学、实践、友善、书香和艺术多方面内容的主题活动，以下是德育"七彩"成长"课程群"设计结构思路图：

德育核心主题	学生发展核心素养	七彩成长德育课程群	课程群板块	活动学习形式
健全人格 阳光心灵	人文底蕴 科学精神	赤血红	品质锤炼/仪式教育/理想信念/音乐思政	理论学习
	学会学习 健康生活	活力橙	学生组织建设/学生社团/劳动教育	主题活动
		阳光黄	快乐假期/阳光体育/健康教育	研学探究
	责任担当 实践创新	环保绿	环保月课程/垃圾分类课程	社会实践
		国韵青	传统文化/书法篆刻/语言文字/中国节日	家校共育
		温馨蓝	心理健康/职涯生涯/法制教育/家长进校	社区联动
		文化紫	研学探究/社区教育/家校共育/进馆有益	

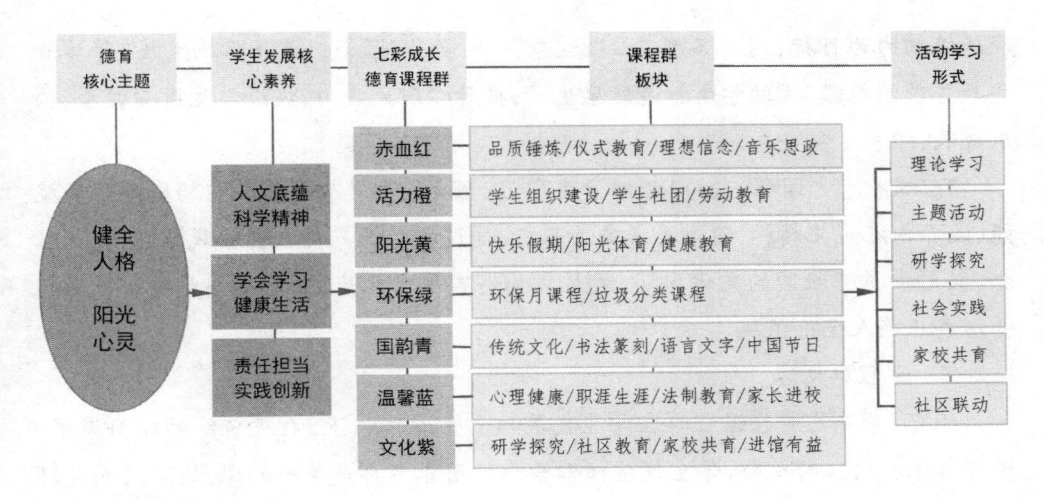

四、课程群目标

1. "赤血红"课程——以培养学生国家认同、责任担当为目标，通过各类仪式教育、"党、团、队一体化"红色主题活动，结合思政教育，深入学习党史、新中国史、改革开放史、社会主义发展史，全面落实《新时代爱国主义教育实施纲要》要求，厚植爱国根基。

2. "活力橙"课程——以增强学生实践体验，养成习惯为目标，通过新时代劳动教育学校体系的建构、各级各类学生组织的建设，以及家—校—社"三位一体"的有效配合，引导学生走出学校小课堂，走进社会大学堂，培育学生劳动素养，增长知识，体验感悟。

3. "阳光黄"课程——以帮助学生掌握运动技能，发展学生运动专长，引导学生养成健康生活方式为目标，通过开展"阳光体育，青春活力"系列活动，优化初中体育教学多样化、高中体育教学专项化，提高学生体育与健康素养，锤炼坚韧品格。

4. "环保绿"课程——以引导学生积极践行"爱护环境，和谐自然"为目标，指导不同年龄层的学生开展形式多样的垃圾分类知识普及和志愿者宣传活动，倡导学生身体力行，牢固树立垃圾分类环保理念，倡导生态文明。

5. "国韵青"课程——以引导学生传承中华优秀传统文化，培养学生民族自豪感和文化认同感为目标，将中华优秀传统文化、国学以及非物质文化融入课程，"以美育心，以文化人"，通过学生全方位、多角度地参与，使学生领略中国优秀传统文化之美，培养学生的民族情感，激发爱国热情，传承、弘扬、创新中国优秀传统文化。

6. "温馨蓝"课程——以帮助学生提高心理素质，开发学生潜能，增强学生心理弹性韧力为目标,通过各类"心理健康""生命安全"及"学涯职涯生涯"等体验式教育教学内容,帮助学生打造健康生活,提升心理免疫力,促进学生身心健康、快乐成长,守护生命安全。

7."文化紫"课程——以帮助学生学习、理解、运用人文与科学领域知识和技能、涵养内在文化精神、追求真善美为目标,通过各种探究类社会实践活动,走入社会、接触和感悟祖国的文化内涵,发展成为有宽厚文化基础、有更高精神追求的人并形成正确人生价值观。

五、课程群内容

德育"七彩"成长课程群在学生发展核心素养体系下,打破传统的学科界限,进行各课程内容的整合,学生发展核心素养的培养不再是单一的课程内容,而是环环相扣,融合渗透,使学生发展为一个健康的成长个体和对社会有贡献的公民,能成为社会主义建设的接班人。

1."赤血红"课程:国家认同,责任担当——厚植爱国根基

以学校团委、少先队、学生会开展的系列"红色主题",以及"党、团、队红色链条一体化"活动为主,通过"品质锤炼""仪式教育""理想信念""音乐思政"四大课程内容,结合思政教育,深入学习党史、新中国史、改革开放史、社会主义发展史、中华民族发展史,全面落实《"党的领导"相关内容进大中小学课程教材指南》《新时代爱国主义教育实施纲要》要求。利用学校完中教育优势,将学校党支部、学生团委、少先队组织进行资源整合,党团队共同探索和实践"1 VS N"党团队成长共同体。除此之外,结合学校艺术发展特色,以音乐发展史、音乐赏析、音乐表演等为载体,通过回顾党领导下的左翼音乐运动,以及"红色音乐文化、历史"将思政教育与音乐、艺术融合起来,打造"寻强音,践初心,育新人"的"音乐思政"体系,培育和践行社会主义核心价值观,引导学生传承红色基因,赓续红色血脉,厚植爱国情怀,传承和弘扬中华优秀传统文化、革命文化、社会主义先进文化,深入推进爱国主义教育。

2."活力橙"课程:实践体验,养成习惯——培育劳动素养

以学生组织、学生社团的建设,社会公益劳动、志愿者活动和"我们的节日"主题活动内容为主,通过加强新时代学校劳动教育内容的整体规划、活动设计和学校、家庭和社会"三位一体"的有效配合,培养学生劳动价值观和志愿者精神。同时通过团委、学生会、少先队、学生社团各级各类学生组织,走进社会大学堂,开

展"主题活动""研究性学习"和"职涯生涯体验"三大模式的社会实践活动。同时，学校基于社会实践课程的目标取向来筛选活动的主题和内容，以社会生产、社会实践、社会活动为依托，其课程内容源于社会生活，活动方式指向社会实践，以学生所在的年级，及学生的年龄特点和认知发展阶段的特征，以"分层递进，自主发展"为理念，在假期里引导学生走进区内青少年学生校外教育基地，丰富知识，体验感悟。

3."阳光黄"课程：阳光体育，青春活力——锤炼坚韧品格

以"体育活动"和"健康教育"为主，通过优化初中体育教学多样化、高中体育教学专项化建设，严格落实国家规定的体育与健康课程要求，执行"三课两操两活动"。体育教研组通过体育与健康课程、大课间、课外体育锻炼、体育节、体育竞赛、班团队活动、体育作业、家校协同联动等多种形式加强教育引导，提高学生体育与健康素养，增强体质健康管理的意识和能力。作为上海市体育传统项目学校、上海市体育先进单位，学校广泛积极开展普及性体育运动，定期举办学生体育节，组建体育兴趣小组、社团和俱乐部，推动学生积极参与常规课余训练和体育竞赛，对弘扬社会主义核心价值观，培养学生爱国主义、集体主义、社会主义精神和奋发向上、顽强拼搏的意志品质，实现以体育智、以体育心具有独特功能。在健康教育方面，通过各类宣传活动，加大健康教育工作力度，开展传染病防控知识宣讲、联合社区开展"近视防控""爱牙护牙"、各类传染病讲座，在假期手册中加入"睡眠""护眼""健康生活小贴士"等宣传内容，通过各类活动建立学校、家庭、社会三结合的健康防控网络。

4."环保绿"课程：爱护环境，和谐自然——倡导生态文明

以"垃圾分类"和各类"环境保护"志愿者实践、宣传内容为主，通过"垃圾不落地，分类我先行"活动的实施，组织不同年龄层的学生开展了形式多样的生活垃圾分类知识普及和宣传实践活动，倡导学生身体力行，巩固垃圾分类环保理念，体会并感悟垃圾分类的重要意义。学生在学习和践行生活垃圾减量、分类的过程中，社会责任意识逐渐增强，并能从更科学的角度研究如何将垃圾分类做得更好，为生活垃圾分类减量出谋划策。

5."国韵青"课程：传统文化，焕发生机——弘扬优秀传统

以"书法""篆刻""剪纸""非遗探寻""语言文字""吟诗诵读"内容为主，利用读书节和语文、历史、政治、英语等教研组联合开展"红色悦读"活动，感悟"红

色文化"。除此之外，通过线上与线下相结合的各类"传统文化"课程的教授，向社区的辐射，实现"以文化人，以美化人"，使学生领略中国传统文化之美，培养学生的民族情感，让传统艺术在新时代校园得到传承，并不断创新发展，成为学校美育工作的又一张名片。

6. "温馨蓝"课程：健康生活，快乐成长——守护生命安全

以"心理健康教育""生命健康教育""安全教育""法治教育"及"职涯学涯生涯教育"等各类体验式的活动内容为主，学校每学期组织开展不同主题、不同内容、不同形式的心理健康教育活动季系列活动，提升学生的心理免疫力，提升学生的心理品质，促进学生的心理健康。学校还成立"阳光心态——个人成长坊"，通过专业心理教师针对重点关注学生的团体辅导，借助成员之间的互动帮助成员获得自我发展。同时，加强对学生生涯规划的指导与研究，开发《上音比乐中学学生生涯规划课程》，激发学生主动学习、自主发展的内在动力。在初高中七个年级开展职业生涯教育活动，逐渐建立一个涉及初中、高中多年级、多内容、相衔接、共完善的完中职业生涯教育活动体系。通过开展"家长进学校""家长进课堂"，以及在假期中开展"跟着父母去上班"职业体验活动，与父母同行，实际感受不同职业的魅力，加强职涯生涯的引导。

7. "文化紫"课程模块：文化传承，润物无声——感知人文情怀

以学生文化之旅实践研学活动、"进馆有益"等各类探究性主题活动为载体，根据学生不同年龄特点，利用课余时间让学生走入社会、接触和感悟祖国的悠久文化和自然资源。让学生在社会大课堂中学会认识社会、思考人生，形成正确的人生价值观。在艺术教育中，一方面积极开展培育和践行社会主义核心价值观主题活动，着力推进上海市"一校一品"艺术特色课程建设，并将中华优秀传统文化中的"书法"与"篆刻"作为特色活动着力推进。另一方面，结合学校三大节（体育节、科技节、艺术节）、一季（心理健康教育活动季）、一周（劳动周）等德育主题活动，坚持课内与课外相结合，普及与提高相结合，群体提高与个体特长发挥相结合，日常教学与活动竞赛相结合，开展丰富多彩的课外、校外教育活动，做到活动经常化、多样化，全面提升学生的文化内涵和素养，培养科技创新精神，促进学生"德智体美劳"全面发展。

六、课程群模型

依据上述的规划形成了"七彩"成长德育"课程群"图谱，具体如下：

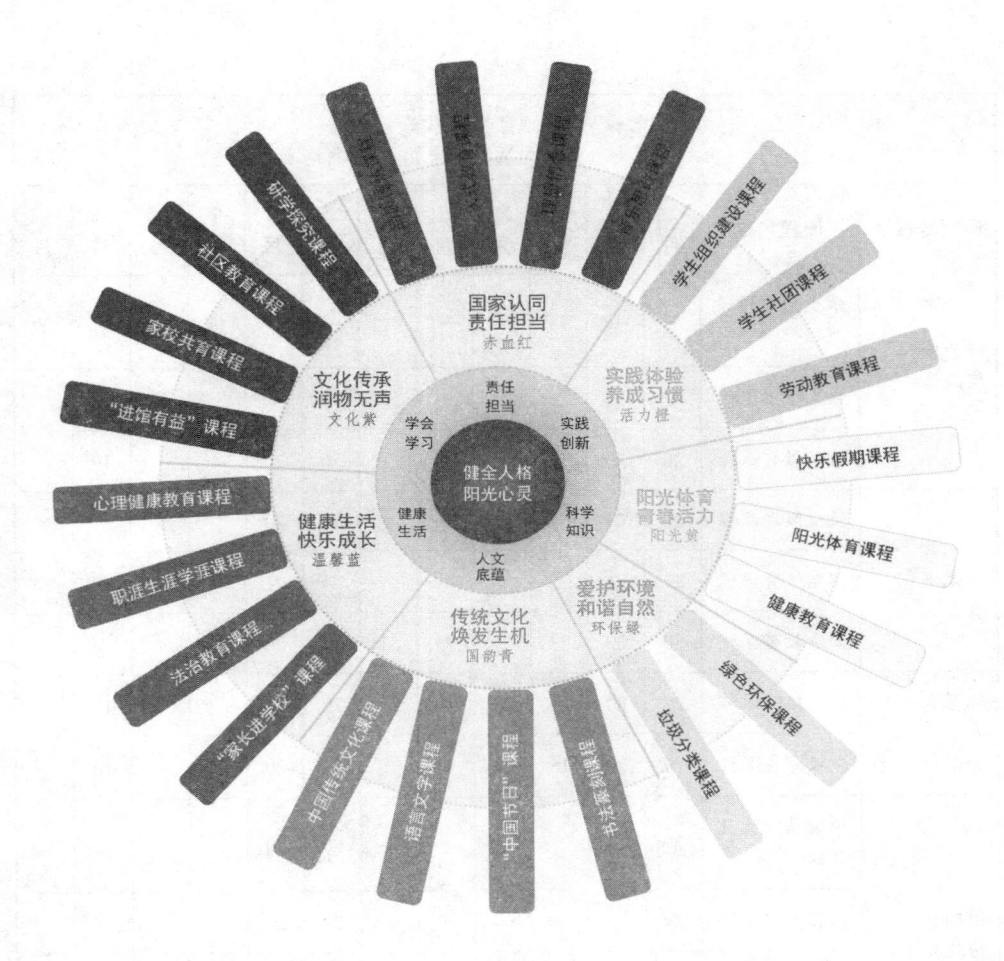

七、课程群设置与实施

"七彩"成长德育"课程群"设置 （数字为活动编号）													
课程群板块	课程名称	1月	2月	3月	4月	5月	6月	7月	8月	9月	10月	11月	12月
赤血红 国家认同 责任担当	品质锤炼课程	10				6		1	2		3		
	仪式教育课程	20	5			6	7	20		5	5	6	
	理想信念课程	20	11	12	13		8	20	3				10
	音乐思政课程	11	11					11	11				17

续表

课程群板块	课程名称	"七彩"成长德育"课程群"设置（数字为活动编号）											
		1月	2月	3月	4月	5月	6月	7月	8月	9月	10月	11月	12月
活力橙 实践体验 养成习惯	学生组织建设课程	41	41	14		9		41	41	14			9
	学生社团课程										15		
	劳动教育课程	20	20	16		40		20	20			19	
阳光黄 阳光体育 青春活力	快乐假期课程	20	20					20	20		20		
	阳光体育课程	21	21					21	21		18		
	健康教育课程	20	20	32		33	31	20	20	22			
环保绿 爱护环境 和谐自然	绿色环保课程	20	20	16	23			20	20			16	
	垃圾分类课程	20	20	16	23			20	20	24		16	
国韵青 传统文化 焕发生机	中国传统文化课程	27	27					20	20				
	语言文字课程	29				29		29	29				
	"中国节日"课程	27	27		24	29	25	20	20	19	26		17
	书法篆刻课程	28					28	28	20				28
温馨蓝 健康生活 快乐成长	心理健康教育课程	20			43	43		20		30			
	职涯生涯学涯课程	37		32		30	31	20	20		4		33
	法治教育课程	20	35	36			34		34	35			10
	"家长进学校"课程			37		37		37		37			

续 表

课程群板块	"七彩"成长德育"课程群"设置（数字为活动编号）											
	课程名称	1月	2月	3月	4月	5月	6月	7月	8月	9月	10月	11月	12月
文化紫 文化传承 润物无声	研学探究课程	20	38			39		20	20		39		
	社区教育课程	44	44					44	44				
	家校共育课程	37	35			35		37	37	42			35
	"进馆有益"课程	45	45			45		45	45				

编号活动说明：

1. 暑期优秀学生干部夏令营活动 2. 高一军事训练 3. 六年级、高一年级新生教育、九年级、高三年级毕业班开学前教育 4. 高二学农 5. 开学典礼仪式 6. 初、高中入团仪式 7. 九年级、高三毕业典礼暨成人仪式 8. 六一儿童节、八年级十四岁生日仪式 9. 少先队干部就任宣誓仪式、学生会干部就任宣誓仪式 10. "宪法宣传周"主题活动 11. "进馆有益　探究左翼音乐先锋"主题活动 12. 学"党史""五史"主题活动 13. "民族团结"主题活动 14. "三五"学雷锋活动 15. "社团节"社团招募活动 16. "3·12"植树节活动 17. 校园艺术节、左翼烽火艺术课程展示、薪火演艺课程 18. 校园体育节 19. 科技社团节 20. 寒假、暑假、国庆假期系列活动 21. 阳光体育大联赛 22. 健康生活宣传 23. "垃圾分类"系列主题活动、"光盘行动"主题活动 24. "清明祭英烈"活动 25. "端午节"活动 26. "重阳节"活动 27. "年味·中国"春节系列活动 28. 书法线上课程、篆刻线上课程 29. 读书节活动 30. 职涯学涯生涯系列活动 31. 世界爱眼日宣传教育 32. 全国爱耳日宣传教育 33. "无烟日"宣传教育 34. "法治进校园"活动 35. 法治教育专题讲座 36. 中小学生安全教育日主题活动 37. "家长进学校"系列活动 38. "音乐奇旅"线上微课程 39. 春季、秋季研学探究活动 40. "劳动周"主题活动 41. 高中志愿者活动、职业体验 42. 各年级家委会家联活动 43. 心理健康活动季 44. 寒假、暑假社区活动 45. "进馆有益"假期探究实践活动

八、课程群评价

学生发展核心素养是检验和评价德育成效的重要依据。以初、高中综评为指导思想，根据学生不同学段、不同年龄，每项课程采用相应的评价模式，创新各级各类活动评选方法，在主体、内容和形式三方面进行探索：评价主体多元化，分为教师评价、学生自评和学生互评三个层次；评价内容多元化，包括指向学生社会主义核心价值观"知、情、意、行"四大方面所折射的态度、能力、方法及结果等；评价形式多元化，既有过程性评价，又有阶段性评价；并利用初、高中综评网、博雅网导入各项课程内容，将评价落在实处，使学生在日臻完善自我和拥有充分自信与合作能力的基础上逐步培养自主策划和实施教育活动的能力，有效实现自主发展。

九、"七彩"成长德育"课程群"（部分）"课程纲要"

"音乐思政"课程纲要（摘选）

1. 课程背景

根据《"党的领导"相关内容进大中小学课程教材指南》对不同课程教材有机融入做出安排。中小学阶段以道德与法治（思想政治）、语文、历史三科为主，艺术有重点地融入。

依托学校办学方向和资源优势，以音乐发展史、音乐赏析、音乐表演等为载体，通过回顾党领导下的左翼音乐运动以及革命战争年代、社会主义建设时期、改革开放时期，以及新时代中国特色社会主义时期具有代表性的音乐作品，引导学生回顾党的百年壮丽征程，牢固树立"听党话，跟党走"的信念，进一步确立"请党放心，强国有我"的志向。

学校的"音乐思政"课程将聚焦"寻强音，践初心，育新人"主题，开展丰富多彩的思政与音乐融合的活动，并开发相关课程。

2. 课程目标

（1）使学生了解中国优秀红色音乐作品，音乐鉴赏理论知识，培养学生的音乐鉴赏能力和培养其高尚的审美情操，具有品鉴音乐内涵的素质和进行音乐表演及音乐实践的能力，提升个人的艺术素质和艺术修养，增强文化自信，为以后个人艺术能力的发展奠定基础。

（2）在教学中，把爱国主义教育作为教学目标之一，贯穿音乐教育之中，以音乐来陶冶学生的爱国主义情操，使学生热爱党，热爱社会主义，热爱国家。以红色音乐文化彰显的伟大真理夯实信仰之基,以红色音乐文化谱写的伟大历程铸牢信念之魂,以红色音乐文化颂扬的伟大精神守护精神之源,以红色音乐文化展现的伟大实践弘扬奋进之志。

（3）培养学生的爱国主义情怀和远大理想,引导学生主动探索,培养学生要勇于创新的时代精神,养成科学、严谨的工作态度,培养学生努力钻研的工匠精神,增强学生科技报国的责任担当,提高学生服务国家、服务人民的社会责任感。

3. 课程内容

上音比乐中学"音乐思政"课程包含以下四方面主要内容,即"一台、一节、一队、三课"。具体而言,"一台"就是成立"寻音"校园电视台,即校园融媒体中心,打造校园电视、校园广播、学校网站、学校官方微信公众号（视频号）为一体的融媒体平台;"一节"就是开展一年一度的学校艺术节（含"星火"板块）,打造"音乐思政"建设成果展示和学生风采展示的综合平台;"一队"就是组建"寻音"宣讲队,开展形式多样的理论宣讲活动;"三课"就是指立足市、区场馆资源、比乐校园旧址和革命遗址遗迹资源的场馆课程"左翼烽火"、走进不同时期具有时代感的音乐从各学科思政角度进行的探究性社团课程"时代强音"、立足开发轻量化红色艺术精品的演艺课程"初心之声"。

4. 课程实施

（1）场馆课程——"左翼烽火"

结合学校"进馆有益"活动,组建学生探究团队,由年级组长、班主任、学科教师、导师等带领,引导学生追寻左翼音乐运动在上海、黄浦留下的足迹,形成较为全面的认识和理解。

——围绕黄浦及周边区与左翼音乐元素相关的旧址、遗迹或纪念馆、老建筑、街区,串珠成链,开发"左翼烽火"研学线路（如黄浦的南国社、黄浦学校操场、文庙等地标）。使之成为学校全体新生入学教育的传统项目,同时打造为区级德育共享课程之一。

——与中共一大纪念馆、比乐校园旧址、黄浦剧场、百代小楼（徐汇）、国歌展示馆（杨浦）等场馆开展课程共建,合作开发课程,打造"一馆一课"。由科研部牵头,组建教师团队编辑组,与各场馆宣教人员共同编写"音乐思政"读本《左翼烽火》。

（2）社团课程——"时代强音"

在不同年级组建学生音乐思政社团,从不同角度、不同学科了解不同时代的代表性音乐,包括左翼音乐小组、抗日救亡运动、解放区歌曲、新中国成立初期的歌曲、改革开放的歌曲、新时期及庆祝建党100周年创作的歌曲,以及各个时代的军歌(包含比乐中学校歌)。

同时,为了致敬革命先驱和人民艺术家,各个社团将各个音乐小组以左翼音乐家和人民音乐家的名字命名为"××音乐小组",如聂耳音乐小组、冼星海音乐小组、孙慎音乐小组、施光南音乐小组等。

(3) 演艺课程——"初心之声"

依托学校原有的各类艺术社团,开发几部轻量化的红色艺术精品。如合唱、管乐重奏、民乐重奏、舞蹈、微型音乐剧、小型话剧等。这些节目可以在红色经典步道、红色场馆、各级新时代文明实践中心进行演出,在学生中培育"红色艺术"志愿者。

同时,"三课"内容将依托"寻音"校园电视台进行常态化展示和经验交流,在艺术节"星火"板块中进行成果展示,"寻音"宣讲队将结合"左翼烽火""时代强音"两个板块内容开展党史、"五史"等方面的宣讲活动。

5. 课程评价

充分发挥学校现有艺术课程与艺术活动优势,并与思政课程有机结合,结合初、高中综合社会实践评价体系与德育活动平台,展示交流学习、活动成果。

6. 实施案例

(1) 艺术节"星火板块"相关主题活动方案、纪事与成效(略)。

(2) "一大百物进百校"音乐思政课程展示方案、纪事与成效(略)。

(3) "云游"红馆 探寻左翼音乐人足迹方案、纪事与成效(略)。

(学生发展部 周琳 执笔)

D 亮题

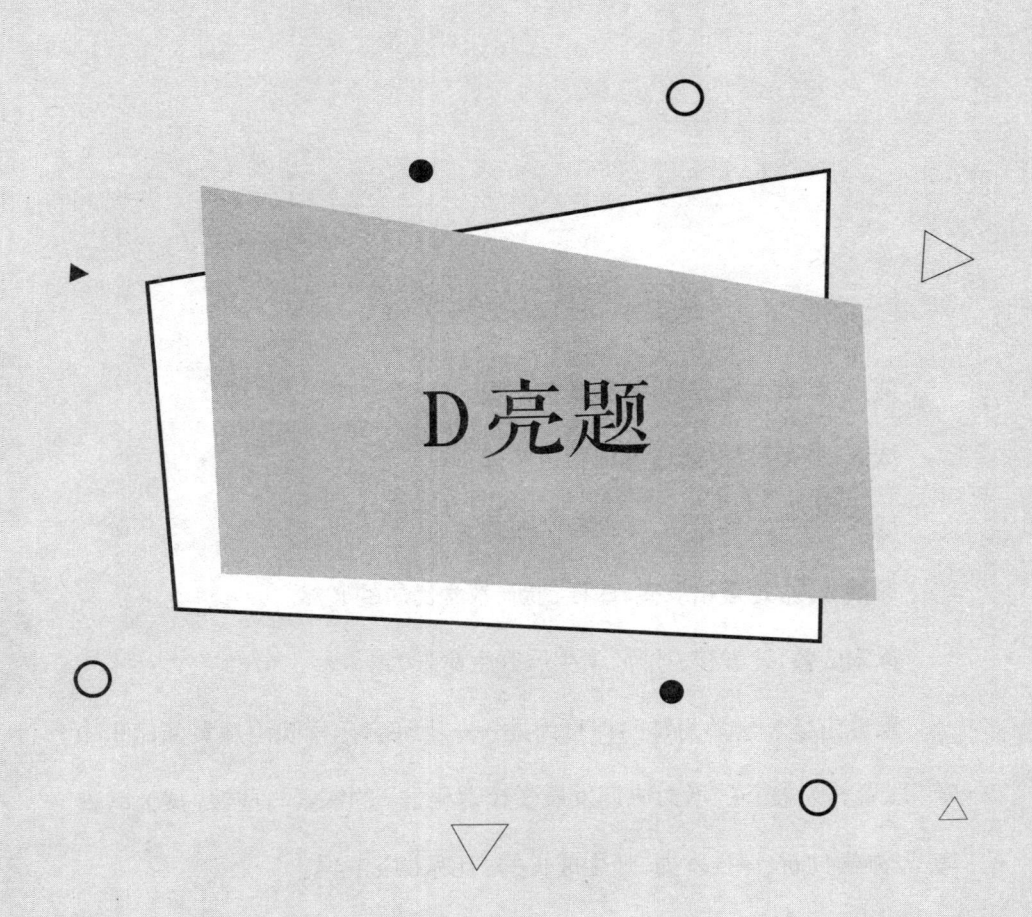

成效,教育本原显现,教育本色凸显;

成效,办学品质体现,课程特色浓郁;

成效,师生发展再现,学力教学强劲。

探索成效,是遵循规律、课程创新、教学优质的必然。

探索成效,让学校、教师、学生展开生命张力。

素养为核　学力为钵　课程为途——上海音乐学院附属黄浦比乐中学"以素养为核心的学力协调发展学校课程群"的探索与成效,成为教育转型、办学创新、课程发力、师生成长的"比乐印记"。

第七部分　成效与成果

"以素养为核心的学力协调发展学校课程群"建设的继往开来

课程建设的成效，立足于遵循教育规律，坚持于以学生发展为本，坚定于采用科学的方法，通过持续努力和探索，使潜在的变成显性的，使潜能的变成动能的，使愿望的变成现实的。

致力于"以素养为核心的学力协调发展学校课程群"建设，取得了学校、教师、学生的多赢，为学校更有品位地发展提供了现实条件。

第一节　国家课程校本化实施，夯实学生学力基础

"以素养为核心的学力协调发展学校课程群"建设，为学生素养培育开创了新途径，学生的素养与学力协调发展获得双赢。

一、课标实施校本化，提高学生学习效益

"课程群"中的国家课程的实施，提出了"课标实施校本化"的推进项目，项目有以下几方面的抓手：一是从研读学科课程标准与学科教材入手，使广大教师准确把握课程标准要求，探索提高教学效益的策略与方法；二是通过研制"课标实施纲要"，更精确地落实学科课标要求，夯实学生的基础性学力；三是结合课程标准学习，开展有针对性的学科单元教学设计，探索有效提高学生学科核心素养的途径，同时激发与引导教师对学科专业提升的激情。

1. 把握课标方向，优化学习方法

高中语文教研组在新教材实施伊始，组织全组教师积极研读学科课程标准，把握新教材的新变化新特点，转变教学方式，优化教学策略，提高学生学习效益。

教学过程中尊重学生独特的学习体验,培养学生的语言文字运用能力,通过阅读与欣赏、表达与交流、梳理与探究等多样的学习方式,提高学生语文学习的兴趣。例如:为课文设计插图、写诗歌、将课文改编成课本剧,等等。通过这种多样化的学科学习体验,学生的学力素养得到了提升。

为了提高语文整本书阅读质量,教研组应用网络技术,开展了学生在线阅读《红楼梦》的闯关活动,以此来提高学生阅读的积极性,同时了解学生的阅读质量,从网络统计出的数据分析看,学生对书中的内容、人物、情节和场景了解正确率平均近70%。这些数据也为教师《红楼梦》整本书的后续阅读指导提供了依据。在教师引导下,高中学生的整本书阅读意识得到了一定提高,部分学生会主动去购买或去图书馆借阅一些名著来阅读。

2. 研制《实施纲要》,落实课标要求

物理教研组组织高中教师开展对《课标实施纲要》(简称:《实施纲要》)的文本研制,从他们研制的《实施纲要》文本中可以看出,物理组基于课标与教材,对教学内容的要点把握、结构完整,案例选择和表达呈现都进行深入细致的研究,对教师的教学设计有很好的引导作用。

物理组田老师在高三物理等级考复习过程中的教学设计,参考了这一教学内容的《实施纲要》,设计了相应的复习课,并依据《实施纲要》提供实施建议,在学生的《学科训练系统》中,编录三套练习题和三套检测题配合教学使用,取得很好的教学效果。田老师说:"《实施纲要》给我最大的帮助是提高了我高三备考的效率,《实施纲要》对这部分的教学内容如同列了一份完整知识清单,几乎涵盖了这一内容高考要求的知识要点,指明了这一部分内容的复习要求与标准,同时它也为我的作业设计与检测题提供了选题方向,这样我实施过程的'教—学—练—测'的内容要求基本是一致的,感觉整个教学过程非常流畅,我教得轻松,学生学得也轻松。"

关于《实施纲要》产生的成效,还应补充一点,就是如果明年其他教师教授这部分内容时,同样参考《实施纲要》提出的标准,教师可以依据这个标准进行个性化实施。这也是学校推进研制《实施纲要》的初衷,就是要解决教师对教学要求任意拔高与降低的顽症,实现基于课程标准的教学,提高课堂教学的效益,《实施纲要》体现了这一初衷。

3. 基于课程标准,开展单元设计

高中数学教研组在推进"课标实施校本化"的项目过程中,以学科单元教学设计为抓手,开展了高中数学学科单元教学设计的研究。教研组长赵老师的体会是:"学科单元教学设计对我们老师来说是有相当大的难度的,对教师的学科专业要求很高,在推进过程中,许多老师还很难完全达到单元设计的要求,通过项目研究我们惊喜地发现,现在老师都有了对教学内容进行单元处理的意识,会主动对所教的内容进行单元结构性分析,还掌握了单元结构分析的呈现方式——知识结构图,知识结构的分析是单元教学设计最核心的环节,我更惊喜地发现,我们的老师即使是平常一节普通新授课,也会在课前对其进行知识结构分析,来定位这节课的内容在知识结构中的地位,并且思考其他相关教学内容的安排,全局性整体性考虑章节内容。"例如:申老师在备高一新教材的"函数的最值"这一节课时,就对高中函数这部分的教学内容进行了知识结构分析,分别从宏观、中观与微观三层面进行了分析并画出其结构图,宏观分析"函数的最值"在高中数学在函数中的地位;中观分析"函数的最值"的基本解题方法与思路;微观分析作为"函数的最值"的第一节新授课中的教学内容与教学流程,并用单元教学设计的方法视角,对本节课的内容进行分析细节定位。

这一案例说明,通过学科单元教学设计的推进,教师对全局把握课标要求的意识得到明显加强,并会主动地用单元教学设计的思想进行教学分析,教师的专业追求意识被激发,由此将有效地提高课程的教学质量与效益。

二、课堂教学实效化,促进学生学力发展

在"课堂教学实效化"项目研究中,广大教师以课型研究为载体,在课堂教学中探索自主式探究学习方式,并对其教学的实施策略进行了深入细致研究。这些实施操作策略运用在课堂教学中,取得良好的教学效果。

1."问题引路",启发学生自主探究

高中数学的杨老师在完成高三第一轮复习"函数的奇偶性(1)"的公开课后的体会是:"复习课是一种重要的课型,既要让学生在课堂上巩固基础知识、熟练掌握基本解题方法,又要保证复习进度,还要激发学生的学习积极性,把'教'与'学'结合起来,运用'问题引路'的启发式自主探究学习方式是个很好的方法。这节课我设计三个由浅入深的题目,让学生掌握判断函数的奇偶性的常用三种方法:定义法、图像法、性质法,在此基础上我采用了学生小组合作的形式完成对应学习任务,学生们通过小组成员合作,应用刚刚学过的判断方法,顺利地完成了我预设的一题多解、一题多变的函数的奇偶性习题,采用这种'问题引路'的启发式自主探究学习方式,提高了学生分析问题、解决问题的能力和自主探究学习的能力,也提升了学生的基础性和发展性学力。"

2."动手操作",提供学生体验过程

生物学科的梅老师在开设一节《细胞通过质膜与外界进行物质交换》新授课后这样说:"教材没有直接介绍小分子物质通过何种方式通过细胞质膜,怎么更好地让学生理解'膜对不同物质的透过性有差异'呢?我采用了'动手操作'的体验式的自主探究的学习方式,根据教材精细设计相应的实验,让学生自己动手做实验,用实验帮助建立与理解相关的知识与概念。实验前,我先明确了实验步骤,再提出学生实验时思考的问题:'出现这些现象的原因是什么?''这两组实验有没有什么共同点?说明了什么问题?'然后学生进行实验,观察实验,填写实验结果,思考和讨论老师的问题,总结细胞质膜允许哪些分子通过,最后得出细胞质膜的选择透过性的结论。学生在自己动手的过程中,培养了操作、观察、分析的能力与团队协作能力,通过实验探究提高了基础性和发展性学力。"

三、学习训练个性化,促进学生学业成长

"学习训练个性化"是"课程群"实施中跟教师的教与学生的学关系直接的项目,高质量、个性化的学科训练系统,对学生学业成绩的提高起着举足轻重的作用。为此,学校制定详尽的开发方案与评价制度,并投入了足够的印刷经费,保证学科训练系统的质量,目前学校初高中各学科都开发了学科训练系统。学科训练系统是学生使用频度最高的学习用书,学科训练系统有效地提高了学生学科学习的质量与效益。学校经常通过学生问卷与访谈,听取学生对学科训练系统使用的意见与建议。

高二(1)班的王同学说:"我刚拿到《学科训练系统》时的第一印象是印刷非常精美,内容也非常齐全,不光是作业练习题,里面还有许多精选例题、方法指导和拓展阅读,有些学科练习题是按题型分类的,使用很方便,有了这些学科训练系统,我基本就不用在外面买其他的教辅练习了。"

高一(2)班的张同学说:"有了《学科训练系统》,我的书包干净多了,不再像以前书包里到处都是练习卷。以前复习的时候,练习卷乱哄哄的一大堆,杂乱无章,复习时基本派不到多大用场,现在复习方便了,所有做过的练习都在这本《学

科训练系统》书里,内容完整,整整齐齐,里面还有自己的订正纠错记录,复习时的效率非常高,所以我的考试成绩都比较稳定。考试试卷中的好多题目类型,《学科训练系统》中类似的基本都有,《学科训练系统》是我学习的好帮手。"

四、学习评价人本化,助推学生个性成长

1. "学生学业自主分析卡"

"学习评价人本化"的推进中,学校以《上海市学生成长记录册》中的评价项目与内容作为学习评价导向,在用好《上海市学生成长记录册》的同时,结合"比乐中学学业质量分析系统"(简称:质量分析系统),对学生的学业实施个性化的评价,制订个性化成长方案,促进学生个性化成长。

"学生学业自主分析卡"(简称:分析卡)是学校"质量分析系统"的组成部分,旨在通过学生对学业的自主分析,提高其自主管理的能力,同时对自己的学业成绩水平,有一个基于数据的整体性判断与评价,及时改进自己的学习。对教师来说,根据数据分析结构,可以更有针对性地跟进教学,提高教学效益。

2. 个性化的学业成绩分析

初高三作为毕业年级,个性化学业成绩分析频度是比较高的,年级组每次考试之后都会对每一名学生进行学业成绩分析。高三年级组的教师在分析到(1)班的奚同学时,任课教师对其进行升学目标的定位分析时产生了分歧,数学教师认为奚同学完全有考上本科水平,并且还可以冲更高层次的本科学校,而语文教师的评价截然不同,认为就奚同学的水平达本科水平还差一大截。此时班主任找出了奚同学的"分析卡",当大家看到卡上呈现的奚同学每一门学科的成绩跟踪曲线图与总分年级定位曲线图,数学和语文教师即刻恍然大悟,奚同学数学和语文成绩呈两极分化状态,数学每次考试基本都是年级前十,语文基本年级均分都达不到,数学和语文教师各自站在自己学科成绩的角度,以局部来评判整体,所以产生了巨大差异。依据"分析卡"上的数据分析,奚同学有明显学科弱项,达到本科水平的变数较大,针对奚同学的情况,班级组的各位教师为奚同学制订个别辅导的方案,确定了高考目标,个性化的辅导弥补"短板"学科,发扬优势学科,确保本科,争取更好成绩。在学生本人与教师们的共同努力下,最后奚同学高考成绩高出了本科线60多分。基于当下的中高考的背景,学生的升学是学校绕不过去的主题,而对学生的学业进行基于数据的精确分析和教师精准个性化辅导,将有力地助推学生个性化成长。

第二节 校本课程个性化实施,助推学生学力均衡发展

一、学科选修课程,调动学生学习积极性

1. 助推学生学习进步

"初高中数学的'桥梁'"是一门初高中数学的衔接课程,刚刚进入高中的新生,普遍会不适应高中数学的变化。为此,高中数学课程群中专门设置了这门课程。

负责这门课程开发的申老师认为:"开设这门课程主要目的是帮助学生厘清初中知识与高中知识的区别与关系,用渗透转化和类比的数学思想和方法,帮助学生温故知新,实现由未知向已知的转化,减缓初高中数学跨度台阶,使学生由浅入深、循序渐进地掌握基础知识和基本技能。"

高一(1)班的陶同学说:"老师带领我们完成了初中数学与高中数学思维的转变,在复习了初中知识的同时,升华了其内容,巧妙易懂地引入了高中的内容,令人受益匪浅。"

高一(1)班杨同学:"老师主要讲高中数学的基本知识与初中高中衔接的盲点,使我的做题速度与技巧上升了一个很大的台阶,真的很有帮助。老师用了挺长的时间,将知识点讲细,使我们能够理解记忆。"

2. 打开学生求知窗口

"Scratch创意设计"是一门属于"信息科技"学科的学科选修课程微课程。主要是通过Scratch这个软件培养学生的编程思维、计算思维和创新思维,发展学生的发展性学力。

授课的钱老师说:"Scratch这个软件对预备班的学生来说,上手是比较快的,而且这种图像化的编程界面对学生的吸引力也比较大,学生比较感兴趣。考虑到微课程4节课的时长,我设计了一个游戏的制作,并贯穿这门课的始终。在课程结束时,学生能学会软件基本的操作,对编程有了基本的认识,能完成一个小游戏的制作,课程在培养学生编程思维的同时,也提升了学生的学习兴趣和成就感。"

预备(7)班的吴同学说:"在这门课里,我不仅完成了老师要求的走迷宫的游

戏设定,我自己还增加了游戏的难度,让游戏更加好玩,我会编程啦!"

预备(6)班的达同学说:"这门课很有意思,各个模块的拼搭就实现了一个个功能,我做的小人能随着键盘的控制而行走了。"

预备(7)班的孟同学说:"在这门课里,我完成了走迷宫的游戏编程,其他同学可以直接玩这个游戏了,我很有成就感。"

"上海人文地理"是一门地理学科的学科选修课程。课程以自己的家乡上海为载体,让学生获得更多的地理方面的课外知识,开阔学生的眼界,使学生更加了解家乡,热爱家乡。

授课的王老师说:"在授课过程中发现,图文结合,加小视频的这种直观具体的授课方式更受欢迎。尽管生活在上海多年,但学生对上海人文景观还不是很了解,或者只知道表象,不知道历史缘由,课程弥补学生这些缺陷,确实使学生增加了不少的课外知识。"

预备(7)班的龚同学说:"老师讲的上海的建筑,我很感兴趣。现在走在路上,有时看到大型建筑物,我也能说上一两句了,什么'哥特式''巴洛克式',旁边的同学都很崇拜,爸妈也很吃惊,我很自豪。"

预备(7)班的胡同学说:"这几节课,我学到了很多知识,对我的家乡更了解了,我爱上海。"

预备(7)班的吴同学说:"外婆平时烧菜,我总喜欢在旁边看着,发现不论烧什么菜,她总喜欢放糖,问外婆为什么放糖,外婆总说吊鲜味儿,糖明明是甜的,怎么会鲜呢?学了这几节课下来,听了老师讲课以后,我现在总算知道原因了,原来是有渊源的。"

二、学域选修课程,激发学生学习的动力

1. 提升学生学习兴趣

"汉字古俗观奇"是一门初中语文的学域选修课程。课程通过古老的汉字这一历史悠久的文化载体作为课程内容来探究先民的衣食住行,充分发挥汉字作为一种文化符号的特殊优势,以此提升学生的语言文字学功底和文化史素养,培养学生敏锐的洞察力、良好的理性思辨、缜密的研究方法和严肃的科学态度,向学生展示了一条探究古代文化的新途径:古汉字语言→思维文化,这门课程有利于对学生的发展性学力的培养。

授课的王老师说："本学期我开设这门学域选修课程,起初是颇有些犹豫的,因为研究汉字对初一的学生来说,有一定的难度。所以开设这门课的目的,只是希望开阔学生们的眼界,激发学生探究汉字的兴趣,为他们今后的相关学习奠定些基础,从而起到'抛砖引玉'的作用。授课下来,发现学生对此还是很感兴趣的,从中我也惊喜地发现,有些学生的知识面还是挺广的,对我介绍的内容都能够有所了解,不少学生课上和课后都可以和我一起讨论交流。"

初一(9)班乐同学说："教课内容十分有趣,讲了衣食住行四方面。这次学域选修课程的学习,使我拓宽了学习的视野,更新了观念,让我意识到在今后的学习中要调整学习方法,多了解课外知识。"

初一(5)班唐同学说："别小看了汉字,它背后有着深厚的文化和历史……中国五千年的文化,铸就了汉字,许多汉字中都有美丽动人的故事,值得我们赞叹!"

初一(5)班吴同学说："课上完,我都想回到古代体验一下古人的生活。"

"趣味数独"是初中七年级的一门学域选修课程。数独,是一种以数字为表现形式的益智休闲游戏,起源于中国数千年前的《河图》《洛书》。课程旨在通过学生对数独的了解,培养学生的"逻辑推理的学科核心素养"而设计的,力求培养学生爱数学的态度,坚持不懈的钻研精神和自主探究的能力。

初一(1)班宋同学说："数独,对一个刚接触的人来说还不理解其中的意义,可是以后你会发现,数独靠的是坚持,有时结局并不完美,或许花了许多时间,并没有换来一次大获全胜,但我认为,有时尽管失败了,但我收获了一份坚持到底的毅力。"

初一(1)班谢同学说："数独这种游戏全面考验解题者的观察能力和推理能力。虽然玩法简单,但数字排列方式千变万化,数独这种游戏通过逻辑推理提高了我解决问题的所需要的思维能力。"

2. 满足学生多元需求

"生活中的历史"是高中一门学域选修课程。课程通过中国的衣食住行和生活风俗等专题,再现社会史、生活史的部分内容。

授课的华老师说："历史学是人类文化的重要组成部分,在传承人类文明的共同遗产、对提高公民文化素养方面起着不可替代的重要作用,而高中必修课程中历史教学内容因课时限制,涉及普通百姓的衣食住行、喜怒哀乐等历史内容鲜有问津。为此,本课程力图在此方面加以拓展延伸,课程内容选择的是学生所熟悉的身边知识,因而学生对此普遍较有兴趣,从而帮助学生了解历史的幽深奥秘与它的鲜活生动,激发学生的学习和探究兴趣,以开阔胸怀和历史国际视野,树立正确的文化观,提升学生的发展性学力与创新性学力。"

高一(3)班陈同学说:"课程生动有趣,在欢声笑语中了解了身边的历史,在热情讨论中形成文化的碰撞。这样的学习方式让我对历史形成了浓厚的兴趣。"

高一(3)班江同学说:"我感叹中华服饰文化的魅力,不同服饰反映着当时社会发展状况和人们精神价值追求及思想文化底蕴。"

高一(3)班夏同学说:"希望中国独有的服饰文化能越走越远,走向国际。"

三、跨学域选修课程,助力学生学力均衡发展

物理组的初中理化STSE课程(STSE是科学Science、技术Technology、社会Society、环境Environment的英文缩写)属于跨学科类型的课程。STSE课程的特点是在初中理化教学内容中挖掘学科"交会点"、纵横联合、渐进深化,以促进学科间的融合,形成合力促进学生的学力发展。

1. 学科融合发展学力

化学屠老师的"原电池的制作与应用"是STSE课程中以能源主题的理化融合微型课,屠老师以"探究影响原电池电压大小的因素"为化学知识主线,以"讨论能量转化"为物理知识主线,用"盐水动力小车"将两条主线汇合成一个点,完美地将物理知识、化学知识无痕融合。屠老师精心设置问题链,引发学生思考,始终让学生的思维处于兴奋的思考状态;巧妙设计有梯度的探究活动,使学习进程层层递进,并推向高潮。学生在体验式的学习方式中,主动积极参与探究活动,教学目标通过系列活动逐一得到落实,学生的学习取得了良好的效果。

多学科融合的STSE课程能引发学生运用物理化学综合知识对实际生活中出现的问题进行思考。初中学生初步学会了利用简单的物理、化学知识去解决相关真实问题。学生通过STSE系列课程的学习,夯实了基础性学力,同时又使发展性和创造性学力都得到了较大提高。

"原电池的制作与应用"只是STSE课程中其中一个内容,STSE课程的内容由"小电池大学问""果蔬电池实验探究""废旧电池对植物生长的影响""划时代的发明——伏打电堆""原电池的制作与应用"和"能源问题知多少"等6门微型课程组成。跨学科课程的学习为促进学生学力的均衡发展提供了一条有效的途径。

2. 课程引领自主发展

高中年级的"KAB创业基础课程"是对学生的就业观念进行科学指导，培养他们的创业意识，帮助他们正确认识企业在社会中的作用，了解创办和经营企业的基本知识和实践技能的一门跨学域选修课程。

教师在与学生共同参与的教学活动过程中，帮助学生树立创业思想和培养综合素质。教学中学生会用到学科内的一些知识，并拓展到学科外的更广领域，这就会让我们学生的能力实现"互激效应"，即用基础性学力来促进发展性学力，发展性学力的延伸再激发创造性学力。

高二（3）班的陈同学在谈及学习感受时说道："选择了KAB（创业基础）这门课程起初是因为兴趣，并没有想到会给我带来这么多收获。比如，虽然在学习经济常识的时候就知道投资有风险，但这只是一个模糊的概念，在KAB课程中，老师让我们通过'选择性投篮得分'等模拟操作活动，直观地面对风险，不仅树立了风险意识，也开始通过网络和社会真实案例来思考如何规避风险、如何在风险控制的情况下利润最大化。在课程的学习中，我们不仅是参与者，更多的是在参与中提升自己的思维品质和学习能力。我想这对于将来走上社会，无论是作为劳动者参与就业竞争，还是自己走上创业之路，都是非常有实际效用的一种能力。"

"KAB创业基础课程"一直是学校选修课程中深受学生欢迎的课程。有趣的是前些年，"KAB创业基础课程"授课的蔡老师在朋友的婚礼上遇到当年的杨同学，杨同学自主创业，就是承办这次婚礼仪式的民营婚庆公司的创业合伙人，杨同学也是当年参加"KAB创业基础课程"学习的学生。蔡老师感慨地说："当看到我们的学生在毕业后真的走向社会进行创业并获得成功时，我们更多的是收获了一份感慨。KAB课程的教学对我们老师来说可能就是一个极其平常的教学任务，而对我们的学生或许由此在心中播下了一粒自主创业的种子。"

第三节 学校团队专业能力显著提升

课程建设是促进学校发展永恒的主题，是提升学校课程领导力有效的平台。学校"课程群"是学校课程建设的核心内容，通过本课题研究对学校课程团队的能力提升起到了举足轻重的作用，主要体现在以下三方面。

一、课程领导团队的规划与引领能力得到提升

课题的研究引发团队对学校校本化落实课程改革的思考,通过对学校课程群深入研究,使大家学会如何根据学校的实际情况和办学特色,以学生发展为本,优化学校课程结构,构建适合学生发展的校本课程体系,增强学校课程的适应性、多样性和创新性,提升把教育思想转化为课程规划的能力,回顾课题研究整个过程与取得的成果充分说明了这一点。

二、课程领导团队的协调与实施能力得到提高

课题的研究,促使课程团队进一步提升了课程的组织能力、实施能力、协调能力和指导能力。通过课程群的研究方案的制订、调整与实施,我们课程团队的课程意识明显提升,课程的组织能力与实施能力在不断增强,特别是在实施过程中即时调控与适时修正能力明显提高。例如:本课题的研究恰好处于国家课程方案新老交替的特殊时期,在课题研究过程中,上海启用新的普通高中课程方案和义务教育课程方案。而本课题的开题是基于上海老三类课程的构想,在新课程背景下,作为课题研究成果必须与新课程的课程结构和教育理念相吻合。因此课题内容与方向的即时修正,对我们课程团队是一次极大的考验,我们克服以下两个难题:一是课题的核心概念"学力协调发展"与新课程的"学科核心素养"内涵,概念逻辑表述的对接与融合;二是"原三类课程"与"新三类课程"课程结构的修正对接。依据新课程的课程结构重新架构学力协调发展"课程群"。

三、课程领导团队的探索与创新能力得到加强

当课题研究过程中出现问题和困惑、遇到困难与曲折时,会激发出团队去探索、去反思、去修正、去重建的力量。例如:在我们课程研究中的课程群模型、国家课程校本化实施的"四化"(课标实施校本化、课堂教学实效化、学习评价人本化和学习训练个性化)的项目,都是不断研究与反思、探索与创新的产物。

四、教研组团队与教师个体的专业能力有较大的提高

本课题的研究,需要教研组团队与教师对学科课程进行整体规划与开发,每个教研组都经历了一次思考、规划、实施和总结的过程,丰富的研究经历就是对教研

组团队与教师研究能力提高的一次锤炼过程,经历了这样的锤炼,广大教师的专业能力在原有的基础上有了较大的提高。

教师团队与个人的专业研究成果一览表:

完成全学科的"课程群"规划方案(15篇)

学科或部门	名 称	作者或编者
高中语文组	文化浸润 精神得心 运用应手 ——高中语文学科课程群	高中语文组团队
地理组	学"地"明理 综合思维 人地协调 ——地理学科课程群	地理组团队
思想政治组	把握方向 晓理达情 守正成长 ——思想政治学科课程群	思想政治组团队
历史组	领略历史 撷智求真 家国情怀 ——历史学科课程群	历史组团队
初中数学组	认知数形 体验数蕴 养成严谨 ——初中数学TGB课程群	初中数学组团队
艺术组	艺美润心 个性展现 成就更好 ——乐学慧美艺术学科课程群	艺术组团队
初中语文组	文语润心 广阅细品 能动成长 ——初中语文学科课程群	初中语文组团队
初中英语组	言语引趣 学习达悦 领会至雅 ——初中英语学科课程群	初中英语组团队
物理组	探寻规律 提高素养 认识世界 ——物理学科课程群	物理组团队
化学组	魅力化学 催化思维 提升素养 ——化学学科课程群	化学组团队
生物组	生命观念 科学思维 社会责任 ——生物学学科课程群	生物组团队
体育组	智学勤练 健身育人 旺盛生命 ——体育学科课程群	体育组团队

续 表

学科或部门	名　　称	作者或编者
信息劳技组	学用技术　提升能力　形成素养 ——信息技术学科课程群	信息劳技组团队
高中数学组	数量关系　空间形式　承载文化 ——高中数学学科课程群	高中数学组团队
高中英语组	文化载体　沟通工具　汲取文明 ——高中英语学科课程群	高中英语组团队
学生发展部	健全人格　净化心灵　责任担当 ——"七彩"德育课程群	学生发展部
学生发展部	培育素养　创新实践　自主发展 ——综合实践活动课程群	学生发展部

第四节　学校课程建设水平得到大幅提升

课题是基于校情与学情调研,发现了学校课程存在的问题,并对这些问题进行了系统归纳,通过课题研究,解决这些问题,进而从学力协调发展课程群规划入手,进行了较为系统的研究与实施,较好地解决了原学校课程存在的诸多问题,有效地促进了学校课程的稳步发展。

一、解决了学校课程与办学特色关系不够紧密的问题

学校课程怎样更好地凸显自主发展的办学特色,回顾课程群的建设与实施,着重从以下几方面进行突破:

1. 学力定位彰显特色

从"课程群"的规划入手,强调基础性学力、发展性学力和创造性学力三种的协调发展,其中发展性学力我们界定为"培养学生获得发展性的知识,形成较强的自主学习能力、自我选择能力和自主发展能力"。其目的就是在课程群的顶层设计中,融入学校自主发展的育人目标,彰显办学特色。

2. 自主探究

在"课程群"的实施过程中,将自主发展的办学理念植入课堂教学,以打造自主探究的课堂,构建特色化学习方式作为着力点,形成了丰富多彩的自主探究学习方式,优化了学生的学习,使自主发展的办学特色得以充分彰显。

3. 自主管理促进能力

"课程群"学科、学域和跨学域三类丰富的校本选修课程,扩大了学生自主选择课程的空间,学生可以根据自己的爱好与需求进行自由选择,提升了学生自主学习管理的意识。

通过"学生学业自主分析卡"这一载体,学生学会了用数据的方法对自己的学业成绩进行自主分析诊断,从而提升了自主管理的能力。

二、改变了原学校课程结构缺乏有机统整状况

1. 课程统整得以实现

课题研究的初衷之一,就是想改变学校各类课程缺乏有机整合和各自为政的状态,通过"学力协调发展"课程群的规划与建设,将各类课程有机统整,完善了学校的课程结构,很好地解决了原有课程存在的问题。

2. 课程效应多重体现

通过"学力协调发展"课程群建构与实施,使课程育人得以真正体现,丰富的课程类型,体现出课程多重效应,助推着学生学力的协调发展。

三、原创特色课程群使学校课程内涵得到发展

1. "课程群"建设丰富办学实践

原创的"学力协调发展"课程群从核心概念界定、价值定位、结构分析、模型建构、内涵诠释的课程实施等方面,都以积极创新的姿态进行探索与实践,以独特的视角与构想,将相对松散的学校课程进行充分统整,课程群的这种独特结构,为学生核心素养的培养与学力的协调发展提供了有效的载体。

通过对课程群的研究,使学校的课程目标更具适切性,课程结构更具整体性,课程设置更具多样性,课程实施更具操作性和课程管理更具实效性,课程群研究提升了学校课程的品质,促进了学校课程内涵发展。

2."课程群"规划了一批校本课程

学校完成一批校本选修课程规划与开发,以下是部分校本课程呈现。

"学力协调发展"课程群
——校本选修课程(部分)一览表

学科名称	课程群名称	学科选修课程	学域选修课程	跨学科选修课程
高中语文	文化浸润 精神得心 运用应手——高中语文学科课程群	"咬文嚼字"话成语	我们都是朗读者	心理访谈
		唐诗宋词赏析	汉字古俗观奇	影视作品欣赏
		诗歌评论	中国传统文化探微	戏剧表演
		《悲惨世界》整本书阅读	《三国演义》中的说话策略	
		文学评论		
		应用文写作		
		思辨写作		
地理	学"地"明理 综合思维 人地协调——地理学科课程群	地球自然带判读技巧	苏州河的昨天、今天、明天	地理实验实践
		气象与气候	上海建筑物研究	瞭望星空
		地图的语言	上海饮食文化研究	校园内植物生长的自然环境
		上海人文地理	南北饮食文化	
		我们的太阳		
思想政治	把握方向 晓理达情 守正成长——思想政治学科课程群	习近平新时代中国特色社会主义思想(初中学生读本)	漫游礼仪王国	中国古诗词欣赏
		财经与生活	交通红绿灯	自选课题
		习近平新时代中国特色社会主义思想(高中学生读本)	党史教育初中版微课程	沙盘游戏

续　表

学科名称	课程群名称	学科选修课程	学域选修课程	跨学科选修课程
思想政治	把握方向　晓理达情　守正成长——思想政治学科课程群	法官与律师	职业规划指导	
		历史上的哲学家	KAB创业基础	
			党史教育高中版微课程	
			这就是中国	
			今日关注	
历史	领略历史　撷智求真　家国情怀——历史学科课程群	中国特色社会主义道路	中国古代书法艺术形成与发展	台北故宫博物院
		多极化趋势下中国和世界	佛教在中国的发展和传播	走近国宝
		大国崛起	上海近代红色资源研究	三十六计与处世智慧
		重要历史事件及战争	丝路史话探究	邮票中的历史
		近代中国政治民主化进程		溥仪的传奇人生
		儒家文明的起源和发展		寻访上海的根
		民俗文化初探		
		生活中的历史		
		中国古代政治制度之专制主义中央集权的演变		
初中数学	认知数形　体验数蕴　养成严谨——初中数学TGB课程群	24点	财商启蒙课	趣味数独
		数学与名人	生活中的数学	数与图
		数学密码	风险与决策	建筑中的对称美
		数学趣史	走进大数据	数学美

续 表

学科名称	课程群名称	学科选修课程	学域选修课程	跨学科选修课程
艺术	艺美润心 个性展现 成就更好——乐学慧美艺术学科课程群	铁画银钩	音乐故事汇	计算机音乐编创
		合唱的魅力	演员的诞生	
		墨韵飘香	民族弹拨乐队	
		电影散场音乐留韵	书法	
			美丽的纹印	
			古典音乐赏析	
			沉浸音乐剧	
初中语文	文语润心 广阅细品 能动成长——初中语文学科课程群	典故探源	品览圣贤之道	班歌我来创
		学习编故事	大眼睛看新年	翰墨飘香
		大话西游	最佳辩手	
		"曲"林览胜	未来播报	
		唐诗大"烩"	汉字古俗观奇	
		"彼岸"文学社		
		手写我心		
		朗读者		
		学写广告词		
初中英语	言语引趣 学习达悦 领会至雅——初中英语学科课程群	英语基础ABC	暴走纽约	
		让我们阅读	儿童英语戏剧表演	
		生活情景英语	Disney Cartoons	
		趣味英语	唱歌学英语	
		TEENS JUNIOR报刊	阅读与写作	

续　表

学科名称	课程群名称	学科选修课程	学域选修课程	跨学科选修课程
初中英语	言语引趣　学习达悦　领会至雅——初中英语学科课程群	伊索寓言	英美优秀文化欣赏	
		听歌曲学英语		
		看英语报刊及书籍		
		看电影学英语1		
		实用英语1		

后 记

本书所呈现的是一所普通完全中学在学校课程建设中所经历的一个相对完整的规划与实施的过程。当学校面临需要规划特色化课程体系、对现有学校课程进行整合设计和有效提升课程实施质量等任务时，本书提供了一种规划的路径与方法。

对这项课题研究，全校领导和教师共同投入，倾情攻关，取得了成果。这是大家智慧的结晶，凝聚着每一个参与者的心血。同时，课题研究得到了许多专家、学者的支持和指导，在此我们衷心地感谢！

回眸本书中所涉及的课题研究的历程，我们深切地感受到：课题研究，使学校的课程结构逐渐趋于规整；各类课程的内容逐渐趋于协调；课程管理更加规范有效；教师的课程意识与开发能力得以锤炼；最重要的是学生的综合素养与各种学力得以全面协调提升，这就是课题研究给学校带来的新变化。

诚然，我们的研究成果肯定还有不周的地方，我们恳切地希望同行或其他读者能提出宝贵的意见和建议，使之更加完善。

在本课题研究结题之际，比乐中学更名为上海音乐学院附属黄浦比乐中学，这对学校的课程怎样融入新的特色提出了新要求。"学校课程建设永远在路上"，我们任重道远，将继续努力，不断前行。

参考文献

[1] 项纯.走向学校课程的整体构建[J].中小学管理,2018(12).

[2] 钟启泉.基于核心素养的课程发展:挑战与课题[J].全球教育展望,2016(1).

[3] 张维忠,唐恒钧.以课程顶层设计为抓手的学校特色化发展路径[J].当代教育与文化,2015(7).

[4] 项纯.走向学校课程的整体构建[J].中小学管理,2018(12).

[5] 贾建国.学校课程体系构建的发展性问题及其解决路径[J].当代教育科学,2018(5).

[6] 黄洪雷.学校课程体系构建的实践研究[J].教育现代化,2019,(29)4.

[7] 贾建国.学校课程体系构建的发展性问题及其解决路径[J].当代教育科学,2018(5).

[8] 郭月芳.学校课程体系构建的现实困境及突破路径[J].教学与管理,2009(12).

[9] 钟启泉.学力理论的历史发展[J].全球教育展望,2001(12).

[10] 孙德芳.学力概念的意蕴与发展[J].教育科学论坛,2013(10).

[11] 杨式毅,王嘉才,于倩,等.课程集群化建设的研究与实践[J].北京理工大学学报(社会科学版),2001(3).

- 中华人民共和国教育部.普通高中课程方案(2017年版2020年修订)[M].北京:人民教育出版社,2020.
- 中华人民共和国教育部.义务教育课程方案(2022年版)[M].北京:北京师范大学出版社,2022.
- 中华人民共和国教育部.普通高中各学科课程标准(2017年版2020年修订)[M].北京:人民教育出版社,2020.